그래도
삶은
아름답다

이영휘 수필집

도서출판 우와

이영휘
대한민국 명가명품대상을 수상한 한복디자이너. 현대 한국인물사에 등재. 아씨방한복 및 이영휘 한복 설립. KBS-TV<아침마당>, CBS-TV<새롭게 하소서> 등에 출연. 한미합동페스티벌 전통한복 패션쇼 및 국가조찬기도회 참가. 월간<신문고>에 27년간 수필연재. 동두천시 명예시장. 수필집 <그래도 삶은 아름답다>, <여보 나 여기 있어> 출간.

초판인쇄 2020년 1월 20일/초판발행 2020년 2월 1일
지은이/이영휘·펴낸이/임석래·펴낸곳/우와/경기도 안산시 단원구 당곡2로 29. 807-201/전화(031) 411-1208·팩스0504-004-7550·모바일 010-7272-7550·편집/라인북

ISBN 978-89-91518-30-8

값은 표지에 있습니다.
잘못된 제본은 바꿔 드립니다.

이영휘

그래도 삶은 아름답다

이영휘 원장은 2019년 대한민국 명가명품대상에서 이영휘한복으로 한복명가/명인명장 부문에 선정되어 수상하였다. 시상식은 2019년 5월 28일 국회헌정기념관 대강당에서 거행되었으며 한국소비자협회가 주관하였다. 사진은 이영휘 원장이 시상식에서 수상한 인증서첩과 대상메달을 가슴에 달고 기념사진을 찍은 장면이다.

이 영 휘(李 英 輝) LEE, Young-Whee

1959年 1月 12日 京畿 楊州 生

學歷 및 經歷(賞勳)

大韓民國 名家名品大賞을 受賞한 韓服디자이너, 아씨방韓服 및 이영휘韓服 設立, KBS-TV 〈아침마당〉 및 CBS-TV 〈새롭게 하소서〉 出演, 韓美合同페스티벌 傳統韓服패션쇼 및 國家朝餐祈禱會 參加. 月刊 〈신문고〉 27年 隨筆連載 및 東豆川市 名譽市長, 隨筆集 〈그래도 삶은 아름답다〉 〈여보 나 여기 있어〉 出刊

家訓 및 生活哲學

正直과 誠實

韓服은 直線과 曲線이 조화를 이루어 옷의 線이 아름다우며 옷차림 또한 단정하고 우아하여 東洋的 윤리가 풍긴다. 韓國의 수려한 자연환경과 조화를 이루는 韓民族 고유의 복식으로 아름다운 곡선과 色彩, 香氣와 바람이 어우러진 藝術이고 우아함을 돋보이게 하는 우리 민족만이 만들 수 있는 魂이 깃든 옷이다.

그녀는 人間의 靈魂을 바르게 인도하여 社會의 병리를 구원하고자 노력하는 基督敎人이며 이영휘한복을 운영하며 韓服의 동정 깃은 직선과 사선의 아름다움에 있다는 가르침을 주어 왔다. 또한 섶코의 앙증 맞음과 오방색을 이용한 아름다움이 한복의 매력이라는 傳統韓服 3代 家門으로, 2019年 大韓民國 名家名品大賞을 受賞하였다.

韓服을 통한 文化藝術 진흥에 기여하였고 東豆川市 名譽市長으로 2006年 위촉되어 社會的 신망이 높으며 師弟之間으로 만난 띠동갑 夫婦이기도하다. 매사에 진실한 믿음으로 小說家와 韓服 디자이너로의 생활은 CBS-基督敎放送 〈새롭게 하소서〉를 통해 全國에 放映되었고 隨筆集 〈그래도 삶은 아름답다〉 〈여보 나 여기 있어〉 등의 著書가 있다.

京畿道 楊州에서 民族의 시련기에 태어나 國家觀이 투철하고 民族精神이 매우 강하다. 그리고 國家가 존재하고서야 國民이 있다는 가르침과 仁義禮智信을 생활의 德目으로 삼아 自我啓發에 노력하였고 〈恒常 기뻐하라, 쉬지 말고 祈禱하라, 凡事에 感謝하라〉는 것이 家訓이다.

우주의 自然美를 표출한 藝術的 감각과 함께 4季節의 화려한 自然美를 나타내는 藝術作品에 매료되어 1988年부터 아씨방한복에서 한땀 한땀 바느질을 하며 수천벌의 韓服을 만들어 왔다. 1995年 東豆川市로 移住하여 李英輝 韓服으로 商號를 변경하였고 2002年 弟子를 양성하며 東豆川美軍部隊 韓美合同페스티벌에서 韓服 패션쇼를 開催하였다.

2006年 KBS-TV 〈아침마당〉에 出演하였고 東豆川市 名譽市長에 위촉되어 低所得層 家庭과 多文化家庭에 結婚禮服 및 韓服을 지원하고 있다. 또한 CBS-TV 〈새롭게 하소서〉 出演과 國家朝餐祈禱會에 참석하여 國家와 民族을 위해 祈禱하면서 어려운 이웃과 고민을 함께 나누고 韓美友好 행사와 牧會者 家庭에 꾸준히 韓服을 지원하고 있다.

李英輝 院長은 한땀 한땀 정성을 기울이는 匠人精神으로 最高의 韓服을 추구해왔다. 뿐만 아니라 自然美와 절묘하게 어울리는 韓服에 대한 자존감을 잃지 않고 韓服이 편안한 옷이 되기를 希望하고 있다. 月刊誌 안전 신문고에 27年間 連載 隨筆作家로 활동하며 〈불곰〉 〈장군이 이야기〉, 大河小說 〈신의 눈물〉(10부작)을 펴낸 김실 小說家가 男便이다.

1007

이영휘 원장은 한국민족정신진흥회에서 발간하는 <현대 한국인물사> 사전에 그 이름이 등재, 제1260호 인물로 기록되었다. 제1호는 김대중 대통령, 제2호는 김영삼 대통령 등으로 시작되는 이 인명사전에는 천주교에서는 김수환 추기경, 기독교에서는 김장환 목사 등이 등재되어 있다. 한국의 현대사 다방면에서 역사적인 인물을 중심으로 선정된 인명사 서책이다. 이영휘 원장의 인명수록은 이영휘한복으로 한국정신과 전통을 구현한 역사적 솜씨를 한국민족정신진흥회에서 객관적으로 인증한 공식기록인 것이다. 큰사진은 제1260호 이영휘 원장에 대한 수록내용이며, 작은 사진은 <현대 한국인물사>표지이다.

추천사

소설가 김 홍신

한복의 고운 자태를 은은한 한국인의 성품과 유사하다고 평가하는 사람들이 많다. 잘 차려입은 한복의 곱디고운 선과 색조와 품격은 다른 민족의 고유의상과 어우러질 때 더욱 뛰어나 보이기 마련이다.

내 동무의 아내가 동두천에서 자신의 이름을 당당하게 내세운 '이영휘 한복'으로 많은 이들의 고운 자태를 뽐내게 만들고 있다.

줏대가 굵어 평생 고개 쳐들고 사는 탓에 푼전 벌이 시원찮고, 소설 쓰느라 역마살을 덕지덕지 묻혀가지고 산지사방 나돌며 된소리 꽤나 해대는 내 동무 녀석을 잘도 데리고 사는 그녀가 대견하기만 하다.

한복을 짓느라 여념이 없는 중에도 그녀가 수필을 쓴다는 소리를 듣고 내 동무 녀석이 갑자기 신통하게 여겨졌다. 복을 타고나도 저렇게 타고나야 제 복이지 싶었다. 그녀가 녀석의 육신만 먹여 살리는 게 아니라 영혼까지 먹여 살리는 것 같았다.

다달이 어김없이 잡지 속에서 '이영휘 수필'을 읽게 되었다. 처음에는 호기심으로 읽기 시작했고 나중에는 그녀의 솔직성과 삶에 대한 정성과 잔잔한 인간미 때문에 찾아 읽게 되었다. 5년 내내 한 번도 거르지 않고 달마다 수필 한 편씩 쓸 수 있는 그런 집중력으로, 불통

맞은 내 동무 녀석을 탈 없이 데리고 산다는 것을 알 수 있게 되었다.

인간은 지식으로 살아가는 게 아니라 지혜로 살아가는 것이다. 지혜란 가슴이 열리는 사람의 몫이기에 평범한 일상에서 터득하게 마련이다. 이영휘 선생은 삶 속에서 그 맛을 찾은 듯하다. 어쩌면 한 땀, 한 땀 바느질을 하듯 삶의 가치를 박음질 하는지 모른다.

이영휘 선생의 글은 화려하지 않지만, 은은하고 유연한 곡선 속에 직선이 숨겨져 있으며 구김이 없이 잘 마름된 한복마냥 반듯하고 정겹다.

그 공덕으로 2019년 대한민국 명가명품 대상 명인명가 한복부문 수상자가 되었으니 세상을 더 아름답게 가꿀 한복과 향기 나는 글을 남길 것을 믿는다.

이영휘 선생, 남은 세월도 변변찮은 내 동무 녀석 잘 좀 챙겨주고 맛깔스럽고 정겹게 살면서 좋은 글 많이 남겨주길 진심으로 바랍니다.

2019년 12월

개정판을 내면서

이 영 휘

1980년 어느 날이었던가. 경기도 양주의 회암리 산골에 틀어박혀 돼지를 키우고 있었는데 우리 부부에게 세상을 화들짝 놀라게 한 유명인이 뽀얗게 흙먼지를 뒤집어쓰고 우리를 찾아왔다. 인간시장의 작가 김홍신 선생님이었다. 그때 그분이 우리 식구들과 함께 점심을 먹으며 글을 쓰고 싶다는 남편에게 이렇게 말했다.

"글을 쓰는 일이 얼마나 영혼을 갉아먹는 고행의 길인데 그 길에 들어서려고 해? 하지만 그래도 꼭 글쟁이가 되고 싶다면 열심히 해 봐."

김 선생님의 조언에 도전을 받고 원고지에 한 글자 한 글자 소설을 채워 나가던 남편은 30여년의 긴 세월의 벽을 허물고 드디어 2019년에 2700여쪽의 대하소설 '신의 눈물'의 원고를 탈고했다. 그리고 같은 해에 나는 국회헌정회관에서 한복인 최고의 영광인 대한민국 명인명장의 대상을 수상했고 현대 한국인물사에도 등재되었다.

이 아침에도 새벽기도를 마치고 울창한 수림과 계곡으로 어우러진 아름다운 교회의 문턱을 나서며 나도 모르게 눈시울이 뜨거워진다. 승용차 안에서 내내 침묵으로 일관하던 남편의 입에서 탄식이 조그맣게 새어나왔다.

"어떻게 내가 이 기나긴 세월을 견뎌 내며 2천5백쪽이나 되는 대하소설을 써 내었을까. 어떻게 마누라가 대한민국 명인명장 대상을 수상할 수 있었을까……."

내가 조그맣게 대답했다.

"모든 되어진 일들이 하나님의 은혜죠."

돌이켜 생각해 보면 오늘이 있기까지 얼마나 많은 삶의 가시가 우리 부부를 찔렀는지, 어떻게 살아왔는지 입에서 단내가 쏟아질 만큼 정신이 멍하기까지 하다. 갑자기 어디서 내려왔는지 승용차 앞에서 예쁘게 생긴 고라니 한 마리가 물끄러미 우리를 쳐다본다. 우리는 잠시 승용차를 세워놓고 회상의 길목에서 말을 잊었다.

지난날을 되돌아보자니 우리 부부가 살아온 세월이 온통 상처투성이로 성한 데가 없을 만큼 너무도 아프다. 우리에게 신앙의 고약이 없었다면 과연 오늘이 존재할 수 있었을까…….

하지만 얼마나 많은 사람들이 격려와 용기를 안겨 주고 우리 곁을 떠났는가. 얼마나 많은 사람들이 우리 부부의 삶을 해코지하고 사라졌는가. 그러나 곰곰이 생각해 보니 좋은 사람 나쁜 사람들 모두가 우리 삶에 은혜를 떠안아 주었다는 느낌이다. 지금은 살아계시지 않지만 장로교신학교 교수였고 내가 다니던 학교의 교목이셨던 분이 어느 날 남편을 찾아와 불을 뿜어내듯 호통을 치셨다.

"이봐, 김 선생! 이렇게 사람이나 두들겨 패며 술에 젖어 살지 말고 글을 써 봐. 글을!"

컴퓨터를 할 줄 몰라서 1만매가 훌쩍 넘는 원고지 한 칸 한 칸을 볼펜으로 메운 것을 딸아이가 제 새끼들 돌보기도 바쁜 중에 컴퓨터 키보드를 두드려 입력하고 수정하기를 여러 번 거듭하느라 얼마나 고생이 많았던지.

헤일 수 없는 역경의 폭풍이 쉴 새 없이 몰아쳤어도 우리 부부는 거세게 달려드는 세월의 시샘을 이를 악물고 잘 극복해 내었다. 그것은 사랑의 힘이었다.

내가 속삭이듯 남편을 향해 말했다.

"우리에게 남은 세월이 얼마나 되는지 모르지만 끝까지 함께 힘을 합쳐 이겨 나가요. 영원한 천국을 입맞춤할 때까지요."

갑자기 2018년 8월의 그 무덥던 날, 홀연히 세상을 떠난 아들 생각에 가슴이 찢어질 듯 눈물이 와락 솟구친다. 그때 우리 부부는 하나님을 향해 이렇게 울부짖었다.

"하나님! 대체 우리 부부에게 왜, 왜 이러십니까?"

그 고통의 멍울이 아직도 시퍼렇게 가슴에 남아 있음에도 불구하고 우리 부부는 입술을 깨물며 고백한다.

"하나님의 섭리를 우리가 어떻게 알겠습니까. 하나님, 고난의 가시가 죽을 만큼 아팠지만 영원한 천국의 소망이 있기에 그래도 삶은 아름답다고 단언합니다. 하나님, 우리 부부는 이제 과거가 없는 백지인생입니다. 남아 있는 세월만이라도 정직과 성실을 제일로 여기고 살고 싶습니다. 왜냐하면 우리들의 지나온 세월이 하나님 앞에 많이 부끄럽기 때문입니다."

며칠 전 아들이 필리핀에 남기고 간 며느리와 두 명의 손주들을 한국으로 데려왔다. 그 아이들을 정성을 다해 돌봐야 한다. 그것이 우리 부부가 이 세상에서 짊어지고 가야 할 마지막 사명이고 십자가라고 믿는다. 뿐만 아니라 '신의 눈물'이 인류의 눈물이 되도록, 그리고 하나님이 선물해 주신 명인명장으로 세상을 환하게 웃게 하는 한복인이 되게 해 달라고 기도할 것이다.

하나님의 영광을 위해서 올리는 의로운 기도는 한 방울도 땅에 떨어지지 않는다고 했으니까.

"하나님, 거듭 말씀드리지만 그래도 삶은 아름답습니다."

2019년 겨울 이영휘

2004년 초판 후기

다 못한 이야기, 훗날 기약하며

살아온 날들을 얘기하다가 중턱을 뚝 잘라 버리고 결론을 쓰자니 마치 풀무불의 담금질에서 느닷없이 얼음바다 위로 내동댕이쳐진 듯 멍하니 할 말을 잊은 듯하다. 그만하고 싶어도 누에고치에서 실 뽑히듯 자꾸만 뽑혀 나오는 삶의 엽편들이 가을비처럼 마구 흩날리는 것이 어느 것부터 주어 챙겼어야 옳았는지도 모를 만큼 미처 정신이 없다. 신년 벽두부터 저렇게 쏟아지는 함박눈을 넋빠진 듯 내어다보고 있는 나의 눈길이 못내 야속한 듯 손 끝에 매달린 커피 한 잔은 차갑게 식어만 가는데 대체 내 글은 왜 이리 뒤웅스럽도록 깔끔하지 못하고 누덕누덕 수다스럽기만한 것일까.

옛날에 우리 은혜가 세 살 때였다. 외출했다가 집에 돌아왔을 때 웬 청년이 오토바이를 타고 와서 연신 크락숀을 눌러대는 통에 옷을 갈아입으려다 말고 현관으로 달려 나갔다.

"혹시 어린 아이를 잃어버리지 않았어요?"

청년이 그렇게 물어오는 것이 대체 말도 안 된다는 듯이 나는 자신만만하게 고개를 흔들었다.

"아이를 잃다뇨? 우리 애는 아빠가 데리고 나갔는데요."

하지만 청년은 아무래도 납득이 가지 않는다는듯 몇 번이나 고개를 갸웃거리며 고개 너머로 사라졌다. 이상한 청년이라고 생각하는 쪽은 오히려 내 쪽이었다. 서울처럼 복잡한 차들이 오가는 곳도 아니고 개미굴처럼 뚫려진 고만고만한 골목이라든가 집들이 빼곡하게 들어찬 곳도 아니고 아무게 집에 누구라면 손바닥 보듯 집안 내력조차 훤하게 아는 마당에 누구네 아이가 길을 잃고 헤맨다는 것은 말도 안 되는 얘기라고 생각했었다. 그런데 한 30분쯤 뒤 그 청년이 또 오토바이 소리를 요란스레 내며 현관 앞에 들이닥쳤다.

"아무래도 이 댁 아이가 틀림없습니다. 여기 형님 얼굴을 꼭 닮았어요. 인근에서 형님 얼굴 모르는 사람이 없잖아요."

그제서야 어쩐지 미심쩍어지는 마음으로 청년의 오토바이를 타고 그가 사는 동네까지 갔는데 그 순간 나는 그만 가슴이 내려앉는 충격으로 그 자리에 오똑 선 채로 한동안 꼼짝을 못했었다. 그리고 엄마를 발견하자마자 딸아이는 으앙 울음을 터뜨리며 죽어도 놓지 않겠다는 듯 내 치마폭을 휘어잡고 매달렸다.

"세상에, 어떻게 이런 일이."

5리는 족히 넘는 거리를 아이를 업고 집으로 돌아왔을 때, 그제서야 남편이 산 속에서 터덜터덜 걸어 내려오고 있었다. 내가 너무도 기가 막혀 은혜를 집 안에 몰래 데려다 놓고 전에 없이 따지듯 물었었다.

"은혜는요?"

"은혜? 은혜 집에 없어?"

"……!"

알고 보니 참 이만저만 기가 찬 일이 아니었다. 남편은 술에 취해 은혜를 데리고 집 뒤의 산 중턱에 있는 능처럼 잘 꾸며진 어느 집 산소 위에서 잠이 들었던 것이었다. 아마도 은혜는 잠에 떨어져 있는 아빠를 깨우다가 지쳐 혼자 집을 찾아 내려간다고 했던 것이 그렇게 정처없이 먼 곳까지 걸어갔던 모양이었다. 하지만 지금까지도 어머니의 임종 못지 않게 그 미스테리를 이해할 수가 없다. 그 때 우리 은혜는 겨우 세 살박이였고 밤과 낮의 기온차가 심해서 밤에 얼어붙은 땅이 낮에 잠시 껍질만 질퍽질퍽했을 뿐 길은 자갈로 온통인 사나운 몰골로 여간 울퉁불퉁

하지 않았었다. 게다가 은혜가 발견되었던 그 마을까지 걸어가려면 산 등성이를 두 개나 넘어 걸어가야 하는 곳이었다. 대체 신발도 신지 않은 채로 그 어린 아이가 어떻게 그 험악한 숲 속을 헤치고 나와서 그 먼 데까지 걸어갔으며 어떻게 발바닥에 눈곱만한 상처 하나 나지 않았을까. 그 때만큼 나는 남편의 얼굴을 곤혹에 찬 눈길로 바라보았던 적은 없는 듯하다.

'아이를 잃어버린 줄도 모르고 술에 취해 곯아 떨어졌다니.'

그 때 나는 너무도 쓸쓸했었다. 남편이란 존재가 내게로부터 너무도 멀리 동떨어진 채로 나와는 도대체가 맞닿지 않는 평행선을 걸어가고 있는 듯한 절망감이었다. 그래도 잠시뿐 암말도 없이 곱바를 움켜잡은 채로 땔나무를 하러 산 속으로 촘촘히 사라지는 남편의 뒷모습을 바라보며 난 그만 가슴으로 울음을 터뜨리고 말았다.

"무매독신에다 말 상대가 될 친구가 아무도 없으니 얼마나 고독할까."

그리고 언젠가부터 남편의 책상에서는 즐겨 읽던 세익스피어의 영어원서도, 밀톤의 '실낙원'도, 헤밍웨이의 '누구를 위해 종은 울리나'도 단테의 '신곡'도 스타인백의 '분노의 포도'도 모두모두 먼지가 뽀얗게 쌓여가며 녹슬어 가기 시작했다. 남편의 영혼은 무능하고 어리석은 아내의 철다구니 없는 웃음 저편에서 속절없이 무너져 가고 있었던 것이었다.

"하나님, 나는 과연 내 남편을 도우는 아내가 분명합니까. 내가 쥐고 있는 빈처의 잔으로는 남편의 목마른 영혼을 흡족하게 축여 줄 수 없습니다."

그리고 어느 날부터 남편의 친구들이 하나 둘씩 그 산골짜기로 손님인 듯 귀인인 듯 찾아오기 시작했다. 그제서야 비로소 나는 남편의 친구들 중에 훌륭한 사회적 명사들이 많다는 것을 알 수 있었다. 당시 나는 몸이 몹시 허약하고 아픈 곳이 많았다. 어느 날 무엇을 결심한 듯 남편은 내 손목을 이끌고 동창생이라는 압구정동의 어느 한의사에게로 데리고 갔다. 그 날 나는 그 한의원 원장님에게 진맥을 받고 그 분이 쓴 한방치료에 대한 여러 권의 책을 한아름 받아들고 집으로 돌아왔다. 형편이 억판인지라 병원에 드나들 사정이 못 되었기에 몸이 아프면 그 분이 쓴 한방비법을 수시로 들추워 보며 나름대로 도움도 많이 받았다. 내가 동두천에다 나의 한복의상실을 조금씩 조금씩 자리매김해 가고 있던 어느 날 아침에 TV를 보던 나는 부리나케 남편에게 전화를 했었다.

"저기 그 분요, 우리한테 책을 한아름 주셨던 분이 지금 SBS TV에 나와서 한의학 강의를 하네요."

제도권 속에서 일어나는 일들에는 전혀 까막눈이었던 농촌 고라리인 내게 있어서 남편의 친구들 중에 그렇게 훌륭한 분이 많았다는 것이 참으로 대견스러웠다. 하지만 훌륭해진 남편의 친구들이 많다고 느끼면 느낄수록 역비례로 남편을 바라보는 내 마음 한 구석은 항상 차가운 허무의 바람이 흉흉했고 발 맞추워 삶은 더더욱 견디기 힘들도록 작은 새의 지경을 너무도 호되게 몰아쳤다.

고난이라고 하는 것은 소망의 별이 보일 때에야 참고 이겨나갈 용기가 생기는 법이다. 내가 가장 견디기 힘들었던 고난의 아픈 가시는 사람들에게 그따위 시답지않은 질문을 자주 받았을 때였다.

"남편이 지금 뭐해요? 아직도 아무 일도 않고 술푸대만 지고 다녀? 얘, 네 남편은 아직도 그렇게 무위도식하니? 어쩜 좋니, 빨리 뭐라도 해야 하는데."

"……."

그런 어느 날부터 임석래 시인이 우리 집을 찾아 왔다. 그리고 불꺼진 남편의 마음의 창에 희망의 불을 밝히기 위해 함께 이야기하고 기도하며 무진 염려해 주고 애를 써 주셨다. 친구가 없이 허구한 날 술로 세월잡이만 하고 있던 남편에게 그렇게 임석래 시인이 자주 찾아와 남편의 말 상대가 되어 주었던 것은 내게 있어서 여간 감사할 일이 아니었다. 당시 우리 집에는 한평쯤 되는 조그만 골방이 있었는데 임석래 시인은 그 어두컴컴한 작은 골방에서 남편과 마주 앉아 이야기꽃을 피우곤 했었다. 그래서인지 인간의 삶에 있어서 어느 순간의 만남이라고 하는 것은 그냥 아무렇게나 바람처럼 스쳐가는 우연의 길목이 아니라는 느낌이다. 그리고 임석래 시인이 다녀간 후 꽤 많은 세월이 흐른 뒤, 나는 그동안 모 월간잡지에 수년 동안 연재된 글꼭지들을 수북히 쌓아놓고 타는 듯한 심정으로 기도했다.

"하나님, 그동안 남편과 제가 일심동체로 살아온 지난날의 삶의 엽편들을 정성껏 모아 한 권의 책으로 세상에 내어놓으려고 합니다. 이 책을 편집해 줄 좋은 출판사 사장님을 만나게 해 주세요."

그렇게 내내 기도해 왔었다. 그러던 어느 날 서울에서 물건을 해들고 가게로 들어서는 남편이 깨어지듯 말했다.

"마누라, 임 석래 시인 있잖아. 그 친구가 당신 책을 맡기로 했어. 얼마나 다행이냐, 우리 집 내력을 자기 일처럼 잘 알고 있을 뿐 아니라 출판계에서도 오래 경력이 쌓인 친구니까 말이지."

등잔 밑이 어둡다는 옛말이 불현듯 떠오르는 순간이었다.

이 책에서 나는 고난에 대한 이야기를 수도 없이 토해 놓았지만 내가 겪어온 고난의 ⅓쯤도 이 책에 표현하지 못했다. 고난은 지나고 나면 그것이 꼭 유익이었다고 고백할 만하다. 그러나 고난은 여전히 인간에겐 두려운 존재이고, 고난은 신의 손길이 간섭할 때에만 우리에게 유익의 보석으로 반짝일 수 있다고 생각한다. 나는 인생에 있어서의 최고의 성공은 세상의 다른 무엇보다도 신의 손을 얼마나 올바로 잡느냐에 있다고 생각한다. 그런 의미에서 나는 전능하신 이의 손을 놓친 채로인 남편이 비록 대통령이 된다 해도 육신의 마음은 기쁘겠지만 영혼은 끝없이 손사래를 칠 것이다. 그것은 이미 영혼이 사장되어 버린 풀의 꽃 같은 잠시의 영광에 불과하다고 나름대로 생각하기 때문이다.

이제 다사다난했던 한 해도 여러 가지로 감명 깊은 선물을 우리 부부에게 한 아름 안겨 주고 역사의 뒤안길로 조용히 꼬리를 감추었다. 하지만 나는 금년 한 해가 결코 영원한 이별을 고하는 것이 아니라 새로운 소망의 별을 쥐고 새해에도 어김없이 반가운 모습으로 우리의 삶의 창을 두드릴 것이라고 믿는다.

얼마 전 우리 부부는 어느 눈 내리는 한적한 산골짜기의 숫눈길 위에다 차를 세워 놓은 채로 한 러시아 가수가 불러 주는 선 굵은 바리톤 음악을 들으며 언제까지나 말이 없었다. 어둠이 짙게 내리 깔리고 있는 줄도 까맣게 잊은 채로 온천지가 하얀 눈꽃으로 뒤덮혀 가고 있는 숲 속에서 밤의 천사인 듯 소리없이 다가온 그 찬란한 침묵의 순간에도 자꾸만 울음이 터져 나오려고 했던 것은 왜였을까. 아마도 우리의 삶의 한순간 한순간도 떠나지 않고 우리와 함께 고난의 역사를 함께 해 주신 하나님의 사랑에 대한 감사의 꽃이 너무도 눈부셨던 때문일 것이다.

"하나님, 부족한 제가 남편을 도울 수 있게 해 주셔서 너무도 감사합니다. 하지만 제가 이렇게 좋은 남편을 사랑할 수 있게 해 주신 그 은혜가 더더욱 고맙습니다. 그래서 많은 어려움을 딛고 이렇게 은혜롭게 출간되는 우리들의 책은 우리가 살아 있을 동안에도, 그리고 우리의 자녀들에게도 소중한 가보가 될 것이고 무엇보다도 삶의 의미를 일깨워 주는 데에도 조그만 몫을 담당할 것 이라는 소망이 있으니까 말이죠."

사랑하는 사람들아, 잘난 체하는 말인지는 모르겠지만 우리모든 세상의 부부들은 서로 미움과 원망의 벽을 털어 버리고 사랑하고 용서하며 살자. 창세 때부터 에덴동산의 한 가운데서 유혹의 천사처럼 아름다운 자태로 미소 짓고 있던 선악과의 열매는 아직도 우리 주변에 수도 없이 주렁주렁 매달려 있다. 겉으로는 보암직도 하고 먹음직도 하지만 실제로는 잡아 먹는 용처럼 욕심이란 유혹의 열매는 씹을 때는 꿀보다 달지만 인간에게 있어서 그것은 지옥의 늪처럼이나 음습하고 그 종말은 너무도 비참하다. 사랑하고 살아가는 삶의 여정에는 때로 질투로 응어리진 고난의 유령이 금방이라도 잡아 먹을 듯 인생의 옷자락을 물고 늘어지게 되어 있다. 그러나 어느 날 문득 지나온 발자국을 뒤돌아다보면 그토록 골이 깊었던 눈물 자국은 모두 축복의 별을 하나 가득 담은 황홀한 유리구두였음을 알게 될 것이다. 비록 고난은 참담하고 고통스러운 것이긴 하지만 참된 행복은 고난의 쓴 잔 속에서 꽃 핀다고 감히 힘주어 말한다. 그런 의미에서 나는 지나온 고난의 세월이 너무도 감사하다.

부족한 글을 맡아 주신 임석래 시인님 참 감사합니다. 그리고 추천의 글을 올려 주신 많은 분들에게 진정 감사드립니다.

더욱이 촌무지렁이 같은 제 글을 읽어 주시는 독자 여러분들께야 더더욱 말할 나위가 있겠습니까. 앞으로 더욱 겸손하여 좋은 글을 내놓도록 열심히 노력하겠습니다. 지금은 그저 널리 용서만 해 주소서.

2003년 승부역으로 달리는 눈꽃 열차 속에서

이 영휘

그래도
삶은
아름답다

차 례

처음처럼

꿈많던 처녀 적에 내가 살던 고향은 경기도 양주땅 회암리라는 아주 조그마한 농촌마을이었다.

내가 태어나 자랐던 그 마을은 지금 옥정신도시로 유명해졌다. 우리가 살고 있는 아파트에서도 그리 멀리 떨어져 있지 않지만 지금은 개발 바람이 불어 닥친 탓에 옛날처럼 정겹고 포근했던 마을의 모습은 거의 사라지고 없다. 어느 날 문득 정신을 차려보면 어느 새 아파트가 우후죽순처럼 들어서기 시작하고 있었고, 고급주택들이 경쟁하듯이 세워져 있어서 엄마의 젖가슴처럼 포근했던 고향 마을의 옛 추억은 세월의 날개 속에 고스란히 접어둘 수밖에 없다.

그래도 고향 마을을 뇌리에 떠올릴라 치면 거기 깨알처럼 촘촘히 박혀 있는 수많은 무지개빛 사연들이 아름다운 시어를 한아름 안고 와서 귓가에 속삭이듯 59살 나이인데도 소녀처럼 마냥 가슴을 두근거리게 한다. 그것들은 세속에 때묻지 않은, 내겐 너무도 소중하고도 순수한 영혼의 앨범이다. 하지만 그 소중한 추억의 앨범 속에서 남편의 모습이 빠져 있다면, 그래도 나는 그 앨범을 지금처럼 가슴이 사무치도록 사랑할 수 있을까?

내가 처녀 시절이었던 그 때만 해도 우리 마을은 거의가 다 슬레트나 초가지붕이었고 유독 우리 집만 기와지붕이었는데 기억컨데 우리 마을에선 그 중 부잣집이었던 모양이다.

하여간에 마을 사람들이 꼭두새벽부터 온 식구가 달라붙어 농사일로 시작해서 땅거미가 엉금엉금 기어들 때까지 농사일로 하루가 마감되는 평화로운 농촌 마을이었다. 마을 앞을 가로질러 흐르는 작은 개울물은 그냥 떠다 먹을 만큼 맑고 깨끗했다. 그 개울에는 메기랑 뱀장어, 미꾸라지, 참붕어 등 온갖 물고기들이 바글바글해서 농사일을 끝낸 마을 청년들이 밤고기를 잡느라 밤만 되면 개울은 온통 횃불잔치였다. 그 통에 여자들이 복찻다리 아래로 밤 목욕을 못 갈 판이었다. 마을 인근에는 군부대가 있어서 군인들의 주머니를 노린 색줏집들이 개울가 옆으로 즐비하게 늘어서 있었다. 밤이 깊었는데도 여자들과 군인들이 술값 문제로 왁자지껄 다투는 소음이 가끔씩 들리는 것 외에는 그냥 참 살기 좋은 농촌 마을이었다.

그런 어느 날부터 동네 사람들의 입에서 입으로 전해지는 소문에 동네에 느닷없이 무서운 괴물이 나타났다고 했다. 그 괴물은 동네 사람들이 농사일에 눈코 뜰새없이 바쁜 들녘 한복판이나 잡초가 무성한 야산이나 논두렁 등을 누비고 다닌다고 쑤군거렸다. 뿐만 아니라 밤이고 낮이고 쉴새없이 회초리를 들고 다니며 뱀이랑 개구리를 몰살을 시킨다고 했다.그 괴물에 대한 이야기는 모내기가 한창인 논두렁 새참자리에서도, 탈곡기의 숨소리가 잠시 멎어 있는 타작 마당에서도, 하루에 몇 번씩 왔다갔다 하는 버스 속에서도, 초상집 화투판에서도, 잔칫집 두렛상에서도, 여름날 동네 사람들이 멍석을 펼쳐 놓고 모여 앉아 벌이는 옥수수 잔치에도 끊이지 않고 날아들었다.

그 괴물에 대한 입소문은 주로 우리 집 밑에 사는 닷곱장님에다 조금 눈찌그둥한 친척 아줌마가 쉴새없이 물어다 펼쳐 놓았는데, 좌우지간 사람들은 모여 앉기만 하면 희대미문의 그 괴물에 대한 이야기로 시간 가는 줄을 몰라 했다.

"글쎄 그 미친 눔이 말야. 대가리를 빡빡 깎구 웃통을 훌렁 벗은 채루 글쎄 명자네 부엌문을 벌컥 열어 젖히는 바람에 부엌에서 요강에 앉아 있던 그 집 며느리가 기절 초풍 하고 나자빠지는 바람에 글쎄 요강단지가 박살이 났데잖어."

"아니, 박씨네 며느린 왜 하필이면 부엌에서 요강 타고 앉았데?"

"아, 요새처럼 눈코 뜰새없이 바쁜 농사철에 어디 십리나 떨어진 뒷간에 갈 새 있어?"

"차암, 미친 놈이네, 그놈 그거."

"글쎄, 그 놈이 구멍가게에 앉아서 술을 마시고 앉았는 동안엔 동네 여자들이 근처에 얼씬도 못 한다잖아."

"왜?"

"그냥 여자들만 보면 그렇게 얼굴을 뚫어져라 쳐다본데누만. 게다가 씨익 웃기까지 하면서."

"어디서 뭘 해먹구 살던 개불상놈이 동네에 들어왔을꼬?"

"서울서 무슨 큰 죄 짓고 도망 왔데."

"돼지 키운뎀서? 그래서 동네 뱀이랑 개구리 씨가 마른대며?"

"글쎄, 돼지도 왼통 풀어 놓고 키워서 강씨네 종갓산을 아예홀랑 갈아엎은 탓에 그 산을 배추밭을 만들어도 되겠더래!"

"저런! 강씨네는 그 꼴 보구두 가만 있었나?"

"보다 못해 힘깨나 쓰는 동네 청년 몇이서 그 놈 집에 쳐들어갔다가 되레 떡이 되게 맞고 도망쳤다는데?"

"파출소에 신고하지?"

"웬걸, 그렇잖아도 보안대 사람들이 그 놈을 잡아다 파출소에 넘겼는데, 글쎄."

"왜?"

"아, 파출소를 홀랑 뒤집어 놔서 되레 파출소장이 싹싹 빌면서 놔줬다는데, 뭘."

"문단속 잘들 해."

"큰일야. 이거 증말."

그런 어느 날, 나는 친구들과 함께 토마루에 앉아 꽃쌈을 하다 말고 냉이랑 쑥이 지천으로 깔려 있다는 건넛마을 향나무 묘목 밭으로 나물을 캐러 갔다. 진달래꽃이 흐드러지게 만개해서 온 산을 붉게 물들이고 있을 때였다.

나물이 대바구니에 거의 찼을 무렵 나는 목이 타는 듯한 갈증을 이기지 못하고 밭고랑 끝머리쯤에 외로이 박혀 있는 물 펌프 쪽으로 뛰어갔다. 순간 나는 얼어붙은 듯 그 자리에 뚝 걸음을 멈추고 말았다. 판자쪼가리와 블럭 벽돌로 대강대강 지은 조그만 집 앞에 까만 베레모를 쓴 남자가 웃통을 훌렁 벗은 채로 앉아서 바가지에 막걸리 통을 기울이고 있었다. 희한하게도 그의 겨드랑이에 울긋불긋 글씨가 선명한 Time이란 미국잡지가 끼어 있었다. 그리고 그와 눈이 딱 마주친 순간, 난 그만 얼음물을 뒤집어 쓴 듯 온몸에 소름이 확 끼쳐 왔다. 머리끝이 하늘로 한꺼번에 쑥 뽑혀 올라가는 듯한 엄청난 충격으로 입술을 달달 떨었다. 소문에 듣던 괴물 그대로의 모습이 거기 있었다. 게다가 펌프 바로 옆에 놓인 페인트 깡통 속에는 방금 잡아온 모양, 뱀이랑 개구리들이 뒤섞여 아우성치고 있었다.

"뭐냐?"

"……."

"뭐냐고!"

"저, 무, 물을."

"퍼 마시면 되지 왜 얼빠진 놈처럼 그러구 섰니?"

"예, 예……."

물을 마시는 둥 마는 둥 허겁지겁 되달려온 나는 나물바구니를 챙긴 듯 말았는 듯 그냥 친구의 손목을 붙들고 걸음아 날 살려라 집으로 내달렸었다. 그것이 내가 남편의 얼굴을 처음 보았던 순간이었다.

그 해 가을, 교실 창 밖으로 도토리나무 낙엽이 하염없이 떨어지던 오후 첫 교시에 담임선생님과 함께 교실문을 열고 들어서는 남자를 보고 나는 벌어진 입을 다물지 못했다.

"괴물이다!"

그는 몇 마디 인사를 마치자마자 돌아서서 칠판 빽빽하게 부정사의 명사적 용법과 동명사의 차이점에 대해서 써 놓고 능란한 설명으로 우리들의 정신을 홀랑 빼앗고 있었다. 그는 우리 학교에 새로 부임해 온 영어 선생님이었다.

"괴물이라고 했는데……."

졸업한 뒤에도 나는 그의 거북이 등짝 같은 조그만 집으로 영어를 배우러 열심히 쫓아 다녔다. 당시 남편에게는 척박하긴 했지만 땅이 700평쯤이 있는 것이 참 희한했다. 그리고 살얼음을 밟는 듯이 아슬아슬했던 5년여의 열애 끝에 12살이나 연상인 그와 결혼으로 골인하게 되고 말았는데, 사실 그 때까지도 나는 그에 대한 의구심과 정체성의 혼란 등으로 머리가 몹시 어지러웠다. 그런데 겉으로 보기엔 좌절의 투구를 쓴 허수아비 같았고 싸움꾼에다 술꾼이었지만, 돈도 한푼 못 버는, 게다가 학교도 그만두고 직장도 재산도 없는 그저 한심한 남자 같았다. 하지만 마음 씀씀이가 그리 잔다란 사람은 아니었다. 어쨌든 그 당시로서는 옆에 있어도 눈물이 나도록 그리운 사람이었기에 그딴 일들은 조금도 문제 삼지 않았다. 흔히들 눈에 허깨비가 씌었다고들 하는데, 내가 바로 그랬나 보다.

결혼식을 마치고 그가 가자는 대로 졸랑졸랑 신혼여행을 따라 나섰다. 그 날 밤 기차에서 내려 어느 친척집을 처음 방문했을 때에 난 그만 화들짝 놀라고 말았다. 결혼하기 두어 달 전부터 온세상을 발칵 뒤집어 놓고 있는 역사의 주인공, 그의 사진이 그 집 응접실 벽에 커다랗게 걸려 있었기 때문이었다. 그 사진의 주인공은 10 · 26사태 때 박정희 대통령을 시해했던 김재규 중앙정보부장 옆에 앉아 있던 김계원 청와대 비서실장이었다.

"대체 내 남편의 정체는 무엇일까?"

그리고 이튿 날, 친척들이 모여 산다는 영주로 내려간 김에 피아노 레슨을 한다는 어떤 분의 집을 찾아갔었다. 두 사람이 부둥켜 안고 너무도 반가워 하는 모습에 나도 눈시울이 뜨거워지는 느낌이었다. 그리고 그 정 선생님이 내게 소주를 한 잔 따루어 주시면서 귀띔해 주는 말에 난 또 한번 가슴이 쿵 내려앉는 느낌이었다.

"참으로 기적 같은 일입니다. 김 선생이 결혼하다니. 이곳 사람들 모두 김 선생이 북파공작원이나 켈로부대에 지원했거나 아니면 지금쯤 감옥에나 들어가 있을 줄 알았죠. 대체 공부한 사람이 왜 그렇게 사자처럼 거칠었는지 지금도 이해가 가지 않아요. 대학교 2학년 여름방학 때 이곳 영주에 와서 고등학생들을 불러모아 놓고 영어를 가르쳤었는데 말이죠."

"……."

"그 해 여름날 밤에 김 선생이 바로 이곳 영주역 앞 광장에서 이른바 악명 높았던 텍사스 골목 깡패들 5명과 혈투를 벌였었죠. 김 선생에게 영어를 배우러 왔다가 밤 늦게 기차를 타고 집으로 돌아가려는 여학생을 희롱했다는 이유 때문이었어요. 굉장했습니다. 사람들이 인산인해로 모인 가운데서."

"……"

"대단한 싸움이었습니다. 결코 만화나 영화처럼 과장된 싸움이 아니었죠. 아마도 그 때의 결투 장면을 영주 사람들은 영원히 잊지 못할 겁니다. 싸우는 모습을 보고 김 선생에게 영어를 배우던 여학생들이 울고불고 야단이었죠. 고독한 싸움이었지만 결국 깡패들은 김 선생님 앞에 무릎을 꿇고 말았습니다. 김 선생은 그런 싸움을 영주에서 여러 번 벌였지만 그 날 밤만큼 목숨 걸고 싸운 적은 없었습니다."

그제서야 나는 희망반 후회반 가슴으로 중얼거렸었다.

'난 정말 깡패한테…… 하지만 아주 몹쓸 불한당한테 시집온 모양은 아닌가 봐.'

그리고 그 때부터 고난의 멍애를 짊어진 우리의 결혼생활이 어린아이처럼 아기똥거리며 세상을 향해서 한걸음씩 걸음마를 내딛기 시작했다. 신혼초부터 연탄 살 돈마저 없을 만큼 절핍한 탓에 산에서 빨간 갈비를 긁어다 한뎃부엌에서 밥을 지어 먹거나 헌 신문지 등을 태워서 된장찌개를 끓여 먹었다. 하지만 가난하다고 멸시받고 따돌림당하고 살았어도 슬퍼하지 않았다. 은성이가 감기에 걸려 열이 펄펄 끓어서 마을에 내려가 단돈 천원만 빌려 달라고 말했을 때 사람들이 매몰차게 고개를 돌렸어도, 지금도 늦지 않았으니 빨리 다른 남자에게로 도망가라고 동네 아줌마들이 질깃질깃 꼬였어도 난 끄떡도 하지 않았다. 왜냐하면 남편의 가슴 속에 큰 폭으로 흐르는 사랑과 희망의 강줄기를 너무도 확실하게 느꼈기에 때문이었다. 어쨌든 나는 조금도 실망하거나 딴 마음먹지 않았다. 어느 날엔가, 무서운 칼바람이 살을 에는 듯 혹독했던 밤에 그 바람의 한복판에 짐승처럼 우뚝 서서 이를 악문 채로 어둠 속을 뚫어져라 노려보고 있었던 남편의 뒷모습을 보고 나는 남편의 가슴 속에서 꿈틀거리고 있는 욕망의 가능성을 발견했고, 그래서 더욱 이를 악물었다.

'그래, 내가 하자. 내가 이 더럽고 추악한 가난의 껍질을 벗기자. 내가 남편을 하나님의 토기로 만들거야. 비록 지금은 무능해 보이지만 그 가슴에 드리워진 사랑의 추만 흔들리지 않는다면 우린 해낼 수 있다.'

그리고 세상 물정 하나 모르던 스물두 살 새색시가 라면장사에서, 동평화, 청평화 시장 점원으로, 남대문 시장 옷장사로, 결혼상담소 직원으로 닥치는 대로 제도권 속을 뛰어다녔다.

그 기간이 내게는 너무도 혹독했던 시련의 가시밭길이기도 했지만 그 세월이 나에게는 너무도 귀중한 삶의 토양이 되었다는 사실을 뒤늦게 깨닫고 하나님께 감사했다. 남들도 다 그렇게 힘들게 살아온 경력이 많겠지만 우리 부부는 참 힘든 세월을 용케 견디어 냈다.

내가 그렇게 용기를 낼 수 있었던 것은 겉으로 보기엔 비록 버려져 발길에 채이는 돌부리 같았으나 그 속에서 살아 숨쉬는 남편의 영혼의 무게가 내 가슴을 항상 젖도록 감동시켰기 때문이었다.

때로 남편의 가슴에 검은 비가 추적추적 내릴 때면 내가 달려가 사랑의 우산을 받쳐 주고, 시집 식구들이 소위 가방끈이 짧다고 모멸과 저주에 찬 돌을 던지면 남편은 영혼이 으깨어지는 아픔을 참아내면서 온몸으로 그 돌을 막아주었다. 아무리 힘들어도 남편에게 힘든 내색을 할 수 없었던 것은 힘든 내색을 한 그 때마다 남편의 눈 언저리에 그렁그렁 매어달리는 침묵의 이슬방울이 너무도 무서웠기 때문이었다. 나는 이 세상에서 남편의 눈물이 가장 무섭다.

사람들은 때로 남편을 무서워하고 멸시했지만, 이 날 이 때까지

난 남편에게서 손찌검 한번, 욕설 한 마디 들어보지 않고 살아왔다. 남편은 사람들이 입을 모아 흉잡았을 만큼 그렇게 된 서방님이 아니었다. 언젠가부터 우리가 믿고 신뢰했던 하나님은 위기의 수레바퀴가 우리를 깔아 뭉개려고 대들 때마다 황급히 달려와 우리를 두 손으로 사뿐히 들어올려 주시곤 했다.

그렇게 정신없이 일하고, 고난 받고, 울며 웃으며 사랑하고 행복해 온 세월이 연애시절을 포함해서 어언 40여 년 가까이 흘러갔다. 고난이 비록 인생에 있어서 유익한 것이긴 하지만 자랑하기엔 너무도 가슴이 서러워서였다.

'아, 세월이 정말 살처럼 빠르구나. 그래서 많은 사람들과 더불어 사랑하고 살 시간도 자꾸만 짧아지고….'

어느 해 결혼기념일에 남편은 선물이라며 가방에서 하얀 천을 한 장 꺼내 주었다. 펼쳐 보니 거기에 어느 명필가가 쓴 모양, 웅혼한 필치의 붓글씨 넉자가 선명한 눈길로 나를 쳐다본다.

'처음처럼'이라고.

"마누라, 아무리 우리에게 좋은 세월이 다가와도, 시대의 아픔이 아무리 우리를 줄기차게 방해해도, 또 형편과 처지가 아무리 구름을 탄 듯 좋아졌다 해도 결코 교만하지 말고 옛날을 잊지 말자. 그냥 내내 처음처럼 그렇게 살자, 마누라. 비록 힘들고 가난했지만 괴물이라 불리었던 그 시절이 너무도 아름다웠었어."

"그래요. 은혜 아빠. 우리가 항상 처음처럼이면 나중도 항상 처음처럼 될거야. 그죠? 우리의 처음은 바로 천국이었으니까 말이죠."

난 어느 새 눈가에 맺힌 이슬 한 방울을 남편 몰래 손끝으로 털어낸다.

"하나님, 그 칠흙처럼 깜깜했던 폭풍의 바다를 뚫고, 우리가 천국의 물가로 무사히 다다를 수 있도록 도와주셔서 참 감사합니다. 정말 그 은혜가 너무도 고맙습니다. 그리고 그토록 마음에 그리던 교회가 집 가까이 수려한 계곡에 옮겨 앉아 준 것이 너무도 감사합니다.하지만 저희가 받아온 고난쯤은 남들이 걸어가는 고난의 가시밭길에 비하면 말하기 부끄러울 만큼 너무 사치스럽기도 합니다."

이제야 알 듯하다

이제야 알 듯하다.

왜 그토록 힘들고 어려웠는지를…….

34년 전의 어느 날 오후, 우리 은혜가 4살 적이었다. 그날 남편은 모자에 내린 안개비를 털면서 벌겋게 상기된 모습으로 가게문을 밀치고 들어섰다. 나는 덩달아 들뜬 마음이 되어 미싱 다리를 밟다 말고 남편의 얼굴을 올려다보며 물었다.

"무슨 기분 괜찮은 일 있어요?"

"응, 이봐, 우리 땅 말야, 이거 농지전용 허가를 받자구."

"농지전용 허가요? 그게 무슨 뜻이예요?"

"일테면 농지의 용도를 다른 목적으로 바꿀 수 있도록 서류를 읍 사무소에 들이밀자는 말이지."

"그래 갖고 어쩌자는 건데요?"

"그래 갖고 축사를 짓는 거야. 백평쯤 말이지. 그리고 그것을 또 용도변경 신청을 해서 공장으로 바꿔 세를 놓아 먹는 거지. 보증금 천오백에 월 백오십만원을 받아 먹을 수 있잖아. 그럼 마누라 가게 수

입은 몽땅 저금해도 되잖아."

그러나 그렇게 신바람이 나 있는 남편에게 나는 피식 웃음을 한 웅큼 흘리고 말았다.

"차아암 내! 무슨 돈으로 공장을 지어요? 그리고 농지전용허가 받는덴 돈 안 든답디까요?"

"삼백만원만 주면 해 주겠데."

"삼백만원요? 누가 그래요?"

"누구는. 읍 사무소 직원이 그러지."

"아니, 그게 합법적이면 왜 돈이 들어야 한대죠? 그냥 해 주면 될텐데."

"그 삼백만원은 국가에 내는 거래. 무슨 국가 공공사업에 투자되는 거라든가."

"글쎄, 백평이나 되는 축사건물을 무슨 돈으루 짓느냐, 이거죠."

"뭐 농협에서 꾸어다 지으면 되잖아. 보증금 받으면 일부 갚으면 될 꺼고."

감불생심이긴 했지만 엉새판인 형편에도 우리 부부는 있는 돈, 없는 돈 겨우겨우 마련해서 일단 삼백만원을 만들어 담당 공무원에게 고스란히 갖다 바쳤다.

그러나 한두 달이면 허가 통지서를 받아 주겠다던 그 분의 약속은 1년이 가고 2년이 가도록 감감 무소식이었다.

답답하다 못해 분통이 터진 남편은 눈만 뜨면 처갓집 문지방 드나들 듯 군청엘 들락거리더니 결국 농지전용 허가를 받아내었다. 산업계 공무원에게 갖다 바친 삼백만원은 무엇에 어떻게 사용되었는지 따지지도 물어보지도 않았다.

이듬해에 우리는 고육지책 끝에 농협에서 건축비를 융자받아 1백여평 축사를 짓고자 군청에 건축물허가 신고서를 제출해 놓았다.

그 허가장도 몇 달이 넘도록 나오지 않았다.

기다리다 지친 남편이 또 군청 문턱을 발이 닳도록 뛰어다녔다. 겨우겨우 건축물 허가증을 받아 쥐고는 그 해 가을에 축사를 짓기 시작했다.

건물은 또 한 해를 넘긴 해 가을에야 겨우 완공될 수 있었다.

건물을 지을 때도 업자와의 갈등 때문에 얼마나 고통스러웠는지 모른다. 그런데 또 문제가 생겼다. 군청에서 준공검사에 늑장을 잔뜩 부리는 것이었다.

어느 날엔가 군청에서 사람들이 나왔다.

남편에게 이야기하는 걸 옆에서 들어보면,

"아니, 축사 아닙니까?"

"그렇죠."

"설계에는 바닥에 콘크리트를 치지 않게 돼 있는데, 왜 콘크리트를 깔았습니까?"

남편은 마치 죄인처럼 두 손을 모아쥐고 대답하고 있었다.

"저어, 이왕에 짓는 김에 나중에 돈이 곱빼기로 들 것만 같아서요."

"콘크리트 걷어내쇼."

그러면서 이어 말하기를,

"어쨌든 설계대로 하지 않으면 준공허가 내줄 수 없습니다."

그 때 남편은 그들을 붙들고 통사정을 했었다.

"어떻게 좀 봐 주십시오. 이걸 걷어내려면 헛돈이 얼마나 많이 들겠소?"

그러나 군청 직원들은 냉담한 얼굴로 승용차를 타고 휑하니 사라져 버렸다.

남편이 또 군청 문턱을 반찬그릇에 괭이발 드나들 듯 수도 없이 넘나들었다.

그렇게 해서 군청직원에게서 겨우 얻어낸 해결책은 이랬다.

"설계사무실에 가서 설계변경을 하쇼. 콘크리트바닥으로 말요."

남편은 또 설계비 50만원을 더 얹어 주고야 겨우 설계변경을해서 다시 군청에 들이밀었다.

또 몇 달의 세월이 흘러갔다.

그런 어느 날 또 군청 직원들이 몰려와서 건물을 휘 둘러보더니 다시 꼬투리를 잡아내기 시작했다. 그들 중 턱수염이 까무잡잡한 남자가 벽장코를 연신 벌름거리면서 말했다.

"축사 건물인데 천정에 합판은 왜 붙혔습니까?"

"어차피 용도변경할 건물이라서 천정에 합판을 치지 않으면 사람들이 추울 것 같아서요."

"뜯어내십쇼."

그 말 한 마디만 던져 놓고 그들은 또 바람을 휑하니 일으키며 사라졌다. 남편은 이를 우드득 갈았다.

"젠장! 다른 사람들은 벼라별짓 다 했는데도 준공검사 다 받았는데 왜 우리한테만 지독하게 구는 거지?"

별수없이 인부들을 사다가 합판을 모두 뜯어낼 수밖에 없었다. 그 일로만 손해본 것이 자그마치 5백만원이었다.

천정의 합판을 다 뜯어낸 뒤 또 군청에다 결과를 통보했다.

며칠 후, 그들이 건물 안에 들어섰다.

낮술을 한잔 한 듯 번주그레한 얼굴의 직원 하나가 목에다 잔뜩 기브스를 세운 채 물었다.

"이게 축삽니까?"

"예?"

"누가 봐도 이걸 축사라고 하겠습니까? 축사처럼 보이도록 내부를 고쳐서 사진을 찍어 갖고 오십쇼. 닭이라도 몇 마리 집어넣어서 말요."

그리고 그들은 또 바람처럼 사라졌다.

우리는 울며 겨자 먹기로 병아리와 어미닭 등을 백여 마리 사다가 축사 안에 풀어놓았다. 개도 몇 마리 칸막이랑 철망을 쳐 묶어놓았다.

며칠 후 그들이 또 들이닥쳤다.

"설계에는 건물 끝에 보일러실이 없잖소?"

"……?"

"보일러실을 뜯어내쇼."

남편이 기어코 버럭 화를 내고 말았다.

"아니, 이 봐요. 이쪽 관리사에는 사람이 살도록 설계되어 있잖소. 하던 김에 보일러를 놓아야지 나중에 하면 비용이 곱빼기로 들잖겠소?"

그러나 그들은 말 한마디도 않고 삵괭이처럼 내빼고 말았다.

그제서야 우리 부부는 통렬하게 후회하기 시작했다. 전용허가를 받아서 건물을 지어 용도변경을 받아 공장으로 세를 놓겠다는 꿈을 꾼 것을 말이다.

그들이 한 달쯤 뒤에 또 나타났다.

이제 우리 부부는 거의 지쳐 쓰러지기 직전이 되어 버렸다.

그들은 이무기 같은 눈망울을 연신 번들거렸지만 건물쪽은 쳐다보지도 않았다. 이상하게도 그 날만은 눈곱만큼의 꼬투리도 잡지 않고 사라졌다.

서너 달 뒤, 군수 허가증이 집에 날아들었다.

'그런데 이건 또 뭐람!'

내용인즉슨 공장으로 용도변경을 받으려면 8년 후에나 그게 가능하다는 내용이었다.

이렇게 되자 군청을 찾아간 남편은 이를 하얗게 드러내고 담당공무원에게 대들었다

"왜입니까?"

"잡종지로 전용허가 받았으니 현행 법률상 8년 후에나 효력을 볼 수 있습니다. 만일 빠른 시일내에 공장으로 용도변경 받으려면 국가에 일정액의 돈을 내야 합니다."

"얼마나 내면 됩니까?"

"한 2천만원 들 겁니다."

"뭐, 뭐라고?"

남편은 축사 한 동 짓느라고 그 오랜 세월을 깨진 독에 물 붓듯 돈을 허비하면서 눈이 떼꾼해 지도록 뛰어다녔지만 결국 축사를 공장으로 허가받는 데는 실패하고 말았다.

그랬다.

그랬지만 우리 부부는 공무원들을 조금도 원망하지 않았다.

"원리 원칙대로, 설계대로만 했으면 될 것을 괜히 이곳저곳 손 댄 우리가 잘못이죠. 공무원들이야 원리 원칙대로 안 하면 상관한테 큰 문책 당할 테니 그렇게 까다롭게 한 거구요."

"맞아. 내가 잘못 생각했던 거지."

그처럼 선머슴같이 순진했던 우리 부부였다.

그런데 당시만 해도 참으로 이해할 수 없는 일들이 많았다.

우리 집 근처에는 군부대가 있었다.

그런데도 그 군부대 바로 옆에 공장이 들어섰다. 원래 군부대 옆에는 보안 문제상 원두막 하나도 지을 수 없는 줄 듣고 있었는데 그런 땅에 어느 날 갑자기 레미콘 회사가 쳐들어왔다. 남편의 말로는 산더미처럼 쌓아 놓은 모래더미 꼭대기에서 아래를 내려다보니 군부대 안에서 일어나고 있는 일들이 손바닥을 들여다보듯 환하게 내

려다보였다고 했다.

그뿐 아니었다.

도저히 집을 지을 수 없다던 논밭 여기 저기가 어느 날 마구 깔아뭉개졌다. 거기에 러브 호텔이니 가든이니 호화 주택들이 우후죽순처럼 솟아오르기 시작했다.

나는 친하게 지내던 마을 아줌마 한 분에게 물어보았다.

"허가를 쉽게 받아 내었네요?"

"아이구, 말도 말아요. 맨입으로 되나요? 약을 멕여야죠."

"약을요? 무슨 약요?"

"아이구, 애기엄만 순진하기는. 아, 그 와이로를 멕여야죠. 뒷돈 말이유."

"……!"

우리 부부는 그저 개미처럼 열심히 일하며 정직하게 사는 게 제일인 줄만 알고 살아왔지 그렇게 달리 요령을 피우거나 공무원들과 결탁하여 뇌물을 주고받아서 무엇을 성사시켜 보겠다는 생각은 꿈도 꾸어 보지 못했다.

엊그제 또 TV뉴스에 비리공직자로 적발된 1만 8백 25명의 리스트가 감찰부에 의해 작성되었다고 했다. 두 달도 안 되는 감찰 실적이 그 정도라고 했다. 그러니 이 나라 방방곡곡에 독버섯처럼 자생하고 있는 공무원들의 비리와 부정이 오죽할까.

국민의 혈세로 처자식 먹여 살리고 추울 땐 훈풍기, 더울 땐 에어콘 마음껏 횅횅 돌려가며 그 자리에 앉아 있으면서도 어떤 때 보면 로보캅처럼 목이 꼿꼿하기 이만저만이 아니었다.

이제야 나는 겨우 알 듯하다.

왜 그 당시 농지전용허가 한 장 받는 것이 그토록 힘들었고 준공검사증 한 장 받는 것이 그토록 까다롭고 힘들었는지.

그 때 남들처럼 모른 척 봉투에다 단돈 백만원이라도 쑥 디밀어 주었더라면 그토록 비싼 이자 물며 꾼 피 같은 돈도 엉뚱한 곳에 소모되지 않았을 테고 마음 고생도 심하지 않았을 텐데…….

지난날 우리는 축사를 지어 그것을 다시 또 용도변경 승인을 받아 공장으로 세를 주어서 편하게 먹고 살겠다는 부푼 꿈을 꾸었었다. 하지만 그 꿈을 산산히 깨뜨려 버린 하나님의 간섭을 이젠 알 것만 같다.

만일 그 꿈이 계획했던 대로 순조롭게 진행되었더라면 남편의 오늘은 결코 없었을 것이다. 예나 지금이나 그저 그 타령일 것이고 밤이고 낮이고 술독 속에 빠져 세월잡이나 하며 허접쓰레기처럼 살았을 것이다. 공장에서 나오는 세만 받아 먹으면서 남아 돌아가는 시간을 떼우기 위해 화투나 포카노름 등을 배웠을지도 모른다. 어쩌면 나 아닌 다른 여자랑 해괴한 짓을 했을지도 모른다.

인생에 있어서 진정한 성공이란 결코 억만장자가 된다거나 권력과 명예의 울타리 속에 갇혀 있는 것만은 아니라고 생각한다. 진정한 성공이란 얼마만큼이나 하나님의 가슴에 합한 양심적 인격이 되는가에 달려 있다고 나는 굳게 믿는다.

아직은 문운이 미치지 못해서 누구처럼 세상을 발칵 뒤집어 놓지는 못하고 있지만 그래도 나는 남편의 글을 보석처럼 사랑하고 아낀다. 그의 작품 속에서는 항상 공존의 감성이 농도 짙게 깔려 있을 분 아니라 의로움에 대한 강렬한 열망의 불꽃이 사그라들지 않기 때문이다.

조금 전에도 유명한 작가 한 분에게서 전화를 받았다.

남편의 대학 친구인 그가 국회의원으로 의정활동하랴, 작품활동하랴, 강의에 불려다니랴 그렇게 바쁜 분인데 그런 중에도 잡지에 연재되는 우리 부부의 글만큼은 한 꼭지도 빼놓지 않고 애독한다는 전화였다. 그것은 아마도 우리에게 용기를 북돋우워 주기 위한 위로의 전화일 것이다.

그 분은 궂은 일이든 좋은 일이든 일만 생기면 이 산골짜기로 싫은 기색 하나 없이 찾아와 주고는 했다. 그 분이 우리 집에 몇번 다녀간 뒤에야 겨우 동네 사람들의 남편을 보는 눈길이 많이 달라진 듯했다. 이모저모로 고마운 일이 한두 가지가 아니어서 한번쯤 초대해 내 솜씨로 시원한 냉면을 한 그릇 말아 대접하고 싶다.

성큼 빨간 가을이 한복가게 주위에 다가섰다.

가게 뒤켠의 커다란 밤나무에서 툭툭 떨어지는 끝내기 알밤소리가 이 가을엔 어쩐지 서글픈 것은 나이든 탓인가 보다.

귀뚜라미가 담벼락 틈에 숨어서 잠깐씩 더듬이를 세우고 숨 죽이고 있는 이 가을 밤, 나는 서글프게도 축사를 짓던 34년 전의 그 일을 이제야 알 만하다고 느끼다니……. 아마도 가을이 깊어지니 괜시리 그딴 생각이 들었나 보다.

왜 우리만 준공검사증 한 장 받는 데에 그토록 힘들었던지 이제는 알 만하다. 그리고 그럼에도 불구하고 우리의 삶을 간섭해 주신 하나님의 섭리도 이제는 알 듯하다.

준공검사증 한 장 받기가 그토록 힘들었던 이유는 우리가 뇌물을 줄 줄 몰랐던 만큼 우부우맹했던 탓이었다. 하지만 우리의 삶을 간섭해 주신 하나님의 섭리는 우리도 남들처럼 뇌물주기에 급급하는 것이 그 분의 눈에는 바르게 보이지 않았기 때문일 것이다.

우상의 땅이 가져다준 시련

공장을 짓느라 우리 부부의 가슴앓이가 겨우 가라앉을 즈음이었다. 예배를 마치고 집으로 돌아왔다. 나는 차에서 내려서자마자 아즐아즐 다가온 진돗개 강아지를 덥석 들어올리고 녀석의 코에다 내 코를 조심스레 갖다 댄다. 녀석의 코에서 느껴지는 짜릿한 땀내음과 촉촉한 포근함에 나는 파르르 진저리를 친다.

이제 젖 떨어진 지 한달쯤 지났을까. 포동포동 탐스럽게 살이 올라 여간 예쁘고 귀여운 게 아니다.

나는 강아지를 품에 안은 채로 새삼 주위를 둘러본다. 멀리 샛밥을 담은 광주리를 이고 휘뚤휘뚤 구부러진 논두렁을 걸어가는 은미 엄마의 뒷모습이 여간 위태로워 보이지 않는다. 하루 중 거의 모든 시간을 가게에서 보내는 탓에 나는 몇 년째 줄곧 계절의 감각을 놓치며 살고 있다.

어느 새 집 주위에 검푸르게 무성했던 잡목숲은 울긋불긋 오색물감을 쏟아부은 듯 한폭의 수채화처럼 아름답게 물들어져 있었다. 하지만 오래잖아 마당에 우람하게 자라 있는 플라타나스는 눈 깜짝할 새에 가을옷을 훌렁 벗어버리고 나목이 되어 가는 모습이다.

그 플라타나스는 우리가 결혼하던 해에 심었다.

그러니 햇수로 따지자면 꼭 20년이 되는 셈이다. 새삼 지나간 세월들이 흑백필름처럼 아픈 기억을 안고 망막을 스쳐 지나간다. 이 땅에서 살아온 고난의 20년은 우리 부부의 인생에 어떤 의미를 안겨 주는 것일까?

'집과 땅이 경매로 넘어가기 직전이니 별수없이 사글세 단칸방 하나를 얻어 살아야 될 만큼 딱한 처지가 되었지만 금년 겨울은 은행에서 시도 때도 없이 날아들던 압류예고 통지서를 받아볼 일 없어 마음만은 그 어느 때보다 따뜻하고 포근한 겨울이 되겠지. 하지만 시원섭섭하게도 이제 우리는 이곳을 떠날 준비를 해야 한다…….'

그리고 참으로 가슴 아픈 대목이 있다. 그것은 수년동안 우리 가족과 함께 생사고락을 같이 해온 진돗개 가족을 개장수에게 헐값으로 넘겨 주지 않으면 안 될 상황에 처했기 때문이다. 남의 집 사글세 신세를 져야 할 판에 진돗개를 함께 데리고 살 수는 없는 일이었다.

어느 날이었던가. 그 때도 오늘처럼 쪽빛 하늘을 머리에 인 잡목들이 낙엽을 마구 흩뿌리고 있을 때였다.

나는 친구들과 어울려 지금의 남편이 웃통을 훌렁 벗어던진 채로 돼지떼 속에 파묻혀 땀을 뻘뻘 흘리고 있는 옆을 깔깔대며 지나가고 있었다.

친구 중 하나가 그를 보고 내 귀에 속삭였다.

"저 사람 대학 출신이래. 영문과 나왔댄다."

나는 그 때 입을 뾰족히 내밀며 친구의 말을 단번에 묵살시켜 버렸다.

"얘는, 그 말을 믿니? 영문과 출신이 이런 깡촌에 와서 돼지들이랑 씨름하게."

그러나 이듬해 가을이었다.

학교 주변에 상수리나무 낙엽이 비처럼 쏟아져 내리던 어느 날 오후, 느닷없이 그가 우리 교실에 성큼성큼 들어섰다.

그는 영어 교과서를 한참 훑어보더니 우리가 배워야 할 페이지를 한번 물어보고는 이내 책을 덮었다. 그리고 돌아서 칠판에 스펠링 한 자도 틀리지 않고 부정사의 명사적 용법과 동명사의 용법에 관해서 자세하게 설명하기 시작했다.

우리는 감탄했다.

영어 단어의 발음에서 억양, 엑센트 자리까지 정확하게 찍으면서 설명하는, 문법조차 너무도 유창한 데는 우리 모두들 혀를 내두르고 말았다.

이것이 내가 이 세상에 태어나서 처음이자 마지막이 될 남편을 만났던 시초였다. 그의 집 앞에 지천으로 깔린 냉이를 캐러 갔다가 얼핏 눈길을 딱 한번 마주쳤었던 외에는. 그리고 학교를 졸업하고 난 이듬해부터 나는 남편을 사랑해야 하는 숙명의 댓가를 호되게 치러야 했다.

농사꾼의 딸로서 바깥 세상을 전혀 경험해 보지 못한 나였다. 집 안에서 농사일을 도우며 애오라지 살림만 했던 열여덟 살 앳된 소녀였다. 그런 내게 그는 너무도 버거운 상대였다.

그는 참으로 이상한 사람이었다.

동네 사람들은 모두 그를 향해 괴물이라고 했고, 혹자는 정신이상자라고도 했다. 또 사람들은 그를 서울에서 무슨 큰 죄를 짓고 이곳에 몰래 숨어 들었다고도 수근수근댔다.

또 어떤 사람은 그를 두고 흉악한 깡패라고 하기도 했다.

실제로 남편은 싸움꾼이었다.

그 서슬 퍼랬던 삼청교육대가 바로 지척에 있는데도 보안대장을 폭행한 일로 인해서 부대에서 그를 체포하기 위해 5분 대기조를 출동시키기까지 했다. 그런 그가 삼청교육대에 잡혀들어가지 않은 것도 지금 생각하면 너무도 아찔할 만큼 기적 같은 일이었다.

한번은 밤길에서 '아침이슬'을 목청껏, 부르며 지나가던 그의 얼굴에 후레쉬를 비췄다는 이유 하나로 헌병대장을 흠씬 때려준 일이 있었다. 그런 일이 있은 후에도 보름이 넘도록 남편의 눈길을 피해 도망다니던 헌병대장은 결국 팬티 바람으로 그의 앞에 무릎을 꿇고 싹싹 빌었을 정도였다.

언젠가는 무슨 이유인지는 몰라도 파출소를 발칵 뒤집어 엎기도 했었다.

워낙에 별쭝난 사람이어서 그에 대한 말거리는 하루도 마을사람들의 입에서 떠날 줄을 몰랐다.

어느 날 밤, 잠자리에 들었다가 아버지와 엄마가 주고 받는 이야기를 가슴 두근거리며 엿듣던 일도 기억에 새롭다.

"또 싸웠대누먼."

"예? 누가 말유?"

"아, 누군 누구야. 그 깡패놈이지. 예비군 훈련장에서 건너 마을에 사는 정씨네 아들이랑을 그냥 떡이 되도록 팼대."

"아니, 어째서 파출소에서는 그런 놈을 안 붙들어 갈꼬?"

"붙들어 가? 아, 보안대 문짝을 도끼루 죄 두들겨 부수고 파출소장 멱살을 잡고 닭모가지 비틀 듯 하는 판에?"

"차아암! 동네가 망할라구 이러나, 어째 그런 놈이 우리 동네에까지 굴러왔지?"

"뉘집 딸이 그런 놈한테 걸려들지, 그 집 딸년 팔자 불 보듯 뻐언하지."

"술두 하마처럼 마신대면서요?"

"말술이래."

"막걸리 한 말을 혼자서 다 마신단 말요?"

"그렇다니깐. 아주 술푸대래, 술푸대."

"세상에 미친 놈이네, 그 놈."

"애 조심시켜."

"애? 누구 말이유?"

"아, 누군 누구야. 영휘년 말이지. 재수없게 그 깡패놈헌테 걸려들라. 좌지간 바깥에 절대루 나가지 못허게 해."

"에그, 영감두, 참, 아, 우리 애가 눈이 삐었수? 그런 천하의 백수건달 놈헌테 걸려들게."

"돼지 기른다던데? 남의 땅 얻어서."

"집이 서울이라우?"

"쥐뿔두 읍대. 불알 두쪽밖엔."

"에그……."

남편은 그렇게 동네 사람들에게 비숫거리의 대상이었다.

사람들의 그런 인식 속에서 남몰래 남편과 밀애를 나누어야 하는 고통은 말로 표현할 수 없을 만큼 참혹하고 힘들었다.

또 타작을 끝낸 어느 날 저녁상에 식구들이 빙 둘러앉은 자리에서도 나는 얼굴이 새빨개져야 했다.

"차아암, 내 원 별 희안한 놈 다 봤네!"

"왜요?"

"아, 그 깡패놈이, 글쎄, 뻐스를 탔는데 말야, 대가리는 때까중처럼 빡빡 밀구, 한쪽에는 군화를 신고, 한쪽에는 검정 고무신을 신었더래. 바지는 반바지에다."

"뭐요? 아니, 그러구 뻐스를 탔단 말유?"

"그렇다니깐."

"돌았구먼, 뭐. 그게 제정신 박힌 놈이유? 돌았어요. 정신이 어떻게 된 거라구요."

아버지와 엄마가 그토록 미워하고 불신했지만 우리가 뗄래야 뗄 수 없는 지경에 처한 사실을 알고 오빠가 적극 나서서 우리들의 바람막이 역할을 해 주었다. 하지만 아버지와 엄마는 2년 간격을 두고 세상을 뜨고 말았다. 부모를 일찍 잃어버린 아픔은 세월이 이만큼 흘렀어도 지워지지 않고 멍울로 가슴에 남아 있다.

그래도 남편은 뚱딴지처럼 참 용한 데가 있었다. 산자락 아래에 있는 양지 바른 곳에 칠백평 쯤 땅을 사두는 지혜를 발휘했었다. 그 때 돈으로 30만원 주고 샀다니 싸긴 싼 땅이었다. 그 땅이 왜 그렇게 싸구려 땅이었는지를 훨씬 훗날에야 알게 되었지만 어쨌든 땅은 땅임에 틀림없었다.

그러나 그 땅이 복이라면 복이었고 화근이라면 화근이었다.

도대체 계란 노른자위처럼 길이 뚫린 곳이 없었다. 말하자면 맹지였다. 별수없이 남의 밭틀논틀 사이를 도둑괭이처럼 밟고 다녀야 했다.

그러자니 밭에다 농사를 지으려면 거름을 마음대로 퍼 나를 수가 없고 가뭄이 심해 농작물이 오갈이 들어도 물조차 퍼 나를 수 없어서 여간 힘들고 답답한 노릇이 아니었다. 하물며 길도 없는 땅에다 허가를 받아 집칸이라도 짓는다는 것은 하늘에 별따기처럼 아득하고 감감한 노릇이었다.

그러나 웬 일일까.

어느 날 갑자기 미군들이 팀스피리트 훈련한다며 새벽바람으로 들이닥치더니 불도저로 길을 닦기 시작하는 게 아닌가. 순식간에 폭 5미터나 되는 넓다란 길이 우리 땅으로 이어졌는데 그것은 바로 기적 중의 기적이었다.

하지만 기적이라고 좋아하기도 잠시, 그 땅은 소위 절대농지라 해서 오막살이라도 절대로 지어서는 안 된다고 했다.

별수없이 우리는 산 밑에 외롭게 웅크리고 있는 초가집 방을 한칸 얻어 신혼을 벌였다. 너무도 갖춘 것이 없다 보니 신혼살림 이어가기가 여간 힘들지 않았다.

그렇긴 했어도 그 시절만큼 달콤하고 행복했던 시절은 없었다고 지금도 생각한다. 그래서 그런지 행복은 결코 물질이나 환경이 풍족한 데에서만 오는 게 아니라는 나의 지론은 나이 60문턱을 올라선 지금도 전혀 변함이 없다.

남편은 결혼하고 나서부터는 싸움질만큼은 뚝 끊었다.

그것이 몹시 고맙고 다행스러웠지만 술실력은 여전해서 허구한날 술타령이었다. 그것이 마음에 안타깝긴 했지만 그래도 남편이 한번도 원망스러워 보이지 않았으니 옛날의 엄마 말씀처럼 내 눈에 허깨비가 씌어도 단단히 씌었던가 싶다. 아마 요즘 여자들이라면 애시당초부터 판을 깨뜨렸을 것이다.

그러던 어느 날 남편은 탁월한 영어실력에 힘입어 지금의 웅진재벌에 수십대 1의 치열한 경쟁을 뚫고 당당하게 입사한 합격 통지서를 눈앞에 쑥 내밀었다. 그 때, 나는 얼마나 감격에 겨워 울었는지 모른다. 남편이 너무도 자랑스러웠다.

그러나 기쁨도 잠시였다.

당시만 해도 우리 동네는 교통이 엉망인 탓에 입사초부터 지각이 잦을 수밖에 없었다. 새벽 4시에 일어나 덕정까지 10리를 걸어 기차를 타야 했다. 땅을 팔려고 내놓았어도 누구 하나 사려고 하는 사람이 없었다. 남편은 갈수록 얼굴이 수척해 가기 시작했고 결국 석 달만에 회사에서 밀려나고 말았다. 서울에 방 한칸 얻을 돈이 없었던 탓에 받아야 하는 엄청난 좌절이었다.

"내가 할 테야……."

나는 독하게 이를 악물고 밖으로 뛰기 시작했다. 라면 장사로 시작해서 결혼상담소 직원으로, 동평화시장 점원으로, 청평화시장, 남대문 시장 새벽장사로 정신없이 뛰었다. 서울에 있는 친척집 골방을 하나 얻어서 겨우 새우잠만 자면서 출퇴근했다.

그래도 조금씩 돈이 모이기 시작하는 보람이 있어 힘든 줄도 몰랐다.

그런 몇 년이 지나자 우리 땅은 절대농지에서 상대농지로 자연스럽게 바뀌어져 있었다.

그즈음 남편과 친하게 지내던 동네 목수에게 도사견 강아지 두 마리를 주는 조건으로 슬레트지붕의 집이나마 조그맣게 집을 짓기 시작했다. 시어머니가 이태원에서 사시던 전세보증금 백만원을 보탠 탓에 그나마 꽤 수월하게 살만한 집을 지을 수 있었던 게 그래도 얼마나 다행스러운 일이었는지 모른다.

그러나 땅으로 파생되는 고난의 열풍은 그칠 줄 모르고 끈질기게 우리 부부를 몰아쳤다.

언제부터인가 시어머니는 동네 사람에게도, 교회 사람들에게도 땅도 집도 모두 당신이 사 주었다고 자랑하고 다니는 바람에 문제가 불거졌다. 사람들에 대한 남편의 자존심이 심하게 구겨지기 시작했다. 그 땅은 남편이 좌골신경통에 걸려 몸을 질질 끌고 다닐 만큼 죽을 고생을 해서 산 땅이었기 때문이었다.

점차로 남편은 사람들의 인식의 그늘 밖으로 초라하게 밀려나 버렸다. 게다가 시어머니는 당신이 사준 땅을 남편이 몰래 자기 앞으로 명의이전해 버렸다고 동네방네 소문을 퍼뜨리고 다녔다. 그 바람에 우리부부의 살아가는 모양새가 더욱 뒤틀리고 말았다. 남편에겐 죄송하고 부끄러운 말이지만 내가 세상에 태어난 후 이 같은 희안한 시집 식구들은 세상에 둘도 없을 것이라고 생각한다. 지금까지도 나는 그 분들을 이해할 수가 없다.

"며느리 년이 여우짓을 해서 내가 사준 땅을 몰래 저그들 이름으로 싹 돌려 놔뿌렸다 아이가."

그리고 어느 날 새벽, 어딘가에서 밤을 새우고 축 늘어진 모습으로 들어온 남편이 하얗게 부서진 얼굴이 되어 선언하듯 내뱉은 말은 내게 너무도 충격적이었다.

"난 이 세상에 속한 사람이 아니고 부모도 형제도 없는 그저 하늘에서 미꾸라지처럼 뚝 떨어진 천애고아야."

"……."

언제부터인가 내 삶은 날개가 부러진 작은 새처럼 느껴지기 시작했다. 가을날 같은 때도 우리집 주변에 흩날리는 낙엽이 온통 하얀 색깔이라는 느낌이 들만큼 그랬다.

어쨌든 남편이 그렇게 힘들게 키운 돼지를 팔아 장만한 그 땅에서 벌어지는 잡다한 사건들은 헤아릴 수 없이 많았다. 사실 그 땅은 길도 없는 땅이라서 온 동네 사람 누구도 그 땅을 땅으로 취급해 주지도 않았다. 그렇게 척박하기 이를 때 없는 푸서리 박토였다.

하여튼간에 그 땅 때문에 그렇게 수많은 사건 사고들이 잠시도 그냥 두지 않고 우리 부부의 삶을 고난의 폭풍 속으로 끌어들이곤 했다.

농협에서 빌린 돈으로 어렵사리 지은 축사에는 많은 세입자들이

들고 나가곤 했다. 한데 그 세입자들 또한 어쩌면 그리도 무섭고 소름끼치는 사람들만 드는지 모를 일이었다.

축사에 세들었던 사람 중에 건축업을 하는 사람이 있었다. 말이 건축업자이지 시골 동네를 돌아다니며 병든 소 등을 사서 축사 안에서 몰래 각통질을 해다 푸줏간에 내어다 파는 사람이었다. 허구한날 고기 굽는 냄새를 피워댔고 밤만 되면 순진한 동네 여자들을 모두 끌어들여 춤바람을 벌였다.

금새 동네에 그 소문이 연기처럼 퍼져나갔다. 얼굴이 화끈거릴 만큼 동네 가운데를 걸어다니기가 몹시 창피했다. 또 얼마나 돈 많은 행세를 하며 마주칠 적마다 곤댓질을 심하게 해 대던지 우리 부부는 늘 그들에게 기가 죽어 지냈다. 그들이 나가고 새 사람이 들어오자 우리 부부는 더욱 기가 죽어 버리고 말았다.

그 사람들은 돼지도 기르고 개도 기르고 했는데 주인의 생김새가 조폭 두목쯤 되어 보일 만큼 험상궂게 생겼었다. 매일 돼지를 때려잡는 비명 소리에 나는 노이로제에 걸릴 지경이었다.

무엇보다 무섭고 소름끼쳤던 것은 개를 목메어 달아놓은 채로 굵은 쇠몽둥이로 머리를 마구 두들겨 패서 죽이는 데에는 차라리 까무라칠 지경이었다. 참으로 거의 매일 돼지를 밀도살했고 하루 건너씩 개를 두들겨 잡았다. 우리 집 주변은 항상 개 그을리는 노린내와 돼지 잡는 피비린내로 자욱했다.

하지만 별 수 없는 것은 계약날짜가 쐐기로 박힌 데다가 보증금을 받아 다른 데에 써 버렸으니 당장 축사를 비워 달라고 할 수도 없는 노릇이었다.

우리 아이들은 그렇게 이웃 사람의 잔인한 모습을 보고 자랐다. 나는 지금까지도 그것이 너무도 아이들한테 죄스럽다.

또 어떤 아줌마는 친정 엄마를 함께 모시고 세를 들어왔다.

그런데 그 또한 낮이고 밤이고 친정 엄마에게 입에 담지 못할 욕설을 퍼대며 마구 밟고 때리고……. 그 남편은 술만 마셨다 하면 식칼은 물론 날붙이라면 무엇이든 들고 아내를 찔러 죽인다고 설치는 바람에 밤을 하얗게 센 날도 헤일 수 없다. 그 사람은 술만 마시면 아내와 아이들을 박 패듯 했고 붉게 충혈된 눈을 하고 스스로 정성들여 만든 자루칼을 품 속에 품고 다니는 무서운 사람이었다. 하지만 그 남자도 남편을 무서워 해서 참다 못한 남편이 소리라도 한 번씩 버럭 질러버리면 찍소리 없이 잠잠했던 것은 그나마 참 다행스런 일이었다.

또 언젠가는 귀신들린 아내를 데리고 들어온 남편이 있었다. 그 사람은 또 자기 잇속 챙기기에 둘째가라면 서러울 정도의 감바리였지만 방세도 주는 둥 마는 둥 셈이 흐리마리한 데다 툭하면 밤마다 오랏줄을 들고 산으로 목메어 죽는다고 올라가곤 했다. 그 바람에 파출소에다 몇 번씩이나 연락을 해야 했던 미운 기억도 있다.

우리 집에는 그렇게 매사에 적절치 못한 사람들이 진을 치고 들어앉아 시도때도 없이 매화타령을 불러대며 우리 부부의 가슴을 숯덩이처럼 새까맣게 태워 놓곤 했다.

"팔고 이사갑시다."

나는 남편에게 수도 없이 말했으나 남편은,

"무슨 소리! 지금껏 버텨온 땅인데, 좀 있어봐. 이쪽 지역이 택지로 조성되면 땅값이 하늘 끝까지 치솟을 테니. 우리도 겨우 부자가 될 텐데, 어디에 가도 목에 힘줄 수 있잖아. 이만한 땅에다 집에다."

그런 어느 날이었다.

청천벽력과도 같은 날벼락이 우리 집에 떨어졌다.

〈남편 앞으로 삼천만원〉

〈내 앞으로 이천만원〉

법원에서 날아온 압류 통보였다.

자초지종을 알아보았다. 우리와 가깝게 지내던 사람이 저지른 짓이었는데 남편의 인감도장을 도용해서 읍사무소에서 인감증명을 위임 받은 모양이었다. 그는 그렇게 서류를 날조해서 사채업자에게 오천만원이라는 거금을 움켜 쥐고 쥐도 새도 모르게 증발해 버린 사건이었다. 그 사채업자 또한 그 서류가 날조된 것이라는 사실을 뻔히 알고 있으면서 그 사람에게 돈을 빌려준 것이었다. 말하자면 단골 변호사를 끼고 우리땅을 걸태질로 빼앗아 보려는 심사였다.

설상가상으로 남편은 남대문 시장에서 장사하는 큰올케에게 이천만원 빚보증을 덥석 서준 것이 눈덩이처럼 불어나서 빚은 순식간에 억대를 문턱질하고 있었다. 내 친정쪽 사람이 저지른 일이었기에 나는 남편 얼굴 쳐다보기가 너무도 죄스러웠고 시댁식구들 앞에서는 더더욱 얼굴을 들고 살기가 괴롭고 힘들었다.

이자는 갚아도 갚아도 끝이 없고 점점 더 불어났다.

툭하면 땅을 경매붙이겠다고 으름장을 놓는 남대문시장 사채업자 등살에 하루 한시도 마음 편할 날이 없었다. 게다가 경찰이며 법원이며 끌려다니느라고 길에다 돈을 뿌리고 다녀야 하고, 일은 일대로 못하고 참으로 죽을 맛이었다.

하지만 우리 부부는 이를 악물고 땅을 붙들고 놓지 않았다.

"땅을, 그리고 집을 잃으면 거리에 나앉을 판야. 어떡해서든 땅을 지켜야 해."

하지만 사채업자는 악랄의 극치를 훨씬 넘어 있었다. 경찰에서도 거짓말이고, 말끝마다 엇나가기 일쑤였다. 검사 앞에서도 판사 앞에서도 얼굴 색 하나 변치 않고 거짓말을 실타래 풀 듯 늘어놓는 데는 혀를 내두를 지경이었다.

"포기하구 일찌감치 돈 내놔요. 결국 재판도 돈 있는 사람이 이기게 되어 있으니까."

법원 복도에서 그녀가 우리에게 던지는 비아냥이었다.

사실 이곳 저곳에서 돈을 꿔다 이곳을 메우면 저곳이, 저곳을 메우면 이곳이, 그저 깨진 독에 물 쏟아붓는 격이었다.

그러던 어느 날이었다.

우리 집 바로 옆에 폐지공장이 들어섰다.

거기서 나오는 엄청난 먼지와 소음 때문에 남편은 방 안에서 글 한 줄 쓸 수 없게 되어 버렸다.

비로소 우리 부부는 털썩 주저앉아 버릴 수밖에 없었다.

"틀렸어. 땅도 팔아 먹지 못하게 됐어. 이런 곳에 누가 땅을 사려 들겠어?"

그 해, 삼천만원 압류사건은 다행히 남편의 승리로 끝났다. 하지만 이천만원 압류사건은 나의 패배로 결판이 나고 말았다. 그런데 먼 훗날 우연히 교회에서 친해진 집사님으로부터 전해 들은 얘기를 듣고 우리 부부는 허탈하게 웃기만 했다. 그 집사님의 친구가 변호사실 사무장인데 그 때 그 사채업자가 판사에게 천만원이라는 뇌물을 주고 이길 수 없는 판결을 뒤집어 버렸다는 이야기였다. 남편쪽 재판이 이긴 것은 그나마 기적이라고 했다. 그후로 남편은 법조계에서 일하는 사람쪽으로는 얼굴도 안 돌린다.

남편이 승소했다 하지만 우리의 가세는 이미 기울 대로 기울었다. 상황이 곪을 대로 곪아서 치유 불능의 상태에까지 나앉아 버리게 되었다. 들머리판 날 일이 코앞에 다가왔던 것이다.

"공의의 하나님이라면 왜 내가 져야 해. 사람의 머리털까지 헤아리는 하나님이라면 내가 일전 한푼 안 썼다는 걸 빤히 아실 거 아냐. 왜 내가 져야 해……. 가게의 사업자 등록도 내 이름으로 할 수 없구 남의 이름으로 해야 하니 하나님은 왜 이렇게 우리 부부에게 무심한 걸까. 왜 열심히 살려는 우리의 억울함에는 조금도 귀를 기울이지 않고, 사기꾼 사체업자 말에만 귀를 기울여주구……. 심지어는 우리 부부를 국립과학수사기관에 데리고 가서 거짓말 탐지기까지 받게 하고……. 거짓말쟁이는 사채업자들인데 말이지. 치!"

나는 비분의 눈물을 삼키면서 그렇게 하나님을 원망했다.

때 맞추워 IMF괴물조차 우리 부부의 가슴을 꽁꽁 얼어붙게 했다.

"여보, 땅을 포기하자. 아침에 출근했다가 밤에 들어와 잠만 잠깐 자고 빠져나가야 하잖아. 이런 땅 때문에 그렇게 엄청난 이자를 물고 살 가치도 이유도 없잖아. 우리는 재물에 눈이 멀었던 탓에 정작 가장 소중한 영혼의 보석을 쭉 놓치고 살았던 것 같아. 이 소름끼치는 동네에서 빠져나가자. 기계 소리도 없는, 고무 타는 냄새도 없고, 암을 유발하는 암모니아 냄새도 없는 곳, 가게도 가깝고 깨끗한 물, 깨끗한 공기가 청량하게 숨쉬는 곳, 물과 나무가 우거지고 산새들이 자유롭게 노니는 곳을 찾아서 새출발하자. 처음부터 다시 열심히 시작하면 언젠가는 반드시 그런 땅을 살 수 있을꺼야."

나는 남편의 말에 대뜸 눈물이 와락 쏟아지려는 것을 간신히 억누르고 남편을 위로했다.

"그래요, 은혜 아빠, 처음부터 다시 시작해서 열심히 돈을 법시다. 그리고 공기 좋은 땅을 또 장만합시다. 거기 가서 개도 닭도 마음대로 풀어 놓고 기르고 온갖 과일나무도 심고 말이죠. 새 땅에 도달할 때까지 우리 두 주먹 불끈 쥐고 열심히 일해야죠. 오래잖아 이 땅과 집은 비록 경매로 날아갈 테지만 이보다 더 좋은 땅을 찾아 열심히 일합시다. 그래서 우리 부부는 맞두레부부예요."

"맞두레부부? 허허허, 재미있는 별명이네. 맞두레부부."

왜 돈 많은 사람이 재판에도 이긴다고 그때 그 사채업자가 큰소리쳤는지, 왜 경찰도 검사도 판사도 모두 사채업자의 편을 들었는지, 그 이유도 이제야 알 듯하다. 바로 그들 사이에 부적절한 행위가 오고간 탓이었다.

국립과학수사기관에서 거짓말 탐지기 담당형사가 우리 부부를 몰래 불러내어 돈을 요구했을 때, 돈을 주지 못하도록 하나님이 우리 부부에게 순간적으로 지혜를 준 이유도 알겠다. 그때 그 담당형사에게 돈을 주었더라면 우리는 꼼짝없이 그 사채업자가 쳐놓은 그물에 걸리고 말았을 것이다.

재물은 인간이 살아가기 위해 꼭 필요한 것이긴 하지만 그것이 마음의 우상으로 자리잡으면 인간이 그 재물의 노예가 되어버리는 비극에 빠진다는 것을 나는 땅을 통해서 통렬하게 깨달았다.

'이제야 알 듯하다. 땅을 통해서 우리로 하여금 고난의 가시밭길을 걷게 하신 하나님의 고뇌를. 이제 다시는 땅이 있어도 집이 있어도 결코 교만하지도 않고 사람들 앞에서 자랑하지도 않을 테야……'

활로 비둘기를 쏘아 맞히다니

땅과 집이 농협에 저당설정된 상황에서 농협직원이 찾아와서 금년안에 빚을 갚지 않으면 곧바로 경매에 붙히겠다며 으름장을 놓고 간 다음 날, 아침결에 가게에 출근하기 위해 자동차에 마악 시동을 걸어놓고 앉아 있는데 남편이 어린애 장난감 같은 것을 들고 나왔다. 그리고는 배추랑 총각무 씨앗을 깨알처럼 뿌려 놓은 밭이랑을 갈고리눈이 되어 잔뜩 노려보는 것이었다.

나는 그런 남편의 모습에 저절로 웃음이 나서 차창을 열어 놓고 물었다.

"뭐예요, 들고 있는 게?"

내 말에 남편은 뒤도 돌아보지 않고 푸나무서리에 잔뜩 몸을 웅크린 채로 대답했다.

"도저히 안 되겠어. 새벽부터 비둘기 놈들이 밭두렁을 죄다 호비작대면서 씨앗을 마구 쪼아대잖아. 이 고두리살로 그 비둘기 놈들을 요절내고 말 테야. 금년 겨울엔 배추값이랑 채소값이 말도 못하게 비싸진다는데 말야."

"하아니, 그래서 그 어린애 장난감 같은 화살로 비둘기를 맞추겠다 그 말씀이에요?"

그래도 남편은 여전히 뒤도 돌아보지 않고 총각무 밭을 쏘아보기만 했다.

몇 해 전엔가 그 밭에 눈이 하얗게 덮였을 때였다.

그 때도 남편은 모이를 찾아 눈밭을 서성이고 있는 두 마리 비둘기 중 한 마리를 공기총으로 쏘아 맞혔었다. 그리고는 겨우 다섯 살 먹은 딸아이랑 그 눈밭에 불을 지피고 마주앉아 잡은 비둘기를 잘 손질해서 모닥불에 굽고 있었다.

전선줄 위에는 짝 잃은 비둘기 한 마리가 홀로 남아 있었다. 그 모습이 어찌나 애처러운지 안쓰러운 마음을 좀체로 달랠 길 없었다.

그때 나는 남편의 마음을 살짝 꼬집었다.

"차라리 저 한 마리마저 쏘아 맞히죠. 혼자 남아 외롭게 어찌 살아가라구……."

내 말이 그의 가슴을 쳤던 모양이다.

그는 노릇노릇 먹음직해 보이는 비둘기살을 딸아이에게만 주고 자신은 아예 입에도 대지 않았다.

그 날 이후로 남편은 집 주위로 날아드는 새들을 향해 한번도 총질을 하지 않았다. 갖고 있던 공기총도 그 즈음 강도사건이 자주 터지자 임시로 파출소에 영치된 탓도 있지만, 남편은 아무리 채소가 망가져도 새들을 향해 돌멩이 한 개 던지지 않아 왔다.

이런 기억을 떠올리며 나는 다시 뜨악해진 눈길로 남편의 모습을 쳐다보았다.

자오록이 내려앉은 안개숲을 뚫고 비둘기를 쏘아 맞히겠다고 눈을 지릅뜬 채로 밭이랑을 쏘아보는 남편의 눈빛이 여간 사나워 보이는 게 아니었다.

나는 또 한번 쿡 하고 웃음을 삼키면서 남편을 약올렸다.

"치! 어디 그 활로 비둘기를 맞혀 봐요. 업어주지롱!"

나는 남편의 그 모습을 뒤로 하고 가게를 향해 차를 몰았다. 설마 남편이 애들 장난감 같은 활로 비둘기를 쏘아 맞히리라곤 상상도 못했다.

그런데 조금 뒤 남편에게서 전화가 왔다. 목소리가 몹시 들떠 있는 듯했다.

"이봐, 마누라, 잡았어!"

"뭐요? 뭘 잡아요?"

"비둘기 말야. 정통으로 맞혔어, 내 활솜씨 대단하지? 마누라가 그랬어. 비둘기 쏘아 맞힘 날 업어주겠다고, 엉?"

"……."

남편은 자못 자랑스럽다는 듯이 몇 마디 수화기 속에 던져 놓고 전화를 끊었다. 그러나 남편의 들뜬 목소리가 귓가에 생생하게 맴도는 채로 자꾸만 가슴이 쓰리고 아파오는 것은 왜일까.

남편은 총각무 씨앗 몇 알갱이를 지키기 위해 비둘기를 쏘아 맞힌 걸 자랑삼아 말하고 있다. 하늘 높은 줄 모르고 치솟을 채소값이 무서워 남편은 비둘기 한 마리를 그렇게 아무렇지도 않은 듯 화살로 쏘아 맞혔다.

자신이 직접 만든 활로 비둘기를 쏘아 맞혔으니 그 활과 화살을 만들면서 남편은 내내 얼마나 가슴에서 업두꺼비 처럼 독을 뿜어 내고 있었을까? 전에는 총이 있다는 핑계로 사냥 삼아 비둘기를 쏘아 맞혔었다.

나는 가끔씩 나무가지 위에나 밭이랑에나 전선줄 같은 데 나란히 앉아 눈꺼풀을 깜빡이는 비둘기를 바라보고 있노라면 그 물 먹음은 듯 촉촉하게 젖어 있는 눈망울이 너무도 내 모습과 비슷해 보인다고 생각했다.

그런데 오늘 아침 남편은 밭이랑을 걷고 있는 비둘기부부 중 한 마리를 단지 총각무 씨앗을 몇 알갱이 파먹는다는 분노 때문에 자신이 만든 화살로 쏘아맞혔다.

나는 벌떡 자리에서 일어났다.

가게문을 밀치고 밖으로 나섰다.

오늘은 5일장이 서는 날이었다. 시장 바닥에 벌써부터 터박이 장사꾼들이 가지고 나온 물건들을 펼쳐 놓느라고 분주해 하고 있었다.

나는 배추랑, 무, 파 등을 산더미처럼 쌓아 놓은 농산물 농협직매장 안으로 서슴없이 들어섰다.

"아저씨 이 총각무 한 단에 얼마 가요? 물건이 참 좋네요. 배달해 줘요?"

"배달해 주다 말다요. 한 단에 2천원이요."

"10단만 주세요. 배달비는 알아서 따로 드릴 테니 우리 집까지 배달해 주세요. 회암리거든요."

채소 장수 아저씨는 고개를 갸우뚱, 그러나 곧 기분이 좋아진 듯 힐끗 내 얼굴을 쳐다보며 물었다.

"아줌마, 시골에서 식당해요?"

"아뇨."

"가족이 꽤 많나 봐? 10단씩이나. 오토바이로 배달해 드릴 테니 대신 깎지는 마쇼."

"……."

가게로 돌아온 나는 대뜸 수화기를 들고 남편에게 전화를 걸었다.

"총각무를 10단 샀어요."

"뭐야? 하아니! 벌써 김장할려구 그래? 열 단씩이나. 얼마씩 줬어?"

"배달비 포함해서 2천원씩요."

"그걸 다 어따 담어? 원 참."

"총각김치 잔뜩 해 놓고 실컷 먹자구요. 그대신 밭에 내려온 비둘기는 그냥 두자구요, 네?"

"……."

그리고 전화를 뚝 끊었다.

결혼철이라서 한복가게가 몹시 바쁘다. 나는 그런 이유를 내세워 남편이 혼자 총각김치를 다 버무려 독에다 갈무리할 때까지 시침 뚝 따고 모른 척했다. 미국에서 잠시 귀국한 교포가 급하게 한복을 맞춘 탓도 있긴 해서 바쁘기도 했다.

밤 12시가 다 되어 집에 도착했을 때, 남편은 자랑스러운 얼굴로 허리를 펴며 말했다.

"총각김치 다했어. 맛 좀 봐. 기똥차다구. 이봐, 마누라."

"……."

"알겠어, 마누라 마음."

"뭐 말인데요?"

"오늘 아침에 내가 화살로 비둘기 쏘아 맞힌 거 때문에 마누라 기분이 상했어. 맞지?"

"……."

"활도 화살도 다 꺾어 버렸어."

"왜요? 한 마리 남은 숫비둘기마저 찾아 쏴 죽이죠."

"안 그럴 거야."

"은혜 아빠."

"엉?"

"난 밭에 씨 뿌린 총각김치 안 먹을 거예요. 그깐 총각무 씨앗 몇 알갱이가 뭐 그리 대단하다구 짬질찮게 부부비둘기 한 마리를 활질을 해서 죽이냐 이 말이죠."

"……."

샤워를 끝내고 침실로 돌아왔을 때, 어느 새 남편은 다르랑다르랑 코를 골며 곤하게 잠들어 있었다. 나는 나도 모르게 입가에 피어 오르는 미소를 쉽사리 지워 버릴 수 없었다.

귀뚜라미를 대장으로 해서 가을 풀벌레 소리들이 깊이 잠든 밤의 정적을 깨뜨리며 요란스레 울어대고 있었다.

찌르르르…… 찌르르르…… 찌륵찌륵 찌찌르…….

나는 입 속으로 조그맣게 속삭였다.

'그래요. 당신은 아직도 활을 만들어 병정놀이나 하는 철부지 어린 아이예요. 내가 처음 당신을 만났을 때처럼.'

희한한 부부

가게에 출근하자마자 나는 마지막 한 장 남은 달력을 물끄러미 들여다보며 착잡함을 달랜다.

어느 새 그토록 무섭고 서러웠던 IMF 한 해가 새해에도 또 두고 보자는 듯 독을 잔뜩 품은 채로 꼬리를 감추고 있었다.

쇼윈도에 서 있는 마네킹들이 내가 직접 해 입힌 예쁜 한복을 차려 입고 오가는 행인들의 눈길을 끌고 서 있다.

천정과 벽이 유리로 장식된 실내에는 바느질이 끝난 맞춤복들과 쌓아 놓은 원단들로 울긋불긋 화려하다.

원단 더미 한편에는 우리 동네 부대에서 근무했던 보안대장이 특별히 만들어 선물해 주고 간 커다란 원목 어항이 놓여 있다. 그 속에는 회암사 계곡에서 잡아다 넣은 가재들이 시도 때도 없이 돌틈 속을 벗어나와 제 집 속으로 먹이를 끌고 들어가려고 안간힘을 쓰고 있었다.

내 시선이 오디오로 갔다가 거기서 가재 한 마리를 발견했다.

집게발이 가장 컸던 그 놈이 밤새 어항 밖을 벗어 나와 가게 안을 정신 없이 방황하다가 오디오 다리 옆에 납짝하게 엎드려 죽어 있는 모습이 불쌍타 못해 밉광스럽기까지 하다. 그 모습이 더욱 세모의 스산함을 더하는 것 같았다.

"바보 같은 녀석, 뭐 하러 어항 밖으로 기어나와 죽는담……."

밝은 잿빛 하늘로 잔뜩 찌푸려 있는 것이 함박눈이라도 금새 펑펑 쏟아지려는 모양이었다.

아이러니컬하게도 금년 겨울이 차라리 우리 부부에겐 어느 때보다도 포근하고 편안한 겨울이 될 거라는 안도감으로 마음이 편하다.

내년이면 10억원은 족히 되는 재산이 하루 아침에 경매로 넘어가 집안이 온통 들머리판이 되어 버린 상황에서 어쩌면 우리 식구 모두 조그만 사글세방 살이로 옮겨 앉아야 할 판인 데도 말이다.

그것은 그토록 오랜 세월 동안 빚두루마리로 우리를 괴롭혀 왔던 돈이라는 종이 괴물과 거기에 맞물려 있던 삶의 찌꺼기들이 한꺼번에 우리 곁을 훌쩍 떠나버리고 없게 될 것이라는 다행스러움 때문일 것이다.

그리고 몇 년쯤 세월이 흐르면 경매로 빼앗겼던 땅보다 더 아름다운 땅을 사서 성냥갑만하게 라도 새 집을 짓고 살 수 있을지도 모른다는 희망이 꿈틀대는 탓인지도 모른다. 재산은 날아가겠지만 빚이 없게 될 상황이 이토록 사람의 가슴을 홀가분하게 할 줄은 예전엔 미처 느끼지 못했다.

돌이켜보면 벌어도 벌어도 밑빠진 독에 물 붓기 식이었다. 하루 한시도 빚쟁이 등살에 마음 편할 날이 없고 봇물 터지듯 하는 빚구멍들 이곳 저곳 틀어막느라 정신없이 흘러간 20년 세월이었다.

너무도 힘들고 괴로운 세월이었다. 퍼질러 앉아 지난 세월을 풀어놓고 이야기하자면 사흘 밤낮은 족히 걸릴 것이리라.

하지만 우리는 맞두레부부답게 서로에게 용기를 불어 넣어 주면서 결코 좌절의 유혹에 넘어가지 않았다. 사랑의 힘은 그래서 위대하다고 누가 말했던 모양이다.

비록 교만일지라도 감히 말하건대, 이 세상에서 우리 부부만큼 용감하고 축복받은 부부도 그리 흔치 않을 거라고 말하고 싶다.

"우리 부부처럼 마음도 몸도 부자인 사람 있으면 어디 한번 나와 보라구 해."

나는 늘 세상을 향해 그렇게 가슴으로 외치면서 신앙의 힘으로 고난의 가시밭길을 용감하게 헤쳐나왔다.

얼마 전 일이다.

맞춤옷의 마름질을 막 끝냈을 즈음에 한 육십 넘어 뵈는 부부가 가게문을 밀치고 들어왔다.

백석에서 소문을 듣고 찾아 왔다는 그 아주머니는 첫눈에 억실억실하게 생긴 데다 체구가 운신하기 거북해 보일 만큼 컸다. 하지만 남편 되는 사람은 영화배우 뺨칠 만큼 이목구비가 뚜렷한 데다 키가 훤칠하게 컸고 점잖아 보였다.

아주머니는 소파에 앉자마자 탁자 위에 있는 반짇고리를 옆으로 밀쳐 놓고는 대뜸 걸걸한 목소리로 내게 물어왔다.

"제일 좋은 원단이 뭐유?"

"제일 좋은 원단은 명주인데요."

"그걸로 해 줘요. 그리고 무슨 색이 제일 좋을지 색깔도 원장님이 다 알아서 해 주구."

"예……, 그럼 아저씨 것두요?"

아주머니가 영감님을 힐끗 돌아보면서 찍듯이 말했다.

"뭘루 할꺼야?"

내가 재빨리 그 영감님 앞에 모델들이 입고 있는 책자를 펼쳐 보여 드렸다. 영감님이 한 곳을 짚으면서 말했다.

"이걸루 하겠어."

그러자 대뜸 아주머니의 입에서 가시 돋힌 목소리가 깨지듯 터져 나왔다.

"지랄하고 자빠졌네. 그건 젊은 애덜 입는 거지 당신 같은 늙다구에게 어울려? 머저리같긴!"

"……?"

나는 당혹감을 감추고 애써 미소 지으며 영감님을 설득했다.

"예, 아저씨, 그건 아주머니 말씀이 맞네요. 이건 신혼부부에게나 어울리는 옷이예요."

"그래도 나는 이 옷이 마음에 드는데……."

"네에, 어쩌죠? 아주머니."

그러나 그 아주머니는 왕방울 같은 눈망울을 연신 데굴데굴 굴리며 한 마디로 콱 쐐기를 박고 말았다.

"꼴에 눈깔은 높아갖고, 그냥 이걸루 해 입어!"

영감님을 쏘아보는 아주머니의 눈씨가 정이라곤 눈곱만큼도 없는 듯 여간 쌀쌀맞은 것이 아니었다. 영감님이 입을 다물고 말았다.

그리고 칫수를 재고 나서는 계약금을 치르고 서둘러 가게를 빠져 나갔다. 행길을 건너가는 그들의 뒷모습을 물끄러미 바라보면서 나는 홀로 조그맣게 웃음을 흘렸다.

'참 이상한 부부도 다 있네. 하지만 씀씀이가 큰 걸 보니 부자이신가 봐.'

그리고 며칠 후 옷을 다 만들어 차에다 싣고 백석을 향했다. 아주머니가 살고 있는 집을 물었더니 모두들 무슨 보살네라고 했는데 살고 있는 집은 그리 크지는 않았으나 옛기와집을 현대식으로 개조해 살고 있었다.

"잘 맞죠? 이쁘구. 당코가 이렇게 예쁘게 빠져야 저고리가 예쁘죠."

"그래, 썩 마음에 들어. 과연 듣던 대로 바느질 솜씨가 훌륭해. 처음이야, 이렇게 마음에 드는 옷은."

"아저씨는요?"

"몰러. 어디 가서 자빠져 있는지."

"입혀 봤으면 좋겠는데요."

"괜찮어. 뻔해, 맞을 게. 척 보면 알지."

"몇이나 되세요, 자제분은?"

"8남매야."

"……."

곧 이어 그 아주머니가 쏟아내는 한숨소리에 섞여 나오는 한많은 삶의 이야기가 나의 가슴을 찡하게 울리고 말았다.

"우리 아버지가 광탄에 있는 무슨 절 주지였는데, 글쎄, 어느 날 갑자기 나헌테 신이 내려 갖구선……."

"네에? 아버님이 주지셨다구요? 그런데 아주머니한테 신이 내렸어요?"

"그래. 게다가 아주 가난했었지."

"그래두 썩 살만 하신 모습이신데요?"

"지금이야 돈을 많이 벌었지. 이 일대에서는 몇 손가락 안에 들지. 의정부에 장만해 둔 땅만 해도 수십억원은 넘을 테니깐."

"세상에! 웬 재산을 그렇게 많이 모았어요. 아저씨가 원래 부잣집 자손이었나 보죠?"

"부잣집 자손? 그랬지."

"네에……."

"말도 말게, 내 팔자."

"왜요, 아주머니."

"저 인간한테 16살에 시집갔는데 이 날 이 때까지 청상과부 뺨치게 허구한 밤을 공치구 살았어. 첫날밤에 꼭 한번 점 찍은 뒤로 가물에 콩 나듯 한 번씩 말구는."

"아니, 8남매 두셨다면서요?"

"그 8남매가 죄 씨받이가 달라."

"네에? 무슨 말씀이세요, 그게?"

"아, 무슨 말은? 여덟 년 델구 살면서 하나씩 낳아 델구 온 거라니깐."

"세상에! 아주머니가 그 8남매를 다 키웠어요?"

"그럼, 내가 다 키워서 고등학교, 대학교 다 보냈지. 영감태기가 결국 그 많은 재산 다 털어 먹고 어느 날 밤에 알거지루 기어들어 왔지."

"……."

"무당짓은 죽어라 하기 싫구. 어째 볼 도리가 있어야지. 그런데 어느 날 갑자기 산신령이 내가 대가 너무 쎄서 안 되겠다면서 날 떠났어. 목구멍에 풀칠을 해야겠구, 할 수 없이 그때부터 재봉틀 하나 의지 삼아 삯바느질을 시작했지. 일이 없을 땐 생선을 이고 골목을 누비고 다녔구. 그도 아닐 땐 시장 바닥에 앉아 풀빵을 구워 팔기도 했구, 채소 장수도 했구, 밥장사, 술장사 뭐 안 해 본 거 없어."

"세상에, 8남매를 그렇게 힘들게 키웠어요?"

"말두 말어. 영감이란 게 허우대만 멀쩡했지. 그렇게 다 까먹구 나서두 허구한날 주색잡기에 빠져 사는 거야. 아예 집에 들어오지두 않아."

"세상에!"

"에휴! 겪어 보지 않은 사람은 모르지, 내 팔자."

"그런데, 어떻게 이렇게 큰 재산을 모았어요."

"배 쫄쫄 곯아 가면서 푼푼히 모은 돈이 한 이십년 모이니까 의정부 시내에 땅 한 뙈기 살 돈이 되더라구. 그래서 그 때부터 팔구사구 땅투기를 시작했지. 전두환 시대였으니까 제대루 맞아떨어졌지. 그래서 땅이 그렇게 많아졌어."

"그렇게 어미 다른 자식 8남매를 다 고등학교, 대학공부 시켜서 시집 장가 보냈어요?"

"그랬지."

"그럼……. 요새도 아저씨가 곁을 안 주세요?"

"이젠 내가 싫어. 아예 따루따루 자."

"……."

"돈 많으니깐 세상 무서운 놈 하나 없어. 판검사도 돈만 주면 종처럼 부릴 수 있구, 목사두 돈이면 입이 함지박만 해지던데, 뭘. 좌우지간 딴말 할 거 읍써. 돈만 많으면 그저 최고야. 돈만 있으면 대통령도 손아귀에 쥐고 흔드는 세상이야."

그 집을 나와 돌아오는 승용차 속에서 나는 어쩐지 입맛이 씁쓸해지는 것을 어쩔 수 없었다. 드문 일이긴 하지만 참으로 삼노끈처럼 질긴 세월을 억세게 견디고 살아온 아주머니라고 생각했지만 만나고 나온 뒷맛이 영 개운치 못했다.

사람이 왜 사는데? 사람이 살아가는 목적이 무엇인데?

그걸 모르고 사는 영혼이라면, 아, 참으로 얼마나 불쌍한가!

내 주위에도 사는 목적이 돈에 갈신이 들린 듯 오로지 끌어모으느라 정신없는 사람이 거의 대부분이고 또 충분히 있는 데도 불구하고 수단방법 가리지 않고 더 많이 끌어 모으려다가 결국에는 지쳐 떨어져 패가망신되어 버리는 사람들이 너무도 많았다.

그러다가 어느 날 갑자기 목숨 뚝 끊어져 빈 손으로 흙 속에 들어가 벌레들의 밥이 되어 버린다.

얼마나 많은 사람들이 돈과 권력에 혈안이 되어 가난하고 힘없는 사람들을 폐허의 광야로 내어몰았는가. 하지만 그런 사람들이 종단에는 날샌 올빼미 신세가 되어 인생의 겨울을 춥고 외롭게 살아가는 모습을 책에서도 현실에서도 많이 보아왔다.

결국 그런 그들도 또 어느 날 갑자기 그렇게 좋아하던 세상 부귀영화 한 줌도 못 쥔 채 구슬픈 만가의 꼬리를 입에 문채로 침묵의 구덩이 속으로 외롭게 묻혀버린다. 사람들은 그걸 공수래 공수거라고 했던가.

고대 정복자 알렉산더대왕은 더 이상 정복할 땅이 없다고 통탄했다고 한다. 하지만 그도 33살의 젊은 나이에 세상을 떠나면서 관 밖으로 두 손을 내밀고 화장되고 말았다. 아무 것도 손에 쥔 것이 없는 채로. 그의 빈 손이 후세 사람들에게 시사하는 의미는 무엇이겠는가.

게다가 마치 타임머신을 탄 듯 눈부시게 발전하는 과학문명의 기적 때문에 사람들은 과학을 무모하게 맹신한 나머지 그것을 우상의 바벨탑으로 쌓아 올리느라고 비지땀을 흘린다.

그러나 한번 생각해 보자.

천문학자들의 말에 의하면, 지구는 태양계에 속한 하나의 작은 별이고 이 태양계는 은하 성좌 속에 소속된 변두리 태양계일 뿐이라고 한다. 더욱이 그 은하성좌 속에는 일 천 억 개가 넘는 별이 있다고 한다. 그와 같은 은하성좌가 1억개나 되는 안드로메다좌 대성운이 있고 그 너머로 가면 또 다른 성운이 있다고 한다.

그런데 인간은 화성이라는 별 한 개에도 대체 그 속에 무엇이 살고 있는지, 물이 있는지 없는지조차도 아직껏 알아내지 못하고 있다. 더더욱 무서운 일은 과학자들은 인간을 복제해서 인간의 질병을 고치고, 나아가서는 인간의 수명을 천년까지 늘려놓겠다며 신에게 도전장을 던져 놓고 기고만장하는 꼴이다. 가까운 미래에 후랑켄슈타인 같은 괴물 인간들이 거리를 활보할 것을 상상만 해도 가슴이 구렁구렁 무너져 내리는 느낌이다.

그토록 인간은 철부지만도 못하게 어리석고 교만하다.

이런 저런 생각을 하다 보니 내 차는 어느 새 가게 앞에 멈춰 서고 있었다.

기어히 잿빛 하늘에서 눈송이가 펄펄 흩날리기 시작했다.

나는 수화기를 들고 남편을 불렀다.

"왜?"

"가게에 좀 들려야 되겠는데요."

"뭣 하게?"

"은행에 좀 다녀와야 해요. 공과금 낼 것두 있구 또 박집사 명의로 받은 대출금이자도 내야하구."

"그래? 알았어. 곧 나갈게."

"은혜 아빠."

"엉?"

"나두 이제 제법 글 잘 쓰죠? 서당개 3년이면 풍월한다더니 글쟁이 남편이랑 오래 산 탓이예요."

"응, 아주 잘 써. 글구멍이 트였어, 앞으로 좋은 수필가가 될 걸. 하지만 글치레에 너무 몰입하다 보면 되레 글을 망칠 수도 있으니 조심해야 할꺼야. 내가 말했잖아, 마누라 연애편지 쓸 때부터 글쓰기 했으면 좋겠다고."

"당신이 많이 도와주니깐 이만하죠. 그리구 말이죠……."

"말하지. 뭘 주저해?"

"전에도 한번 말했죠? 가난한 목회자 사모님이나 돈이 없어 한복을 장만하기 어려운 신혼색시를 만나면 한복을 무료로 해 입힐 거라구."

"오호라! 그랬었지. 이제 실천단계에 들어가겠다? 과연 우리 마누라야."

수화기를 내려놓고 쇼윈도우 밖에 흩날리고 있는 눈송이들을 망연한 눈길로 바라본다.

또 가슴이 찡하게 뜨거워지기 시작했다

'하나님, 감사합니다. 우리에게 시련을 주셨음을. 그리고 혹독했던 시련의 용광로 속에서도 우리 가족을 건강하게 지켜주심을. 부모로서 해 준 게 별로 없지만 아이들이 모두 하나님 믿고 말씀에 순종하고 살려는 모습이 너무도 감사합니다. 그러나 무엇보다도 창세 전부터 우리 두 사람을 택하셔서 부부의 연을 맺게 하여 천국에다 영생의 보금자리를 틀게 해 주신 그 놀라운 은혜가 너무도 감사합니다. 어려움의 쓴 잔이 결코 우리 인생으로 하여금 망하게 하기 위함이 아니라 유익을 주기 위함이란 것을 깨닫게 해 주셔서 참 감사합니다.'

어느 새 남편이 어깨의 눈을 털며 가게로 들어서고 있었다.

맞두레부부

"으으악!"

그 날 나는 현관에서 멀찌감치 나동그라지며 발목을 붙들고 죽을 듯이 비명을 질렀다.

"뭐, 뭐얏! 또 살모사얏?"

놀란 남편이 식사를 하다 말고 달려와서 내 발목을 쥐고 어쩔줄을 몰라 쩔쩔매고 있었다.

해마다 가을이 싸늘하게 식어 가는 찬바람머리 때쯤이면 은행나무 뒤쪽 우거진 잡목숲 속에서 살모사가 두 마리도 아니고 꼭 한 마리씩 슬금슬금 기어나오곤 했다. 그리고 그 살모사는 터질 듯 땡땡하게 살이 찐 몸뚱이를 끌고 꼭 우리집 현관앞을 소리 없이 머뭇거리곤 했다.

3년 전에도 멋 모르고 현관을 깡충깡충 뛰어나갔던 딸애가 단말마의 비명을 내질렀을 때도 놈은 현관 바로 옆에서 잔뜩 또아리를 틀고 앉아 있었다. 새까만 혓바닥을 연신 낼름거리면서 말이다. 그 때 급한김에 모지랑 비를 들고 놈을 마구 두둘겨 팼었다. 실로 가슴이 철렁 내려앉는 아찔했던 순간이었다. 자칫 딸애가 살모사를 잘못 건드리기라도 했더라면…….

그 때 우리 부부는 십 년을 감수한 듯 놀란 가슴을 가까스로 쓸어 내렸었다. 그래서 해마다 가을이 차가워지기 시작하면 남편은 유독 잡목숲 쪽을 노려보면서 여간 신경을 곤두세우는 게 아니었다.

'저기 어딘가에 살모사네 종갓집이 있는 게 분명해…….'

남편은 늘 그렇게 중얼거리면서 살모사가 출몰할 가을이 오면 단단한 몽둥이를 한 자루 움켜쥐고 현관 앞에서 보초를 서다시피 했다.

그 날도 내가 가게로 출근하기 위해 현관문을 마악 연 순간이었다. 아! 거기 언젠가처럼 팔뚝만한 살모사 한 마리가 또아리를 틀고 앉은채로 노오란 독을 쏟아내면서 나를 노려보고 있는 게 아닌가. 순간 죽을 힘을 다해 놈의 머리 위로 몸을 날렸지만 발목을 심하게 꺾인 채로 사정없이 땅바닥에 나뒹그러지고 만 것이다. 결코 예삿일이 아니었다. 발목이 순식간에 똥똥 부어 오르고 있었다. 어찌나 발목이 아팠던지 옴짝달싹도 할 수 없었다. 당황한 남편이 급히 옆집 아저씨를 소리쳐 불러 놓고 나를 들쳐업었다.

"빨리 차문부터 열엇!"

아저씨가 황급히 뛰어가서 봉고차의 문을 와락 열어 제끼고 시동을 걸었다.

병원으로 달리는 차 속에서 남편은 또 단숨을 훅 토해 내면서 탄식하듯 중얼거렸다.

'고난이 잠시도 가만두지 않고 몰아치는구나. 여름 내내 파리만 날리고 앉았다가 이제 겨우 결혼 철이 되어서 돈 좀 만지겠다 싶어 바지런을 떨더니만.'

아무래도 발목이 부러진 게 틀림없어 보였다. 복숭아뼈 옆으로 밤

톨만하게 툭 불거져 나온 걸 보면 부러진 게 분명했다.

'큰일났구나.'

갑자기 먹고 살 일이 까마득해졌다. 발목이 부러졌다면 수술한 뒤 기브스를 해야 할 것이고 그렇게 되면 내 옆에 그림자처럼 붙어서 거들어줄 사람이란 남편 하나밖에 없게 되는데, 그나마 출판사 사무실 출근도 흐지부지 될 거고 한복 가게도 비싼 세만 바쳐대면서도 노상 텅텅 비워 놓아야 할 판이었다. 그렇다고 따로이 쌓아 놓은 비자금이 있는 것도 아니었다. 발목의 통증은 점점 더 심해졌고 가슴은 폭탄을 맞은 듯 황량하고 스산했다.

"정말 고난이 쉴 새가 없네."

입술 사이로 버드렁니 한 개가 빠드름히 삐어져 나온, 말상처럼 턱이 길게 빠진 의사가 무표정한 표정으로 딱 잘라 말했다.

"골절이군요. 수술해야 합니다."

수술이란 말에 깜짝 놀란 남편이 하얗게 부서진 얼굴로 더듬기조차 하면서 말했다.

"수술요? 어, 어, 어떻게 좀 잘 짜맞추면 안 됩니까?"

의사가 그렇게 말하는 남편의 아래 위를 한번 쓱 훑어보더니 답답하다는 얼굴로 툭 던지듯 말했다.

"짜맞춰요? 아니 사람 뼈다귀를 뭐 짜집기로 아십니까? 짜맞추게."

"……."

결국 수술이 끝난 뒤 무릎까지 기부스를 한 채로 나는 입원할 수밖에 없는 상황에 처하고 말았다. 스무 바늘이나 꿰맸다고 했다. 수술을 끝내고 입원실로 옮겨졌을 때 병실 밖 복도의 빈 의자에서 초조하게 앉아 있던 남편이 문을 열고 들어와 탄식했다.

"마누라 나한테 시집와서 몸 죄 망가지는구나. 하나님두 그렇지. 뭐 별 큰 죄 안 짓구 열심히 살려고 애쓰는 우리 같은 자식들을 이렇게 쥐 잡듯이 급살탕으로 돌리는 건 대체 무슨 심통이냐 이 말이지."

그렇게 말끝을 흐린 뒤 물기 어린 눈빛으로 망연하게 창 밖으로 시선을 던지고 있는 남편의 옆 얼굴이 눈에 띄게 여위어져 있었다. 나 또한 암말 않고 남편의 눈길을 따라 창밖으로 시선을 내몰았다. 누렇게 빛바래가는 목련 잎사귀들이 회오리 바람에 휩싸여 파르르 몸을 떨고 있었다. 남편은 나를 위로하느라 내가 남편에게 시집와서 어려운 일을 많이 겪는다 했지만 사실은 친정쪽 식구들 때문에 남편이 겪은 고통이 얼마나 많았는지…….

"이번 겨울도 어지간히 춥겠구나. 몸도 마음도……."

그렇게 내가 입원한 날로부터 남편은 정말 눈코 뜰새 없이 바쁘고 분주해졌다. 내 옆에서 새우잠을 자면서 시도 때도 없이 통증을 호소하는 내 대소변을 받아내는 건 물론이고 새벽바람으로 버스를 두 번이나 갈아타고 집으로 달려가서 아이들 도시락을 챙겨 학교로 보내야 했다. 빨래랑 설거지는 물론 짐승들 뒤치닥거리에다 집안 청소까지 말끔히 끝내 놓고는 또 병원으로 달려온다. 하지만 우리에게 있어서 육신이 고달픈 것쯤은 아무 것도 아니었다.

그 당시로써는 한 달에 최소한 삼백만원은 벌어야 남에게 줄 것 주어가면서 가게 세 주고 간신히 생활이 되는데, 삼백만원 벌기는커녕 오백만원씩 매달 빠져 달아나게 될 형편이 되고 말았으니 마음고생이 이만저만 심한 게 아니었다.

'인정이 매마른 사막 같은 세상에서 돈 꾸기도 수월찮고……. 땅 좀 떼서 팔았으면 답답한 속이 뻥 뚤릴 테지만 누군가 남편 인감을 도용해서 땅에다 가압류 쳐놓고, 또 올케 빚보증 서준 것까지 잘못되어서 등기부등본이 난지도처럼 시끌벅쩍하니 누가 땅 사겠다고

쉬 대들지도 않고.'

집에 다녀온 남편이 내가 덮고 있는 이불을 훌쩍 걷어 젖히면서 말했다.

"아구! 오줌 쌌잖아! 그래두 다행이다. 오줌이길."

남편이 오줌에 흠뻑 젖은 내 환자복을 벗겨 내고 수건으로 몸을 깨끗이 닦아낸 후에 간호원에게 새 환자복을 얻어다 갈아입혀 주었다. 젖은 옷을 벗고 새 것으로 갈아입으니 기분이 날아갈 듯 좋아진 느낌이었다. 그제야 나는 얼굴이 환하게 펴져서 미안한 듯 남편의 눈길을 마주보며 조금은 슬프게 웃었다.

"애들 학교에 잘 보냈어요? 도시락은?"

"다 잘해서 보냈어. 뭐, 그런 걱정을 마누라가 해? 빨리 나아서 걸어다닐 생각이나 해야지."

내가 또 한숨을 푹 내쉬며 고개를 돌려 창 밖으로 시선을 던져 놓고 말았다. 그 모습이 또 마음에 몹시 안쓰러웠든지 남편이 짜증 섞인 목소리로 말했다.

"거 딴생각 말구. 마누라 너무 힘드니까 하나님이 좀 쉬라구 이렇게 잠깐 발목 좀 부러뜨려 놓으신 거야. 딴 걱정 말구 발목이 나을 때까지 푹 쉬라구."

그 말이 나를 위로한답시고 한 말이긴 했지만 지금쯤 남편의 가슴은 얼마나 숯껑처럼 새까맣게 타들어 가고 있을까.

그렇게 나는 병실에서 한 달 간이나 누워 있었고, 남편이 정신없이 뛰어다니는 사이 어느 새 가을이 꼬리를 감추고 있었다. 내가 퇴원해서 집으로 돌아왔을 때는 집 주위의 잡목들이 누우런 낙엽을 비처럼 쏟아내고 있었다. 뜨락에 서 있는 세 그루의 은행나무에서 떨어진 노오란 낙엽이 바닥에 수북히 쌓여 있었다.

"젠장! 금년에도 메뚜기 잡아 먹긴 다 틀렸네……."

남편은 저녁 노을이 빨갛게 깔려 있는 들녘을 내려다보며 그렇게 혀를 찼다. 퇴원은 했지만 여전히 나는 휠체어를 타고 운신해야 했고 목발을 짚고서야 겨우 일어설 수 있었다. 기브스한 다리를 펴놓고 앉은뱅이 걸음으로 방바닥을 간신히 돌아다닐 수 있었다. 무엇보다도 화장실이 재래식이라 여간 불편한 것이 아니었다. 생각다 못한 남편은 의정부에 있는 의료기상사에 찾아 가서 좌변기를 6만 5천원 주고 한 개 샀다. 변기밑에 통을 서랍처럼 넣었다 뺐다 하게 되어 있는데 그게 그래도 여간 편리한 게 아니었다. 남편은 침대발치에다 그 좌변기를 딱 고정시켜 놓고 내게 묻는다.

"훨씬 편하지?"

"네, 편해요."

그렇게 어린아이처럼 대답했지만 여전히 남편 얼굴 쳐다보기가 미안하기 짝이 없었다. 그래도 남편은 좌변기를 사온 것이 꽤 대견스럽고 좋은 모양이었다.

"재래식 요강이 발전된 거야. 그치?"

"네……."

그 날 저녁 남편은 아이들에게 단단히 다짐을 받아놓았다.

"너희들은 엄마 변기에 절대로 일 보면 안 돼. 알겠니?"

그런 와중 속에서도 남편은 아이들만 보면 여간 마음 든든하지 않다고 내게 위로 삼아 말하곤 했다. 어려움이 폭풍처럼 쉴 사이 없이 우리 가족을 몰아쳐도 아이들은 지금껏 병앓이 한번 없이 건강하게 잘 자라주었다. 과외공부 하나 제대로 시키지 않았어도 다른 애들보다 공부도 그리 뒤떨어지지도 않았다. 아이들만이라도 얼마나 감사한가.

그런데 어느 날 남편이 서울에서 부랴부랴 돌아왔을 때였다. 남편이 부엌문을 열자마자 지린내가 코를 찔렀던지 잔뜩 얼굴을 찌푸리며 버럭 고함을 질렀다.

"뭐, 뭐냐, 이게! 어느 놈이 또 부엌 바닥에다 오줌을 깔겼구낫! 이 놈들앗! 부엌 바닥에 오줌을 쌌으면 물을 부어 씻어내야지, 그냥 놔두니깐 이렇게 지린내가 온통 천지를 진동시키잖앗! 그리구 은혜넌, 그래 아빠 대신 설거지 좀 하면 안 되니? 설거지랑 빨래는 꼭 아빠가 혼자 다 해야 되냐? 너네들 엄마 딸자식 아니니? 엉?"

잠자던 아이들이 부시시 일어나 눈을 비비고 앉아서 입을 잔뜩 빼물고 있었다. 남편이 그렇게 아이들에게 소리를 질러대는 모습에 내 마음은 가시방석에 엎드린 듯 너무도 몸 둘 바를 모를 지경이었다.

"너 이놈! 중학교 3학년쯤이나 된 놈이 그래 바깥에 나가면 천지가 화장실인데 이렇게 꼭 부엌 바닥에다 오줌을 깔겨야 되냐?"

"……"

남편이 이참에는 혼 좀 단단히 내줘야겠다고 결심한 모양인지 밖으로 달려나가 회초리를 한 개 꺾어 들고 들어왔다. 그 때까지도 나는 침대에 누운 채로 꼼짝도 않고 숨을 죽이고 있었다. 이래저래 남편 얼굴 대하기가 말이 아니었기 때문이다. 하지만 아이들을 야단치는 남편의 모습을 바라보는 나의 가슴은 마치 살얼음이 얼어붙는 느낌이었다.

아빠의 서슬에 놀란 아이들의 얼굴이 잔뜩 겁을 먹고 있었다. 남편이 아들 녀석을 향해 고함을 내질렀다.

"너 이놈 이리왓!"

아들 녀석이 주첨주첨 아빠 앞으로 다가와 종아리를 올려붙였다.

"딱!"

"아이고!"

"이놈, 너 어렸을 적엔 고추가 비뚤어지지 않았었는데 크니깐 고추가 옆으로 돌아갔니? 어째서 어제 사다 놓은 실파랑 감자에두 오줌 냄새가 코를 찌르니! 엉! 이노옴! 또 부엌 바닥에다 오줌 쌀래? 이노옴! 엄마한테 감자스프 끓여줄꺼란 말얏!"

"딱!"

"아이고오, 아파라, 아빠아!"

"또 부엌 바닥에 오줌 쌀래? 이노옴."

"다, 다시는요……."

그렇게 아이들을 단단히 혼을 내놓고 나서 남편은 내 침대로 조촘조촘 다가와서 묻는다.

"대변은?"

"아아니, 안 마려워서."

"한밤중에 소식 줄려나?"

"……."

"발목이 여직 많이 아파?"

"오늘은 많이 덜 아파."

"고만 자자."

"……."

그 날 밤 나는 베갯잇이 흥건해지도록 소리없이 울었다. 그리고 새벽 세 시쯤이나 되었나 싶었다. 남편이 침대에서 굼적굼적 벗어 나와 좌변기 뚜껑을 열어 젖혀 놓고 소변을 보는 모양이었다. 어젯밤에도 남편은 내 옆에 앉아서 홀로 소주 한 병을 다 마셨다. 그러니 한밤중에 소변이 몹시 마려웠나 보다. 내가 잠에 취한 남편을 향해 조그맣게 말했다.

"조심해서 보세요. 옆으로 오줌 튀는 소리가 나잖아요?"

일을 끝낸 남편이 다시 침대로 올라와서 또 잠에 떨어졌다. 그리고 얼마나 시간이 흘렀을까. 이번엔 내가 간신히 몸을 일으켜 좌변기에 앉았다. 순간 나는 자지러질 듯 비명을 지르고 말았다. 깜짝 놀란 남편이 침대에서 벌떡 일어나 소리쳤다.

"뭐, 뭐얏? 또 뱀이야?"

"하아니! 하아니! 세상에 이 이게 웬 난리야!"

"아아니, 대체 왜 그래, 엉?"

좌변기에 앉아서 일을 보고 있던 내가 엉거주춤 간신히 목발을 짚고 엉덩이를 쳐들었다.

"하아니, 방바닥에 웬 물이 이렇게 홍수야!"

"뭐? 물?"

"하아니, 좌변기에 변기통이 없잖아. 안 갖다 끼웠수?"

그제서야 남편이 손으로 이마를 탁 치며서 탄식했다.

"앗차! 이런! 변기통을 씻어서 수돗가에 놔둔 걸 깜빡 했구나! 아이고 이런!"

화급해진 남편이 부랴부랴 방 안에 널어놓은 빨래를 한 아름 걷어다가 방바닥을 닦아내기 시작했다.

"침대 밑으로 들어간 오줌은 어쩌지?"

"할 수 없죠. 말라붙을 때까지 기다려야 해요."

그렇게 한밤중에 북새통을 치르고 나자 어느 새 새벽이 물러갔고, 아침이 왔다. 아이들이 이불을 빠져 나와 주섬주섬 책가방을 챙기기 시작했다. 그 때 아들 녀석이 연신 콧구멍을 벌름거리며 말했다.

"어? 아빠 이건 지린내죠? 방에서 웬 지린내가 이렇게 코를 찌르죠?"

"……."

은혜마저 한 마디 거들기 시작했다.

"그래요 아빠. 아구, 골 아파. 웬 찌린내가 이렇게 지독해!"

이쯤 되자 남편도 나도 그만 죽을 상이 되어 버리고 말았다. 아이들이 코를 틀어막고 못 참겠다는 듯 비명을 질러댔지만 나도 남편도 꿀먹은 벙어리처럼 아무 말도 할 수 없었다.

"아이고, 지린내 땜에 아침 못 먹겠어. 그냥 학교 갈래요."

"나두."

그러면서도 아들 녀석이 짓궂게 물어쌌다. 녀석도 대체 왜 방 안에서 지린내가 진동하는지 통 이해할 수 없다는 표정이었다.

"아빠, 대체 왜 이런 냄새가 나죠?"

그 때 남편이 기어들어가는 목소리로 간신히 입을 열었다.

"쥐, 쥐가 쌌나 보지 뭐."

하지만 그런 며칠 뒤부터 나는 휠체어를 탄 채로 손님을 맞이했고, 다친 다리를 의자에 걸쳐 놓은 채로 한쪽 성한 발로 미싱 페달을 밟으며 이를 악물고 맞춤옷을 마름질해 내었다. 발끝으로 쏟아지듯 피가 몰려서 발목이 부서지는 듯한 통증으로 이가 딱딱 마주칠 만큼 고통스러웠고, 다리가 뚱뚱 부어올랐다. 하지만 우리는 그 해 열심히 일한 덕분에 남에게 빚을 지지 않고 무난하게 살림을 꾸려 나갈 수 있었다.

돌이켜보면 우리가 폭풍의 언덕에서 사나운 비바람을 맞으면서도 결코 절망하지 않고 견디어 낼 수 있었던 것은 우리 부부는 사랑으로 한몸이 된 맞두레부부였기 때문이었다.

비록 우리의 삶이 실패와 좌절의 가시덤불로 둘러싸여 있다 해도 서로 바근바근대지 않고 함께 힘을 합친 사랑의 힘 앞에서는 그 모든 것이 아무 것도 아니었다.

이사하던 날

겨울이 끝나려면 아직 멀었는데 그날 어스름 새벽부터 우리 부부는 이삿짐을 쌌다.

그 동안 여러 해 함께 웃고 울던 세입자들이 모두 나와서 거들어 주었다.

바쁜 틈을 빼앗기 싫어 목사님에게도 교회 식구들에게도 일체 비밀로 한 채로 짐을 꾸렸는데 어떻게 눈치 채고 교회 식구들이 달려왔다. 그리고 내일처럼 힘써 도와 주는 데는 그저 감사하고 감격할 뿐이었다.

세입자들 중에 금년에 70을 갓 넘으신 밥풀눈이 할머니 한 분이 계셨다.

30대에 남편을 인민군에 빼앗기고 홀로 네 자매를 데리고 월남해서 벼라별 보따리장사 다 해 가며 죽을 고생으로 네 자매를 번듯하게 키워 내어 모두 자리잡고 살게 해 주셨다고 늘 자랑해온 함경도 할머니시다.

우연한 인연으로 해서 우리 집에 들어와 사신 지가 어언 5년 세월이 흘렀다. 과연 당신이 말씀하신 대로 어찌나 억척이시던지 동네 사람들이 모두 혀를 내둘렀다.

우리 집 앞에 펼쳐진 수천 평의 서울 사람 소유의 밭을 천여 평쯤 얻어서 농사를 짓기 시작했는데, 이른 봄부터 밭에 나가 하루 종일 찰거머리처럼 땅에 붙어 사시는 모습을 보고 젊은 사람들조차 그 부지런함에 몸 둘 바를 모를 정도였다.

비가 억수처럼 쏟아지는 속에서도 밭이랑에서 벗어나올 생각을 잊은 듯 했다. 따가운 불볕 더위 속에서도 수건을 푹 덮어 쓴채로 하루 종일 밭이랑에 붙어 사시는 모습이 보는 이로 하여금 감탄을 자아내게 했다. 농사일에는 눈곱만치도 엉이야 벙이야 하는 법이 없었고, 밭고랑도 빨간 대머리처럼 잡초가 기승을 부릴 여유가 없을 만큼 지독한 농삿꾼이었다.

"할머니, 그러시다 병 나시겠어요? 좀 쉬었다 하세요."

주일날 교회에 다녀올 때나 우연히 마주친 할머니에게 안쓰럽게 보내는 나의 인삿말에 할머니는,

"괜찮아. 일하는 게 재미있어."

"그렇게 힘들게 농사 지으셔서 다 뭣에 쓰시려구. 자식들이 모두 잘 사는데."

"자식들? 자식들이 뭘……, 그래두 농사 지어 놓으면, 이눔 저눔 죄 와서 싸 갖고 가는 걸. 그리고 그게 낙이지 뭐. 농사 지어서 자식들 입에 넣어 주는 게 사는 재미야."

"그래두 병 나시면……."

"괜찮아. 죽으면 썩어 없어질 육신, 놀구 앉았으면 뭐 해."

그렇게 고집불통이셨다.

시어머니가 살아 계실 때도 할머니는 때마다 먹을 것을 해 들고

어머니를 찾으셨다. 성격이 남달리 괴팍하셨던 탓에 말동무가 없어 쓸쓸해 하시던 시어머니에겐 여간 고마운 분이 아니셨다.

그렇긴 해도 당신이 정성들여 심어 가꾼 고추 한 포기 호박 한 포기 누가 건드렸다 하면 불벼락이 떨어졌다. 게다가 심술조차 어찌나 드세던지 한번 틀어졌다 하면 까무라칠 정도로 욕바가지를 퍼부어 대는 울뚝밸인데다 고집이 쇠심줄 같아서 어떤 때는 마주 쳐다보고 말하기 조차 여간 불쾌하지가 않았다.

성격이 때로 불같은 남편은 곧잘 할머니에게 얼굴을 붉히고 대들기도 했었다.

"할머니, 정말 너무해요. 방 비워 주셔야 되겠수."

할머니는 남편의 그 말에는 금방 성질이 수그러들었다. 그 말이 할머니에겐 제일 싫으셨던 것 같다. 그래도 그렇게 성격이 별스러워서 왜쭉왜쭉 쉽게 화를 잘 내셨지만 몇 분 지나지 않아서 할머니는 손수 담근 된장이나 고추장 따위를 그릇에 퍼담아 들고 오셔서는 우리를 다독거리곤 하셨다.

"이거 봐요, 은혜 아바이, 내가 미안해. 내가 잠깐 정신이 돌았나 봐. 화 풀라구."

그러나 우리로서는 이모저모로 할머니에게 섭섭했던 일이 한두 가지가 아니었다.

그러나 그럴 때마다 우리는 서로를 위로했다.

"노인네시니깐, 뭐……."

어쨌든 눈곱만치만 경우에 틀리거나 수틀려도 물불 안 가리고 거품 문 채로 대드는 통에 여간 조심스럽지 않았다.

"은혜 아빠, 집이 경매로 넘어가면서 전세보증금에서 팔백만원씩은 모두 법적으로 혜택받게 되었지만 아랫방 할머니 한 분은 백만원, 또 할머니는 이백만원을 손해 보시게 되었는데, 어쩌죠?"

"법적으로는 우리에게 책임 없어. 하지만 뭐 도의적으로는 자리잡히면 성의를 보여 드려야지."

"돈 달라고 마구 억지 쓰고 대들면 어쩌죠? 그 성질에 온 동네가 떠들썩할 텐데. 망신스러워서……."

"그래도 할 수 없지. 우리도 애덜 델구 당장 사글세방이라도 구해야 할 판인데."

그런지 며칠 후 남편에게서 가게로 전화가 왔다.

"할머니 말야."

순간 나는 가슴이 쿵 떨어져 내리는 느낌이었다.

"왜, 왜요? 돈 달래요?"

"조금 전 우리방에 된장을 한 바가지 퍼 갖고 오셨길래 먼저 말을 끄집어내려고 입을 열었지."

"그, 그래서요."

"내가 말을 끄집어내기도 전에 할머니가 먼저 내 입을 막아버리는 게 아니겠어."

"뭐라구요?"

"은혜 아바이, 걱정마. 돈 안 줘두 돼. 거저 빨리 부자나 되기요. 나 그 돈 없어도 살아. 그리구 내 말 명심해. 다시는 남의 빚 보증 서 주지마. 알겠어? 그렇게 말하시는 거야."

순간 나는 코끝이 찡하게 울리며 가슴이 아파 오는 것을 느꼈다. 장독 생각 때문이었다.

며칠 전 일이었다.

이제 곧 이삿짐을 싸야 하겠기에 나는 할머니에게 고추장독이랑 된장독 등을 비워 달라고 했었다.

그 날 할머니는 없는 그릇, 있는 그릇들을 총동원했다. 고추장과 된장독을 비워 내느라고 몹시 힘들어 하시는 모습이었다. 그 일이 힘에 겨우셨던지 할머니가 내게 부탁하셨었다.

"은혜 어마이, 된장독 나중에 비워 주면 안 되겐? 꼭 필요하지 않으면 가을에 가서 비워 주면 안 돼?"

그렇게 애원조로 말씀하시는 할머니에게 나는 난감한 표정으로 머리를 흔들었다.

"할머니, 이사가면 그만이죠. 독 때문에 이곳에 다시 와야 할까요? 어려우시겠지만 비워 주세요."

별수없이 할머니는 이웃집에 가서 비어 있는 독을 빌려다가 우리 독을 깨끗이 비워내어 놓으셨다.

사실 그 독은 내가 시집올 당시 친정에서 훔치다시피 몰래 갖고 온 유일한 살림이었다. 요즘 독처럼 쉬 금이 가거나 깨지지 않는, 아주 단단하고 예쁜 독이었다.

남편의 말이 계속해서 수화기 속에서 울려나오고 있었다.

"자식들한테도 모두 말해 놨데. 은혜네 집에다 돈 얘기 하지 말라구."

"……."

나는 나도 모르게 눈가에 가득해지는 눈물을 손끝으로 훔쳐내고 간신히 입을 열었다.

"그, 그 독 말이예요."

"응? 독? 독을 왜?"

"그 독, 할머니에게 드렸으면……."

"엉? 시집올 때 갖고 왔던 그 독을? 마누라, 그 독 무척 아끼잖아."

"그냥 할머니 드렸으면 좋겠어요."

"그러지 뭐, 그럼."

조금 후에 또 남편에게서 전화가 왔다.

"할머니에게 독을 드렸더니 말야, 얼마나 좋아하시는지 몰라."

"진즉 드릴 걸. 내가 속 좁았어요."

이삿짐을 거의 다 싸서 차에 옮겨 실었을 때쯤 해서 한 대의 택시가 마당에 미끄러지듯 멈추더니 할머니의 큰며느리가 내려서고 있었다.

나는 또 가슴이 철렁 내려앉는 느낌이었다.

"며느리가 깐깐할 텐데……."

그러나 큰며느리는 나를 보자 대뜸 눈물부터 글썽글썽해지면서 안타까운 얼굴로 울먹였다.

"은혜 어머니, 너무 섭섭해요. 부디 큰부자 되기 바래요. 은혜네 믿고 우리 어머니 이 집에 맘 놓고 맡기고 있었는데……. 아무쪼록 반드시 일어서서 부자 되세요. 절대로 빚보증은 멀리 하구요. 인감도장도 깊숙히 간직하구요."

순간 나는 입술을 깨물면서 몸을 떨었다.

"고마워요. 준혁이 엄마. 그래요. 꼭 다시 일어설게요."

조금 후, 미선이 엄마가 달려와 눈시울을 적시며 손바닥에 똘똘 말아쥐고 있던 하얀 봉투를 내 손에 꼭 쥐어 주었다.

"얼마 안 되지만 이사비에 보태 쓰세요."

"애기 엄마, 힘들 텐데 뭘 이런 것까지 주구 그래요."

"아뇨. 너무 약소해요. 부디 힘내세요."

"애기 엄마……."

옛말에 먼 데 난 참냉이보다 가까운 데 난 쓴냉이가 좋다고 했다. 참으로 먼 데 있는 친척보다 가까운데 사는 이웃이 훨씬 더 정겹고 고맙게 느껴졌다.

그렇게 우리는 20여 년이 넘도록 숱한 애환을 간직한 집과 땅을 뒤로 하고 정겨웠던 이웃들과 작별을 고했다. 이삿짐을 다 실은 트럭이 서서히 시동이 걸리고 움직이자 그 때까지 참고 있던 겨울비가 조금씩 빗방울을 흩뿌리기 시작했다. 하지만 운전기사가 미리 준비해 온 천막을 씌웠기 때문에 이삿짐은 조금도 젖지 않아서 여간 다행스럽지 않았다.

어쨌든 끝도 없이 암울하기만 했던 어둡고 긴 절망의 빗두루마기 터널을 빠져나오는 느낌이었다. 그런 다행스러움이 오히려 우리 부부의 머리를 새벽별처럼 맑고 상쾌하게 하는 듯했다.

이렇게 해서 우리는 비록 사글세 집을 구했지만 교회도 가깝고 가게 출근도 전보다 훨씬 쉽고 편리한 곳으로 새로운 삶의 둥지를 틀게 되었다. 나중에 어느 대목에선가 꼭 말하겠지만 그 사글세 집은 우리 부부의 얼어붙은 가슴을 봄날처럼 따듯하게 녹여준 참 기적의 둥지였다.

부러진 장총

이제 나는 '전설 어린 부러진 장총' 이란 제목으로 글을 쓰려고 한다. 훗날 이 이야기를 CBS의 '새롭게 하소서'에 출연했을 때 간증할 줄 꿈엔들 알았을까. 어쩌면 부끄럽기도 하지만, 그러나 그것은 우리 가족으로써는 영원히 잊을 수 없을 만큼 감동적인 한 토막 전설 어린 가족사가 될 것이다.

우리 집에는 총신이 없고 개머리판만 있는 장총 한 자루가 주인처럼 안방 구석에 자리잡고 있었다. 사람들은 우리 집에 올 때마다 그 부러진 개머리판을 놓고 입을 모아 묻곤 했다. 부러지긴 했지만 쇠뭉치(방아틀뭉치)는 파출소에 영치되어 있고 개머리판만 남아 있었다.

"왜 총이 부러졌죠?"

"김 선생님이 옛날에 술 많이 마시고 저지른 거죠? 총으로 누굴 마구 두들겨 패다가 부러졌거나……."

"아냐, 홧김에 그걸루 방바닥을 후려쳤을 거야, 그죠?"

그런 말에도 나는 그도 저도 아니라고 잠자코 고개만 저었을 뿐,

부러진 장총에 얽힌 추억을 쉽사리 입 밖에 내어놓지 못했다.

나는 부러진 장총의 개머리판이 생각날 때마다 그때 가슴 깊은 곳에서 솟구쳐 올랐던 엄청난 충격과 더불어 그 총에 묻어 있는 생생했던 감동을 결코 잊을 수가 없다. 나는 그 부러진 장총에 대한 전설을 남편과 둘이서만 간직할 뿐이었다. 왜냐하면 그 내력을 이야기해 보았자 그게 무슨 말도 안 되는 소리냐고 사람들은 믿지 않으려 할 테고 또 자칫 과장 어린 자기 자랑이 될까봐서였다.

"그냥 남편이 잘못 만지다가 부러진 건가 봐요."

나는 그렇게 얼버무려 버리고는 얼른 화두를 다른 데로 옮기곤 했다.

조금 전 남편에게서 전화가 왔었다.

"사무실에서 원고 마무리해 놓고 좀 늦을지도 몰라. 회식도 있을 것 같고."

아들 녀석은 PC방에서 늦겠다고 전화가 왔고, 딸아이는 교회 학생 수련회에 가고 없다.

나는 텅빈 집안에서 공연히 안절부절 못하는 느낌이다. 역시 있어야 할 가족들이 제 자리에, 제시 간에 없다는 허전함이 유별난 밤이었다.

나는 후다닥 자리에서 일어나 현관문을 단단하게 잠궈 놓고 베란다로 나갔다. 이 아파트는 주인이 직업군인이었는데 화천으로 전근 가는 바람에 임시로 비워둔 25평짜리 집이었다. 기적처럼 우리가 독채로 들어와 살게 되었는데 그것도 보증금 백만원에 월세 30만원이란 파격적인 조건이었다. 집과 땅을 경매로 빼앗기고 나올 때 가진 돈이 단돈 백만원이었다. 참으로 여간 다행스럽고 감사한 일이 아니었다.

이사온 뒤로부터 가끔씩 8층에서 내려다보이는 도시의 불빛은 보아도 너무도 낯선 곳에 떨어진 듯 생소하기만 했다. 넓은 땅에서 자연과 벗하며 살다가 어느날 갑자기 성냥갑만한 콘크리트 새장 속에 꼼짝없이 갇혀 있다는 암담함이 가슴을 답답하게 했다. 하지만 이상스럽게도 포근하고 행복하게 느껴지는 것은 아마도 지독했던 빚쟁이들의 등살에서 벗어나와 있다는 안도감 때문이 아닌가 싶었다. 일단 빚독촉이 없다는 게 이토록 사람을 편케 해 주는 것인 줄 이전엔 느껴 보지 못했다. 그것은 빚에 쪼달려 보지 않은 사람은 결코 느낄 수 없는 자유일 것이다.

그때 나는 방구석에 외롭게 세워져 있는 부러진 개머리판을 만져 보며 새삼 가슴이 뭉클해졌다.

금세 눈시울이 뜨거워졌다.

'하나님 너무도, 그 때 너무도 감사했습니다…….'

1992년 가을이었다.

그 날 내가 가게에서 마악 돌아왔을 때 남편은 집 앞에 펼쳐져 있는 황금들판에서 잡아온 메뚜기를 후라이팬에 볶고 있었다.

"어머, 웬 메뚜기 볶음? 잡았어요?"

"응, 소주병 하나 가득히."

"참기름도 조금 두르죠."

"알았어."

아이들은 둘 다 초저녁부터 잠에 곯아 떨어져 있었고, 우리 부부는 마주앉아 메뚜기를 안주 삼아 막걸리 마시면서 마냥 즐거워했었다.

그 때였다.

마당에 자동차 멎는 소리가 들렸다 싶었는데 낯선 남녀의 목소리가 우리 집 현관을 두들겼다.

"누구세요?"

"여기가 김실 씨 댁 맞습니까?"

"그렇습니다."

"문 좀 열어 주시겠어요?"

나는 몹시 의아스러운 마음으로 현관을 열었다.

그러나 막상 현관으로 들어선 여자는 전혀 낯설지만은 않았다. 곧 나는 그녀가 읍내에서 사채업을 하고 있는 여자라는 것을 대뜸 알아차릴 수 있었다.

"왠 일이예요, 우리 집에?"

소파에 앉자마자 다짜고짜 입을 열어 내뱉듯 쏘아부치는 그녀의 말은,

"돈을 빨리 갚아주셔야겠어요."

영문도 모른 채로 나는 커다란 바위 덩어리가 가슴을 쿵 내리찍는 듯한 충격을 받았다.

"돈이라뇨? 무슨 돈을요?"

그녀는 내 물음에는 이타저타 말 한 마디 않고 핸드백에서 몇 장의 서류를 끄집어내어 우리 부부의 눈 앞에 펼쳐 놓는 것이었다. 순간 우리 부부는 아연실색하고 말았다.

"뭐예요, 이게?"

"댁의 친구가 제게 빌려간 돈인데 이자도 안 갚고 원금도 안 갚고, 도저히 안 되겠다 싶어 보증 서 주신 이 댁 주인에게 받아야겠기에."

"뭐라구요? 보증요? 우리가 언제 누구에게 보증을 서요?"

"이 서류를 보세요, 그럼."

목을 독사처럼 꼿꼿하게 곧추 세운 채로 한마디 한마디 떨구 듯 내뱉는 그녀의 말투가 뾰롱뾰롱 한 것이 여간 기분 나쁜 게 아니었다.

남편과 나는 와락 달려들어 서류를 뚫어져라 살펴보았다.

"남편 이름으로 삼천만원! 그리고 이건 내 앞으로 이천만원…… 아니, 대체 이게 뭐예요?"

"보세요. 여기 이 댁 아저씨 인감증명하고 인감도장 찍혔잖아요."

"……!"

그런 며칠 후, 가압류통지서가 법원으로부터 날아들었다.

또 며칠 뒤에는 우리 부부가 서울에 나가고 없는 사이에 집달관이 들이닥쳐 가재 도구마다 압류딱지를 붙여놓고 사라졌다.

나중에 자초지종을 알게 되긴 했지만 우리 집에 세들어 살던 사람이 남편의 인감도장을 몰래 도용해 일을 벌인 것이었다.

이 충격으로 시어머니는 집을 나갔고, 한 달이 되도록 백방으로 수소문했으나 행방을 찾을 수 없는 사태가 벌어졌다. 이 통에 남편은 어머니의 빈 방에서 시도 때도 없이 통곡하고 울부짖는 데는 가슴이 숯껑처럼 새까맣게 타들어가는 느낌이었다.

결국 어머니는 실종된 지 꼭 한 달만에 칠봉산 9부 능선에서 두릅 따러 갔던 한 청년에 의해 시체로 발견되었다.

게다가 엎친 데 덮친 격으로 남편이 빚보증 서 준 것마저 잘못되어 이래저래 빚은 눈덩이처럼 불어났다.

설상가상으로 아들 녀석까지 오토바이 사고를 내고 병원에 입원했다.

한밤중에 오토바이를 타고 달리다가 마주 오는 총알택시와 정면충돌해서 죽음 직전까지 갔지만 기적적으로 두 다리만 부러지고 가까스로 목숨을 건질 수 있었다.

이런 크고 작은 고난의 역풍이 쉴 새 없이 우리 부부를 몰아쳤다. 하지만 지금 곰곰이 생각해 보면 대체로 고난은 누가 나에게 억지로 덤터기를 씌워 당한다기보다, 스스로 삶에 성실하지 못했다거나, 생각의 단추를 잘못 끼운 탓이 크다고 나름대로 결론 짓고 싶다. 고난은 성실하지 못한 삶의 토양 속에서 무섭게 고개를 쳐들고 발아한다. 이 일만 해도 그렇다. 우리가 인감도장을 꼼꼼히 챙기고 소중하게 다뤘으면 발생하지 않아도 될 사건이었다. 인감도장이 얼마나 중요한 것인지도 몰랐으니 세상살이에 얼마나 까막눈이었는지 훗날에야 후회했다.

"결국 재판도 돈 많은 쪽이 이기는 거예요. 일찍 포기하고 돈 내놔욧!"

그렇게 법원 복도에서 유령처럼 버티고 서서 뱀의 혀를 놀리던 그 여자 말대로 나는 재판에서 지고 말았다. 도대체 왜 내가 재판에서 져야하는지 이 나라의 법이 너무도 원망스러웠지만 그렇다고 해서 어디 가서 호소할 데도 없었다.

그런 뒤 시도 때도 없이 그들은 내 가게로 쳐들어왔다.

허구한날 돈 내놓으라고 찰거머리처럼 물고 늘어지는 데는 정말 죽고 싶은 심정이었다.

무엇보다 가슴 아픈 것은 남편의 얼굴에서 서서히 웃음이 사라져 버린 것이었다. 그런 어려운 가운데에서도 남편은 오히려 나를 위로하고 등 두드려 주기를 자주 했다.

"괜찮아. 까짓거 다 팔아서 빚 갚고 처음부터 시작하지 뭐. 너무 마음 아파하지 마. 시련의 눈물을 참고 견디면 찬란한 행복의 햇살도 찾아오는 법이라잖아."

"미안해요. 마누라 잘못 만나서……."

"그런 소리 자꾸 하지 마. 그 반대야. 멀때 같은 남편 만나는 바람에 마누라 마음고생이 심하지. 하지만……."

"하지만 뭐예요?"

"그 여자 말야. 그 사채업자 말야."

"……."

"어쩌려구요."

남편은 내 물음에 아무런 대답도 않고 휑하니 방을 나갔었다.

그런 지 한 보름쯤 지나서였다.

그 날 따라 온몸이 몹시 쑤시고 아팠다. 머리까지 깨어질 듯 아팠던 탓에 나는 평일보다 두어 시간 이르게 가게문을 닫고 집으로 돌아왔다.

방으로 들어선 순간 나는 방 한 가운데 장승처럼 서 있는 남편의 얼굴을 쳐다보고 깜짝 놀라고 말았다. 남편의 얼굴은 보기 드물게 창백해 있었고, 눈빛은 독수리처럼 무섭게 이글대고 있었다.

무언가 무서운 결단을 내렸을 때의 남편의 얼굴이었다. 술냄새가 훅 얼굴에 달려들었다.

"어딜…… 나가게요?"

"왜 이렇게 일찍 왔어."

"몸이 몹시 아파서요. 감기 몸살인가 봐요. 어딜 가게요?"

"……."

"은성이 아빠……."

"….."

그 때였다. 무언가 쿵하는 소리가 났다 싶었는데 구석에 세워져 있던 장총이 넘어지면서 두동강이로 딱 부러지는 게 아닌가. 부러졌다기보다는 나무가 결을 따라 쫙 갈라졌다는 표현이 맞을 것이다.

나는 깜짝 놀라 남편의 얼굴을 뚫어져라 쏘아보며 물었다.

"총은 아무도 모르는 곳에 감춰 놓았는데 어떻게, 언제 찾아다 놓았죠?"

내 말에는 대답할 기색이 전혀 없어 남편은 부러진 장총에 시선을 딱 못박아 놓은 채로 두 눈을 부릅떴다. 곧이어 꽃불이 이글거리던 남편의 눈두덩이 빨갛게 물들기 시작했다.

"총을 갖고 누군가에게로 달려가려고 했죠?"

내 말에 아무 대답도 않고 남편은 조용히 문을 열고 밖으로 나갔다. 나는 구석으로 다가서서 떨리는 가슴으로 부러진 장총을 들어보았다. 탄창에 총알이 여섯 발이나 단단하게 장전되어 있었다.

비로소 나는 남편의 의도를 확연히 깨달았다.

나는 온몸이 와들와들 떨려오는 전율감으로 깜빡 정신을 잃을 뻔했다.

바로 그때 나의 혼탁한 영혼을 말끔히 걷어 가는 성경말씀이 가슴을 때리고 있었다. 그 성경말씀이 왜 그 순간에 내 마음을 때렸을까?

"사랑하는 딸아, 네 영혼이 잘됨같이 네가 범사에 잘되고 강건하기를 내가 간구하노라. 두려워 말라. 나는 네 하나님이라."

"하나님, 감사합니다."

조금 뒤, 남편이 조용히 방문을 열고 들어섰다.

"마누라, 괜찮아?"

놀랍게도 남편은 거기에서 환하게 웃고 있었다.

'어떻게 된 일일까……?'

"이봐, 마누라, 나 이제 아무렇지도 않아. 지금까지 그 지독한 증오심의 쇠사슬에 얽매어 있었는데 이제 비로소 자유를 얻었어."

"무슨 증오심을요?"

"오늘 그 사체업자와 짜고 돈을 먹은 판검사 놈을 죽여 버리려고 했거든."

"세상에! 어떻게 그렇게 무서운 생각을."

"내가 아닌 어떤 거역할 수 없는 강한 힘이었는데…… 느닷없이 총이 저절로 넘어지며 뚝 부러진 순간 나를 옭아묶고 있던 증오의 쇠사슬이 탁 끊어지는 느낌이었어."

바로 그 때 전화벨 소리가 요란하게 울렸다.

나는 재빨리 수화기를 들었다.

혹 그 사채업자의 전화가 아닐까 염려해서였다. 남편이 그 전화를 받으면 또 다시 심경의 변화를 일으킬지도 모를 일이었다.

"네? 파출소요?"

수화기 속에서 굵은 남자의 목소리가 들렸다.

"김 선생님 집에 총 있죠?"

"네. 그, 그런데요, 총이 부러졌어요."

"총이 부러져요? 그걸로 뭘 때렸습니까?"

"아뇨, 아무튼 부러졌어요."

"내일로 총기류 일제 단속기간 마감일입니다. 부러진 총이라도 상관없으니 내일 아침 10시까지 파출소로 나오시기 바랍니다. 낮에 전화를 아무리 해도 안 받기에 실례를 무릅쓰고 밤에 전화를 드렸습니다."

"예, 알겠습니다."

이튿날 아침. 나는 남편을 제쳐놓고 서둘러 부러진 장총을 차에 싣고 파출소로 향했다.

경찰관은 방아틀 뭉치를 뽑아서 파출소 무기고에 영치시킨다고 나를 충분히 설득하려 했다. 하지만 나는 그저 그것이 고맙게만 생각되어서 차라리 호들갑스러울 정도로 경찰관을 추켜세워 주었다.

"그럼요. 썩 잘하는 일이예요. 절대로 총기류는 집에 보관해서는 안 돼요."

이것이 우리 집 방 모퉁이에 세워져 있는 부러진 개머리판의 내력이다.

장총이 저절로 부러졌던 그 날 밤, 나는 가게에서 일찍 퇴근하자마자 침대에 들어가 이불 속에 깊숙히 파묻힐 작정이었다. 남편의 표정이 심상치 않았지만 워낙에 젖은 솜처럼 무겁고 고된 몸이라 앞뒤 돌아볼 여유가 없었다.

아마도 그런 사이 남편은 장총을 코트 속에 숨겨 들고 집을 나섰을 게 분명하다. 그 밤, 온 세상을 발칵 뒤집을 무서운 사건이 벌어졌을 것이었다.

나와 두 자식들은 어떻게 될 것인가! 살인자의 가족이라는 치욕적인 오물을 뒤집어 쓴 채 평생 음지에 쭈그리고 앉아 슬피 이를 갈며 살았을 것이다.

그 때 나는 증오를 불러일으키는 사탄의 계략이 얼마나 무서운 것인가를 뼈저리게 느꼈었다.

그 이후 우리 부부는 그 부러진 개머리판을 구석자리에 세워둔 채 힘들고 어려울 때마다 바라보며 힘을 얻는다. 그 때 장총이 두 동강이가 나던 순간 내게 들려주셨던 하나님의 음성—

"사랑하는 딸아, 네 영혼이 잘됨같이 네가 범사에 잘되고 강건하기를 내가 간구하노라. 두려워 말라. 나는 네 하나님이라."

그 날 이후, 여러 가지 변화가 일어났다.

남편에게 찰거머리처럼 붙어다니던 무서운 독선과 아집의 여리고성이 무너졌다. 이따금 기차 화통 삶아 먹은 듯 고래고래 지르는 소리 외에 남편은 내게 있어서 누가 뭐라고 해도 사나이 중의 사나이고 남편 중의 남편이다.

하지만 남편은 이제 종이 호랑이다.

내 팔뚝도 예전처럼 나약하지도 않고 병약했을 때처럼 가늘지도 않다. 남편은 이제 한팔접이밖에 안 된다. 수틀리면 마구 두들겨 줄 유일한 무기인 후라이팬도 있고, 아들 딸도 교회 식구들도 모두 내 편이다. 남편은 결코 왕따가 되고 싶지 않을 것이다.

남편에게서 증오의 가시가 빠져 버리고부터는 옛모습과는 많이 달라져서 내 말에 고분고분하고 온순할 때가 많아졌다. 그것이 참 신기하다. 이제 소리 지르는 습관만 없어지면 참 좋겠다 싶지만 그것까지 욕심부리기엔 아무래도 내가 좀 염치없지 않나 싶다. 하지만 남편의 목소리가 필요이상으로 크지 않았으면 하는 바람이 크다.

부러진 장총.

그것은 우리 삶의 중심에서 귀중한 가보가 되어 훗날 우리 가족이 천국을 입맞출 때까지 전설어린 영웅으로 많은 이들에게 두고두고 회자될 것이다.

점박이 돼지와 쭈구렁 퉁 그리고 장군이

한때 우리는 시골에서 돼지도 기르고 개도 기르고 토종닭도 기르며 살았었다.

당시만 해도 7백평 되는 우리 땅 주변에는 동네가 없었다.

그래서 돼지도 개도 닭도 모두 풀어 놓고 길러도 어느 누구 말하는 사람이 없었다.

가축을 죄 풀어 놓고 기르다 보니 별 희안한 사건을 다 겪었었던 기억이 새롭다.

많은 세월이 흐르고 난 뒤 지금까지도 전혀 잊혀지지 않고 뚜렷하게 머리 속에 남아 있는 기억은 점박이 돼지와 얼굴이 막 주물러 놓다만 것처럼 아주 험하게 쭈글쭈글했던 '퉁'과의 처절한 혈투 장면이었다.

700평이나 되는 넓은 밭을 두 놈이 홀랑 뒤집어 엎어 가면서 한데 엉겨 물어뜯고 엎어지고 자빠지고 그렇게 몇 시간을 두고 처절한 사투를 벌이는 모습은 난생 처음 보는 무서운 장면이었다. 퉁은 점박이의 귀를 물고 늘어지고 있었고, 점박이는 그런 퉁의 배를 주둥이로 죽어라 치받고 있었다. 두 놈 다 온몸이 피투성이가 되도록 싸웠다.

아무리 몽둥이로 때리고 찬물을 뿌리고 소리 치고 난리를 쳐도 녀석들은 막무가내였다. 대체 돼지와 개가 그토록 처절한 혈투를 벌일 수 있는지 모를 일이었다.

별수없이 부랴부랴 장작불에다 물을 펄펄 끓여 바가지로 흩뿌리자 겨우 녀석들이 씩씩대며 혈투를 멈추었었다.

하지만 그 두 녀석이 며칠 뒤에 있을 자신들의 운명을 꿈에라도 알기나 했을까.

며칠 뒤 점박이는 새벽 안개 속에 파묻혀 이름도 성도 모르는 돼지장수에게 속절없이 팔려갔고, 쭈구렁이 퉁도 그 해 복허리에 못된 사람이 고기에다 섞어 뿌린 독약을 먹고 한많은 세상살이를 마감하고 말았다.

점박이 돼지가 실려갈 때도 나는 서운함을 참지 못하고 눈물을 흘렸지만, 쭈구렁이 퉁이 그렇게 고약한 양심들에게 목숨을 빼앗겼을 때에는 얼마나 슬퍼했는지 모른다. 언젠가 쭈구렁이 퉁이 배가 남산만하게 부른 채로 새끼를 쉬 낳지 못하고 종일토록 힘들어 하는 모습이 너무도 불쌍해서 내가 용기를 내어 고무장갑을 낀 채로 퉁의 뱃 속에다 팔꿈치까지 손을 넣어 새끼를 한 마리 한 마리 끄집어 내었었다. 올몽졸몽 모두 14마리였다. 어린 새색시가 어떻게 그런 용기가 다 생겼는지 지금 생각해 보아도 참 대단하다 싶다.

점박이는 세 번이나 새끼를 아무 탈없이 낳아 주어서 어려운 살림살이에 효자 노릇을 톡톡히 해 주었었고, 쭈구렁이 퉁도 세 번이나 좋은 새끼들을 낳아 주었다. 퉁에 대한 소문이 읍내에까지 자자해서 젖이 떨어지기도 전에 동네 사람들이 몰려와서 새끼를 서로 달라고 밀치락달치락 아우성들이었다.

실제로 집 지을 돈이 턱없이 부족했던 우리는 그 쭈구렁이 퉁이 낳은 새끼 암수 한 쌍을 인건비로 대신해 주고 동네 목수에게 집을 지어 달라고 했을만큼 퉁의 새끼들은 온 동네에서 인기가 좋았다.

그런 저런 추억 때문에 그런지 지금껏 그 점박이 돼지와 쭈구렁이 퉁이 몹시도 그리울 때가 있다.

'사이좋게 지내지 왜 그렇게 죽자사자 싸웠담…….'

또 우리가 산 속에다 자유롭게 풀어 놓고 기른 닭들은 육질이 정말 좋았다. 얼마나 쫄깃쫄깃하고 맛이 좋기로 소문이 났던지 가까운 부대의 사단장이 사람을 보내어 남편에게 통사정하다시피 해서 한꺼번에 10마리, 20마리씩 사가기도 했다.

이른 봄에 갓 부화된 병아리를 한 5백마리쯤 사다가 산 속에 풀어 놓으면 쪽제비, 산고양이, 들쥐들의 공격을 받아 어른 닭이 되면 겨우 100여마리 정도가 살아 남을까 말까 했다.

딸 은혜가 6살 때쯤의 일이다.

닭들 중에서 유독 부리가 독수리처럼 크고 눈이 부리부리하며, 시뻘건 벼슬이 손바닥만 했고, 온몸이 붉은 털로 근사하게 빛나는 장닭이 한 마리 있었다. 발가락조차 타조의 그것처럼 크고 우람했다.

남편은 그 장닭의 이름을 특별히 '장군이' 라고 붙여 주었다.

이 녀석은 은혜가 유치원에서 돌아올 때쯤이면 숲속에서 벌레를 찾고 있다가 갑자기 뒤뚱거리며 달려와서 온몸의 털을 곤두세우고 딸아이에게 대들곤 했다. 장군이란 놈 때문에 남편은 딸아이가 문밖을 나설 때나 유치원에서 돌아올 때쯤이면 으레 회초리를 들고 달려가 장군이를 쫓아 버리곤 했었다. 남편과 장군이 녀석의 신경전은 끊일 날 없이 계속되었다.

산에다 풀어 놓고 기른 닭이라 잡기도 힘 들었고 무성한 숲 속으로 꼬리를 감추어 버리면 금새 행방이 묘연해졌기 때문에 남편은 숨을 씩씩대며 별렀었다.

"이놈에 자식, 그냥 오늘밤에 요절내어 백숙을 해 먹어야지."

그 때만 해도 집 주위엔 까치독사라든가 살모사들이 심심찮게 나타나고는 했다. 어느 가을날, 남편과 함께 고추밭에서 고추를 따고 있을 때였다. 딸아이가 비명을 지르며 울음을 터뜨리는 바람에 화들짝 놀라 달려가 보았다. 아! 그곳에서 참으로 심장이 얼어붙을 것만 같은 놀라운 일이 벌어지고 있었다. 어린아이 팔뚝만큼이나 땡땡하게 살찐 살모사 한 마리가 고개를 곧추든 채 딸아이를 노려보고 있는 게 아닌가. 나는 금세 숨이 멈춰 버릴 것만 같은 충격으로 꼼짝도 할 수 없었다.

그때였다. 어디선간 쏜살같이 달려온 장군이 녀석이 딸아이 앞에 어슬렁거리던 살모사의 머리를 그 무섭고 큰 부리로 마구 쪼아대고 있는 게 아닌가. 그때 딸아이는 신발도 신지 않은 맨발이었다. 가을 뱀은 독이 잔뜩 올라 있기 때문에 한번 물리면 살아 남기 어렵다고 사람들이 그랬다. 더구나 어린아이라면 말할 나위도 없었다.

그 이후로 우리 부부는 절대로 장군이에게 회초리를 들이대지 않았다. 먹다 남은 음식찌꺼기라든가 곡식을 소중하게 모아 두었다가 다른 닭들 몰래 장군이를 후하게 대접했었다.

그런데 참으로 이상한 일이었다.

우리가 장군이에게 극진한 대우를 해 준 탓인지는 몰라도 그 후로부터 장군이 녀석은 딸아이를 괴롭히는 일이 없었다. 잊혀진 사람들은 많다 하지만 잊혀지지 않는 동물들이 지금껏 선연한 그리움으로 추억의 날개 속에 소중하게 접혀 있다.

그렇게 정들었던 동물들과 어울려 생사고락을 했던 땅과 집을 떠나 아파트 생활을 해 온 지 어느 새 10년이 가까워진다.

가끔씩 남편은 입버릇처럼 되내이곤 했다.

"맑은 계곡이 흐르고 물고기들이 마음껏 노니는 곳 말이지, 우람한 잣나무 군락과 잡목들이 병풍처럼 둘러쳐진 숲속에 조그맣게 엎드려 있는 토담집을 한번 만나 보았으면 좋겠다. 그리고 그곳에서 점박이 돼지와 쭈구렁 퉁 같은 개를 다시 기르며 살고 싶다."

그랬는데 얼마 전 40이 조금 지나 보이는 남자 손님 한 분이 조심스럽게 가게문을 밀고 들어섰다. 첫눈에도 세속에 때묻지 않아 뵈는, 웃는 얼굴이 유난히 밝다고 느껴지는 분이었다.

"늦은 결혼을 하게 되었는데요. 제 아내될 사람에게 한복으로 웨딩드레스를 예쁘게 맞춰 입힐까 싶어서요."

나중에서야 알게 되었는데 그 분은 동두천에서 얼마 멀지 않은 곳에 위치한, 기도실이래야 50여평 될까 말까 한 조그만 기도원의 원장님이었다.

터널 같은 울창한 숲 속을 뚫고 처음 그 기도원에 올랐을 때 제일 먼저 내 눈에 들어온 것이 있었다. 수려한 기암 절벽을 끼고 흐르는 맑은 계곡물과 빽 둘러쳐진 잣나무 군락 가운데 거북이처럼 납작하게 엎드려 있는 조그만 토담집 한 채가 내 눈길에 잡힌 것이었다.

"원장님, 누가 살고 있나요. 저 집에?"

"아뇨. 지금은 비어 있어요. 왜 그러세요?"

"저 집은 저희 남편이 살 집 같아서예요. 작가거든요."

"네에, 그러세요? 그럼 와서 사시죠, 뭐. 깨끗하게 치워 드릴 테니 언제까지라도 말입니다."

그 곳은 계곡을 포함해서 170여만평의 웅장한 수림이 거대한 꿈을 안고 용트림하고 있었다.

"머지않은 날에 이곳에 병원이 들어서고 학교가 들어서고 한국 최고의 고시촌이 들어설 겁니다. 상처 받고 날개 꺾인 불쌍한 영혼들이 이곳을 찾아 생명을 되찾고 소망하는 열정으로 뜨거워지는 공동체 마을이 들어설 겁니다. 우리 함께 일해요. 지금부터 시작이니깐 말입니다."

"……."

이제 며칠 후면 우리 가족은 새로 지은 아파트로 이사한다. 점박이 돼지와 쭈구렁 퉁이랑 장군이닭의 추억이 알알이 박혀 있는 집과 땅을 경매로 허무하게 날려버리고 떨꺼둥이 신세 10년 남짓만에 우리는 우리의 이름으로 산 새로운 보금자리로 새롭게 둥지를 튼다.

누구처럼 불법으로 부동산 투기를 한 것도 아니다.

부정에 편승해서 양심을 더럽히지도 않았고 남의 가슴에 못을 박아가며 마련한 집이 아니다. 더더구나 남에게 돈을 빌려서 산 집도 아니다.

나는 바느질로 한 땀 한 땀, 남편은 땀을 뻘뻘 흘리며 보따리를 주렁주렁 온몸에 매달고 동대문시장을 뛰어다녔다. 그렇게 한 발 한 발 잔다리 밟아 마련한 집이다. 그런 아빠 엄마를 믿고 순종해 온 아이들의 인내심 덕분이기도 하다.

입소문이 많이 나서일까. 손님들은 미국에서 서울에서 파주에서 일산에서 부산에서 그렇게 원근 각처에서 찾아왔다. 우리 가게는 항상 바빠 왔고 그래서 나의 가슴은 늘 강처럼 흐르는 감사의 생수가 마를 날이 없다.

'이제 좀 더 나이 먹으면 남편과 함께 조용한 농촌에다 땅을 장만해서 옛날처럼 장군 같은 닭이랑 점박이 돼지와 쭈구렁 퉁 같은 개를 다시 기르며 살아야지.'

쇼윈도 밖 인도에 참새 한 쌍이 모이를 찾는 듯 콩콩 뛰다가 행인의 발걸음소리에 놀란 듯 후루룩 은행나무 잎 속으로 숨어버렸다.

남편쪽 사람들

며칠 전, 나는 먼지가 뽀얗게 쌓인 책장을 정리하다가 무심코 펼쳐든 앨범 속의 사진들을 접하게 되었다.

나는 자신도 모르게 기억의 저편에서 잠자고 있는 사람들을 하나 둘 되새겨볼 기회를 가졌다. 참으로 고마움과 모범으로 기억되어지는 사람들 여럿을…….

1979년 10월 26일, 그 날 궁정동의 한 밀실에서 수발의 총성이 울렸고 박정희 대통령이 서거했다. 그리고 두 달 뒤, 우리는 첫눈이 펑펑 쏟아지는 날, 동네에 있는 조그만 군인교회에서 조촐하게 결혼식을 올렸다.

결혼 첫날밤을 숲 속에 엎드려 있는 오산리의 기도원에서 보낸 뒤, 이튿날 중앙선 열차에 몸을 실었다.

결혼 당시부터 우리는 형편이 어려웠기 때문에 설악산이나 제주도 같은 데로 신혼여행 갈 생각은 꿈도 꾸지 못했다. 어쨌든 나는 남편이 이끄는 대로 경상도 풍기에서 열차를 내렸다.

남편을 따라 들어선 집은 옛날의 부자집들이나 쓰고 살던 커다란 기와집이었다.

응접실로 들어선 나는 깜짝 놀라고 말았다.

머리가 하얗게 센 할아버지와 할머니가 남편의 손을 잡고 눈물을 글썽이며 반가와하는 것도 그렇지만 벽에 걸린 사진들이 잡아끌듯 내 시선을 끌어 당겼기 때문이었다.

그리고 오래지 않아 나는 두 분 어르신들이 박정희 대통령 당시 최고의 권좌에 올라 있던 김계원 청와대 비서실장의 아버지와 어머니 되신다는 것을 그제서야 알 수 있었다.

"와 진작 좀 찾아오지 인제사 찾아왔노. 집 안이 북새통치는 난리 중에 말이다. 객지에서 울매나 고생이 심했노?"

그 날, 두 분(장로님과 권사님이시다)은 당신들과 함께 그 곳에서 함께 눌러 살자고 여러 차례 권유를 하셨지만, 간신히 뿌리치고 현관을 나섰는데 두 분 다 마음 고생이 몹시 심한 데다가 무척 외로우셨던 것 같았다. 우리들에게 차비에 보태 쓰라고 몇 만원을 손에 쥐어 주시면서 헤어지기가 못내 섭섭해서 연신 눈물을 글썽이셨던 두 분이었다.

이제 그 분들은 역사의 책갈피 속에 아스라이 접혀진 채, 세월의 무덤 속, 망각의 시간 속으로 빛바래 가고 있다. 그 날 주머니 사정이 몹시 여의치 못했던 우리에게 지폐를 쥐어 주며 못내 이별을 아쉬워하면서 대문 밖까지 따라 나오시던 두 분의 젖은 눈시울이 지금도 눈에 선하다.

지금은 두 분 모두 하늘나라에서 주님과 함께 행복하게 살고 계시겠지만, 그 날 그 이별 후로 남편은 고향 땅을 한 번도 함께 가자고 하지 않았다. 그 때의 작별이 그 분들과 살아서는 마지막 작별이 된 셈이다.

첫아이 은성이가 다섯 살이 되던 해 어느 날, 나는 남편과 함께 아이를 데리고 영등포 신길동의 한 친척집에 간 적이 있었다.

그 날, 은성이가 친척집 아이와 함께 대문을 나갔는데 그 길로 행방불명이 되고 말았다. 아이를 찾느라고 밤이 타도록 신길동 시장을 이 잡듯 뒤지고 다녔으나 아이를 찾을 수가 없었다. 나는 울다 울다 지쳐 쓰러져 잠이 들었다.

꿈 속에서도 나는 가시덤불이 울창한 지옥같은 세계를 온몸이 터지며 긁히면서 아이를 찾아 울부짖고 헤매고 다녔었다.

남편 또한 신길동 시장을 다람쥐 쳇바퀴 돌듯 아이 이름을 부르며 찾아 헤맸고, 결국 새벽녘에야 기진맥진해 들어온 남편은 지친 목소리로 친구에게 전화를 걸었다.

"틀렸어. 못된 놈이 훔쳐서 멀리 데리고 갔거나 나쁜 놈이 유괴했거나 아님, 차에 치여 어디엔가에 버려졌거나……."

순간 전화를 걸던 남편이 수화기가 깨져라 소리치는 목소리에 나도 깜짝 놀라 수화기에 빠짝 귀를 갖다 대었다.

"뭐라고? 아이를 찾아다 탁아소에 데려다 놓았다고?"

경찰청에 고위간부로 있었던 남편의 친구는 그 날 퇴근도 않고 서울시 전역에 있는 파출소와 탁아소들을 모조리 수소문한 끝에 가까스로 아이를 찾아준 것이었다. 그걸 모르고 우리 부부는 지옥같은 밤을 울며불며 아들을 찾아 해메고 다녔던 것이다.

아이를 잃어본 경험이 없는 부모들은 그 날 밤 우리가 겪었던 처절했던 절망감을 이해하기 힘들 것이다.

이제 그 아기가 다 자라서 성년이 되어 건강하게 사회생활을 하고 있다. 지금도 그 때의 일을 생각하면 쓰러질 듯 머리가 띵해진다. 그 때 남편의 친구가 아니었더라면 지금까지도 텔레비전에서 잃어버린 가족을 찾아 헤매는 그 비운의 주인공이 될 뻔했다. 그 남편의 친구를 잊을 수가 없다.

남편의 친구 중에는 눈길을 마주치기조차 쉽지 않은, 얼굴에 칼자국이 계곡처럼 패인 무서운 사람들도 더러 있었다. 솔직히 그 분들을 애써 기억하고 싶지 않다.

또 어느 날에는 농어촌 선교활동을 하는 부부가 찾아 와서 덕정에 나가 식사를 같이 한 적이 있었다. 알고 보니 남편의 여자친구는 KBS 성우로 활약하고 있었고, 그 남편도 역시 KBS 효과부에서 일하고 계셨는데 차재완, 최수민 부부였다. 두 분 모두 농어촌에서 고생하시는 목회자들을 돕는 일에 대단한 열의를 가지고 계신 분들이었다.

이야기를 듣고 보니 선교활동하는 데에 경제적으로 몹시 어려움이 많은 모양이었다. 하지만 나도 남편도 그 분들이 내심 매우 부러웠고 존경스럽지 않을 수 없었다. 능력이 없어서 그렇지 능력만 된다면 우리 부부도 그들처럼 선교활동에 물질과 시간을 할애할 마음이 컸기 때문이었다.

그건 그렇다치고 저녁 식사를 하면서 내내 나는 얼마나 가슴을 조렸는지 모른다. 항상 어렵긴 했지만 그 날 따라 수중에 돈이 한 푼도 없었기 때문이었다. 식당 주인과는 면식이 있긴 하지만 그 분들 보는 데서 얼마 안 되는 음식값을 외상으로 하자니 남편의 체면이 말이 아닐 것 같았기 때문이었다.

그런데 우리의 형편이 눈치 채인 것인지 어땠는지는 몰라도 여자친구의 남편 되시는 분이 먼저 카운터로 걸어가서 슬그머니 음식값을 지불하는 모습이 눈에 들어왔다. 그 때 나는 일단 안도의 한숨을 내쉬었지만 그 순간이 어찌나 고마웠는지 모른다. 비록 몇 푼 안 돼는 음식값이긴 했지만 은인같은 사람들이라서 훗날 두 분에게 한복을 한 벌씩 정성스레 지어 입혔다.

이제 그 분들이 축복을 받아서 선교사업 할 때 졌던 엄청난 빚도

다 갚고, 또 그 아들이 인기 영화배우로 명성을 날리고 있는데, 바로 차태현이란 아들이다. 마음 씀씀이가 착하고 아름다운 사람들은 반드시 축복의 비를 온몸이 젖도록 맞는다는 것을 깨닫게 해 주는 그런 사람들이다. 그후에도 우리는 물심양면으로 그 두 분의 신세를 많이 지고 있다.

참으로 그 때 그 저녁식사 값을 그 분이 먼저 치뤄 준 기억이 지금 생각해도 너무도 고맙다.

그뿐 아니라 뜻하지 않게 벌어진 사기 사고로 땅과 집이 경매로 넘어갈 위기에 처했을 때였다. 우연히 찾아온 남편의 친구가 원호청에서 대출을 받아 칠백만원을 선뜻 넘겨 주었을 때의 고마움을 결코 잊을 수가 없다. 각박한 세태에 그럴 사람이 몇이나 될까. 하지만 그 7백만원도 이자로 틀어막다 보니 어디로 갔는지 흔적도 없었다.

또 남편이 험난했던 청년시절을 함께 보냈던 대학 때의 친구가 어느 날 목사가 되어 나타난 분도 있다. 그 목사님을 만나고 난 뒤부터 남편의 영혼은 불에 데인듯 많은 도전을 받은 듯 싶다.

언젠가 교회에서 연극 공연 몇 시간 전에 기기가 말을 듣지 않아 애를 먹을 때 그 바쁜 중에도 먼 길을 달려와 어려움을 해결해 준 분 등, 고맙고 덕스러운 분들이 한 둘이 아니다.

그러나 참으로 고맙고 감사한 또 다른 한 분을 빠뜨릴 수 없다. 남편이 작가로서 새롭게 탈바꿈할 수 있게끔 용기와 희망을 주신 분이다.

나는 남편의 정체성을 조금도 모른 채 남편과 결혼했다.

내가 처녀 적에 처음 본 남편의 모습은 동네 사람들이 허구한날 입방아 찧듯 한 마디로 괴물이라고 해도 과언이 아니었다고 생각한다. 남편은 하고 다니는 행색이 보통 사람의 상식을 초월했고 도저히 정상인이라고 이해되지 않는 사람이었다.

막걸리 한 통을 하루에 해치우는 사람, 머리를 빡빡 깎고 반바지 차림에 한 쪽엔 군화 한 쪽엔 검정고무신을 신고 서울로 선보러 나간 사람이기도 했다.

싸움이 터졌다 하면 남편이었고 사건이 터졌다 하면 남편이었다. 파출소나 보안대 사무실을 발칵 뒤집어 엎어버리는 사람, 그 때만 해도 상상도 못할, 돼지를 온통 풀어 놓아 산돼지를 만드는 사람, 그러면서도 뒷주머니엔 항상 헤밍웨이의 '누구를 위해 종은 울리나'의 영어 원서가 꽂혀 있던 사람이었다.

그런 희한한 사람과 우여곡절 끝에 결혼까지 하게 된 것은 참으로 기적같은 일이라 생각되지만, 당시 남편은 삶의 좌표를 잃고 방황하는 한 마리 하이에나 같은 인상을 주는 사람이었다.

이런 남편에게 어느 날, 친구 한 분이 흙먼지를 뽀얗게 일으키며 우리가 살고 있는 산골짜기에 찾아왔다. 당시 온 세상을 떠들석하게 만들었던 소설 '인간시장'의 작가 김홍신 씨였다. 남편이 시골에 파묻혀 있은 지 20년만에 소식을 듣고 찾아온 것이다. 그 분의 방문은 하염없이 세월잡이만 하고 있던 남편에게 새로운 각오를 불러일으키게 한 도화선이 되었다.

"김홍신이 인간시장을 썼다는데 나라고 못할 바 아니지."

이렇게 해서 남편은 40의 문턱을 넘어서야 글쓰기 작업에 뛰어들기 시작했다.

어쩌다 내가 지금의 남편에게 인생의 날개를 접었는지 하나님의 섭리가 너무도 신기하고 또 감사하기도 하지만 가난한 사람에게 시집온 탓으로 고난도 많았고 고생도 많았다. 무엇보다 참기 힘들고 고통스러웠던 것은 시집식구들의 학대였다. 그래도 나 홀로 흘리는 눈물을 남편은 진심으로 이해하고 위로해 주었기에 오늘이 값지지 않나 싶다.

생각해 보면 남편 쪽 사람들 중에는 참으로 잊을 수 없는 사람들이 많았다.

그러나 뭐니뭐니 해도 남편보다 잊을 수 없는 얼굴이 있을까. 나는 남편의 글을 세상의 무엇과도 바꿀 수 없을 만큼 좋아한다. 왜냐하면 남편의 글이 상처받은 영혼들을 치료하는 약효가 있고, 절망의 늪에 빠져서 고통받는 영혼들에게 소망의 빛을 비춰줄 수 있다면 그보다 값진 것이 세상에 어디에 있겠는가. 세상 베스트셀러 작가 별로 부럽지 않다. 남편의 작품 속에 영혼구원의 메시지가 들어 있지 않으면 아무리 베스트셀러인들 속빈 강정처럼 우리에겐 아무런 의미가 없다.

사람은 잊혀지지 않아야 한다고 생각한다.

잊혀지는 사람만큼 불행한 사람은 없을 것이다. 하지만 잊혀지는 사람 못지 않게 사람을 잊어 버리기 좋아하는 사람만큼 딱한 사람도 없을 것이다. 사람을 잊고 싶어하기 좋아하는 사람은 사랑을 잃어버리기에도 능숙한 사람이기 때문이다. 잊혀진 사람보다는 사랑하는 마음을 빼앗겨 버린 사람이 더욱 안되어 보이는 것은 나만의 생각일까.

참으로 감사한 것은 우리에게는 잊혀진 사람보다는 기억하고 싶은 사람들이 훨씬 더 많다는 것이다.

나는 빚진 아내

첫눈이라도 금방 쏟아질 듯 잔뜩 찌푸린 초겨울의 하늘이 여간 스산스럽지 않다.

어느 새 가게 앞에 서 있는 은행나무는 벌거벗은 나목이 되어 겨울 햇살 속에서 바들바들 떨고 있다. 놀이터가 마땅찮은 모양 참새 한 떼거리가 후루루 날아와 앉았다가는 이내 어디론가 자리를 뜨고 만다.

잠시 동안 내 영혼은 폭우에 젖은 듯 가슴이 먹먹하다.

시골에서 남편과 호형호제하며 친하게 지냈던 정모네 아버지가 심장마비로 갑자기 세상을 떴다는 소식을 들은 직후였고, 조금 전 뉴스에서는 밀린 과외비 400만원을 안 준다고 엄마를 목 졸라 죽인 노랑머리 소녀의 부서진 얼굴을 텔레비전에서 마악 대하고 난 바로 뒤이기도 해서 더욱 그런 모양이다.

그렇긴 해도 이 초겨울이 또 내게는 너무도 다행스럽고 감사하다.

며칠 전 우리는 1년도 채 못 되게 살던 25평 주공아파트를 다른 사람에게 세를 주고 34평 새 아파트로 이사를 했다.

이렇게 갑자기 새 집으로 이사를 하게 될 줄은 전혀 예상을 못했었다.

몇 해 전 IMF 한파가 온나라를 공포의 도가니로 몰아넣던 그 해 겨울, 우리는 고운 정 미운 정 알알이 물들어 있던 땅과 집을 이별해야 했었다.

그 때 트럭에다 살림살이를 탑처럼 쌓아 싣고 낯선 세상 속으로 무참하게 팽개쳐져 버렸을 땐 참으로 암담했었다.

당시 상황이 얼마나 황당했던지 남편의 입에서 이런 말이 쏟아져 나올 정도였다.

"보증금 100만원에 월세 25만원 짜리 방이 산동네 어딘가에 있던 걸 보았는데 말이지. 흐흐흐……."

하지만 하나님은 그 때부터 우리 가족을 눈동자처럼 세밀하게 인도하시고 시마다 때마다 불기둥 구름기둥으로 보호해 주셨다.

그래서 우리는 겉으로 보기엔 가난한 자 같지만 속으로는 부자처럼 살았다. 사람들은 흔히 신이 있다면 실제로 눈에 보이는 기적으로 역사해 주기를 갈구하지만 뭔가 잘못된 생각이다. 왜냐하면 인간의 삶 자체가 기적이기 때문이다. 삶 자체가 기적이라고 긍정하기 위해서는 인간은 늘 감사의 파도를 탈 줄 알아야 한다고 생각한다.

많은 사람들이 장사 안 된다고 한숨 속에서 세월을 꼬집고 있는데도 우리 가게에는 손님들이 많이 찾아왔다. 어느 계절에는 한숨도 눈을 못 붙이고 밤을 홀랑 세운 날도 한두 번이 아니었다.

때로는 한밤중에 일하다 침척의 눈금마저 흐릿할 만큼 너무 힘이 든다 싶을 때가 있었다. 그럴 때면 잠깐 일손을 놓고 옆에서 원고를 쓰고 있는 남편의 팔을 끌고 가게 밖으로 나와서 포장마차집으로 들어간다. 그리고 따뜻한 우동 한 그릇씩 시켜 먹으며 시장기를 달래곤 했다.

그럴 때마다 거기 우리 부부를 향한 하나님이 별처럼 반짝이며 미소지어 주는 듯해서 우리는 그 별을 쳐다보며 얼마나 감사했는지 모른다.

지나온 날을 돌이켜보면 나는 고난과 역경의 바다를 헤치고 살아가도록 운명지워진 듯했지만 살아보니 그런 가운데서도 삶은 그래도 살아볼 만한 가치가 충분히 있다고 단언한다.

사람들은 흔히 자신에게 배당된 삶의 무게가 너무도 아름차다고 불평하며 곧잘 희망의 별을 포기한다. 그것은 너무도 어리석은 짓이다. 그래도 세상에는 나쁜 사람보다는 의로운 사람들이 몇 배나 많은 것이고, 아무리 악이 기세를 떨쳐도 의로움의 빛은 어둠을 내어쫓는 진리로 역사의 물줄기를 끊임없이 이끌고 온 것이 아닐까. 나는 세상살이 중에 가장 으뜸 가는 처세는 자신에게 배당된 현실을 겸손하게 받아들이고 최선을 다해 의로움의 별을 따고자 노력하는 삶의 과정 자체라고 생각한다.

조막손처럼 바짝 오그라든 마지막 낙엽들이 잔추의 슬픔인 양 가게 앞 아스팔트 위를 쓸쓸하게 굴러가고 있다.

'아직 신혼여행 갔다가 안 온 걸까……?'

그렇게 혼자 중얼거리며 이 가을이 행복한 이유가 또 하나 있음을 상기했다.

얼마 전 초등학교 남자 동창생을 그 나이 또래의 양가집 노처녀에게 중매를 선 적이 있었다. 그동안 중풍으로 쓰러져 수년간 고생하던 부친의 병수발 하느라 마흔 세 살이 되도록 장가도 못 가고 있었던 친구였다.

그 일이 썩 잘 되어 석달만에 결혼식을 올렸고 신혼여행을 떠난지 이제 나흘이 지나고 있는 중이다.

중매가 이번이 처음은 아니고 그 동안 네 쌍이나 동아리 맺어 주었는데 모두들 아들 딸 낳고 행복하게 잘들 살고 있는 모습들이 여간 가슴 뿌듯하지 않다.

'아무쪼록 성철이 너도 행복하게 살아만 주면 너를 바라보는 동창생 모두들 너무도 감사한 거야. 요즘 애들처럼 뜨겁게 만났다가 몇 날 몇 달도 채 못 되어 살얼음 같은 박빙의 이혼을 누워 떡 먹기식 하는 시대를 본받지 말구 말이지.'

이런 저런 생각으로 창 밖을 내다보며 첫눈이라도 내려주면 좋겠다고 생각하고 있는데, 순간 무엇에 얻어맞은 듯 깜짝 놀라 손뼉을 딱 치고 말았다.

"어머나! 11월 24일이 며칠 안 남았잖아."

나는 손가락을 꼽아보기도 하고, 달력을 들여다보기도 하다가 그만 쿡하고 웃고 말았다. 남편의 얼굴이 떠올랐기 때문이다.

지난해 이맘 때쯤에도 여느 때처럼 물었었다.

"은혜아빠, 우리 결혼 기념일이 며칠 날짠지 알아요?"

그렇게 물어본 내 쪽으로 얼굴도 안 돌린 채 남편은 자신 있게 대답했었다.

"12월 24일, 크리스마스 전날이었잖아. 그 날 눈이 펑펑 쏟아졌었잖아."

"차암내, 에구……."

"아함! 맞아. 11월 24일이야."

"해마다 물어봐두 꼭 12월 24일이래."

"삶이 바빠서 잠깐 까먹은 거지, 뭐. 아냐, 이젠 나이 먹어 건망증이 들었나?"

"아무리 그래도 그렇지. 해마다 12월 24일이유?"

"아냐, 11월 24일이 맞아."

"생일은 기억해요?"

"물론이지. 1월 10일."

"하이고오 참! 그건 내 생일이구우. 당신 생일은 1월 12일이잖아요."

"그래?"

남편은 늘 그런 식이었다. 도무지 제대로 기억하는 기념일이 없다.

"은성이 생일은 기억해요?"

"물론 알지. 은성이 생일은 11월 21일이야."

"에구, 참! 그건 은혜 생일이구. 은성이 생일은 10월 5일 아니유. 참 내."

"응……."

소설 쓰는 사람이 다 그런지는 몰라도 어떤 때는 몇 십분이고 넋 빠진 사람처럼 허공을 쳐다보기가 일쑤였다. 하루 종일 붓방아질만 하면서 한 마디 말이 없을 때도 셀 수 없이 많았다.

꿈 속에서 무엇을 만났는지 자다가도 벌떡 일어나 원고지와 씨름할 때도 한두 번이 아니었다.

그런 남편을 애써 나무라고 싶은 생각은 조금도 없다.

언제나 그렇긴 했지만 유독 이 가을이 소풍 가는 어린 아이처럼 즐겁고 행복하다.

고엽이 쓸쓸하기 때문에 이듬해 봄날에 피어날 태동의 신비는 그만큼 찬란한 감동으로 우리의 가슴을 떨리게 할 게 아닌가. 고엽이 그렇듯 인생도 꼭 그렇다고 생각한다.

창밖으로 향했던 눈길을 조용히 접으면서 나는 또 굳게 결심한다.

내 쪽 사람들 탓에 재산 모두 깝살려 버리고 많은 어려움을 겪었으면서도,

"괜찮아. 다 용서하자구. 그냥 무조건 모두 다 용서하고 새로 살

자."

그런 남편의 가슴이 너무도 고마워서 때로 남편 얼굴을 똑바로 쳐다보기 몹시 민망스러울 때도 많았다. 나는 오늘도 물건보따리를 들고 광장시장을 열심히 뛰어다니고 있을 남편을 향해 야무지게 접어두었던 꿈의 연가를 자신 있게 보낸다.

'예전에 살던 땅보다 더 공기 좋고 아름다운 땅을 사서 어느 결혼기념일에 남편에게 떡하니 선물해 줄 거야…….'

내가 귀신이 된 내력

언젠가 교회 중고등부 학생들을 데리고 경기도 가평의 어느 수려한 계곡을 찾은 적이 있었다.

계곡을 낀 울창한 밀림 속에 조그만, 하지만 아주 예쁜 교회가 세워져 있었다. 교회가 하도 예쁘고 아름답기에 점심시간에 잠깐 짬을 내어 중씰해 뵈는 담임목사님과 이런저런 이야기의 꽃을 피웠던 일이 있었다.

대화 도중 우연히 내가 태어나서 자랐던 고향 이야기를 하게 되었는데, 심각한 표정으로 한참 듣고 계시던 목사님의 얼굴이 차츰 돌처럼 굳어지는 것이었다. 목사님의 얼굴이 지나치다 싶을 만큼 무겁게 내려앉은 표정이라서 나는 그만 속으로 깜짝 놀라고 말았다. 목사님이 내 얼굴을 빤히 들여다보며 물었다.

"고향이 거기시라고요? 아이구우! 거긴 정말 무서운 곳인데요. 제가 군종생활을 거기서 했는데요, 어느 날 밤 회암사 근처에 살고 계시는 집사님댁에서 구역예배를 끝내고 오다가 귀신을 만났습니다. 하얀 소복을 입은 여자 귀신이 살아 있는 곳입니다."

"네에? 제 고향에서 귀신을 보았다구요? 무슨 말씀이세요, 목사님?"

자초지종을 설명하자면 이렇다. 내가 처녀시절을 보냈던 고향 동네에는 민간인 교회가 한 곳도 없었다. 그래서 주일이면 군부대 안에 있는 교회에 나가서 예배를 드리곤 했다.

사실 부모님께 교회에 간다고 핑계를 댔지만, 교회에 가면 거기 어김없이 먼저 와서 기다리고 있을 지금의 남편을 만나는 게 더 큰 목적이었다. 만남의 장소가 마땅한 곳이 없었기에 그 군인교회는 우리가 약속의 장소로 택하기에는 너무도 다행스러운 자리였다.

아마도 그래서 옛날 사람들은 교회를 연애당이라고 놀려대며 헐뜯기조차 했는지도 모른다. 지금처럼 시대가 하루가 달리 소용돌이치는 변화의 물결 속에서야 별 문제도 되지 않는 일이었다. 하지만 당시만 해도 아직 전기가 들어오지 않은 집이 많았고, 버스가 하루에 대여섯 번 다닐까 말까 했었다. 전화도 없었던 시절이었다. 동네에서 아무개랑 아무개집 딸이 정분이 났다는 소문이 말꾼들의 입에 오르내리기 시작하면 부끄러워서 동네에 얼굴을 들고 다니기 몹시 힘들었던 시절이었다.

그렇게 극히 제한된 시간과 공간을 숨바꼭질하듯 마을 사람들의 시선을 피해 다니면서 이어져야 했던 소녀시절의 영어 선생님과의 연애는 너무도 아슬아슬했고 힘들었다.

하지만 남편과의 연애시절은 수십년 세월이 흐른 지금까지도 꽃구름을 타고 하늘을 날아다니듯 너무도 아름다운 추억으로 남아서 잊혀지기에는 가슴이 아플 만큼 소중하다.

남편과 열애에 빠져 있던 어느 날, 나는 갑작스런 아버지의 죽음 앞에서 혼절해야 했고 상을 다 치르고 나서도 49제가 끝나기 전에는 상복을 벗을 수가 없었다.

남편을 만나고 싶은 간절함에 잠을 자도 마치 도끼를 베고 자는 듯했고 허구한 날 노루잠에 선잠을 깨기 일쑤였다.

하지만 상복을 입은 채로 남자와 데이트를 한다는 것은 당시로서는 상상도 할 수 없는 일이었다. 동네 사람들이 보기라도 하면 절구공이처럼 쉴 새 없이 찧어댈 말꾼들의 입방아를 어떻게 다 감당해낼 것인가.

하지만 결국 나는 사촌 여동생을 살그머니 불러내어 남편과의 시간 약속을 받아내고 말았다.

바로 그 날 밤.

보름달이 세상을 환하게 밝혀 주고 있었다. 나는 하얀 상복을 입은 채로 잣나무 숲이 우거진 회암사 경내를 향해 부지런히 발걸음을 옮겼다.

그 때였다. 푸른 달빛이 대낮처럼 환하게 쏟아지고 있는 회암사 절터를 마악 빠져나오고 있는 검은 그림자를 발견했다. 나는 본능적으로 재빨리 잣나무 숲 속으로 몸을 숨겼다.

한순간 군복을 입은 그 검은 그림자는 군화발 소리를 요란하게 울리면서 죽을 힘을 다해 군부대 쪽으로 달려가고 있었다. 한 손에 성경책을 들고 내달리는 병사를 보고 나는 영문도 모르고 속으로 생각했다.

'화장실이 워낙 급했나 봐.'

나 역시 느닷없이 나타났던 그 검은 그림자 때문에 너무도 놀란 나머지 가슴은 쉴새없이 콩당거렸고 무서움으로 머리털이 쭈뼛쭈뼛 하늘로 딸려 올라가는 느낌이었다. 하지만 남편을 만난다는 설레임에 두려움도 금방 사라졌었다.

"회암사란 그 절은 정말 무서운 곳입니다. 정말 귀신이 살아 있는 곳이예요."

그 목사님은 군종시절 구역예배를 인도했던 민간인 집을 나와 귀대중 잣나무 숲 속에서 우연히 맞딱뜨렸던 하얀 소복의 여인을 지금껏 잊지 못하고 있는 것이다. 그 날 밤 내가 그 하얀 소복을 입고 있었으니까.

그 목사님은 어쩌면 평생 동안 그 때의 일을 잊지 못하고 그 날 밤 회암사의 잣나무 숲 속을 거닐고 있었던 하얀 소복의 여자 귀신을 이야기하고 다니실 게 틀림없다.

"귀신을 정말 보았어요……. 참말입니다. 하얀 소복을 입은 여자 귀신을 말이죠."

나는 그 목사님의 말에 그냥 고개만 조금 끄덕였을 뿐 그때 그 군종병이 회암사 절터에서 만났던 귀신의 정체가 바로 나였다는 사실을 끝내 말하지 않았다. 그 목사님이 어느 날 어느 집회에서 꺼내 놓을지도 모를, 귀신을 만났던 경험의 중턱을 뚝 끊어 놓고 싶지 않았기 때문이었다.

장례식에서 살아 돌아온 남편

남편의 장례식을 치르고 젖은 솜뭉치 같은 몸을 응접실 바닥에 팽개치듯 쓰러뜨려 버린 뒤, 온 영혼을 쥐어짜는 듯한 고통으로 나는 목이 터져라 울고 또 울었다.

"여보, 당신 없는 세상 나 혼자 어떻게 살아요. 어떻게 살아요오! 은혜 아빠아!"

그렇게 밤이 새도록 울부짖고 울부짖다 겨우 지쳐서 잠이 들었다.

그 때 누군가 어깨를 마구 잡아 흔드는 바람에 나는 후다닥 잠에서 깨어났다.

등줄기에 땀방울이 좔좔 흘러내리고 있었다.

"엄마, 왜 그래?"

"아빠, 아빠 어디 계시니, 응?"

나는 튕기듯 몸을 일으켜 큰 방문을 깨지듯 열었다. 남편은 침대 위에서 어린 아이처럼 두 팔로 만세를 부르며 골아 떨어져 있었다.

"아! 꿈이었구나. 하나님 감사합니다. 감사합니다."

뒤따라 들어선 딸애가 걱정스런 눈길로 나를 빤히 쳐다보고 있는 것도 여간 다행스럽지 않았다.

"엄마, 나쁜 꿈 꾸었어?"

"응! 아주 무서운."

"무슨 꿈 꿨는데 그래, 엄마? 아주 무서웠어?"

"응, 너무 무서웠어."

"귀신? 드라큐라?"

"아냐, 그런 건 아닌데 너무도 무서운 꿈이었어. 아빠가 교통사고로 병원에 입원했는데 돌아가시는……."

"호홋! 엄마, 아빠가 저렇게 쿨쿨 코 골면서 주무시는데?"

"그러게 말이다. 꿈이긴 하지만 너무도 끔찍한 꿈이었어."

남편의 장례식을 치르는 꿈은 내게는 너무도 무서운 꿈이었다. 이제 꿈에서 깨어난 현실 속에서 무사한 남편의 잠 자는 얼굴을 물끄러미 들여다보니 그것이 또 다른 감회를 불러일으키는 것이었다.

지난 날의 가슴 아픈 사연들이 하나씩 떠올려 지는 것이 여간 죄스럽고 미안하지 않는 느낌이었다.

'본의 아니게 남편을 가슴 아프게 했던 일들이 너무도 많았구나…….'

일일이 손가락으로 셈해 보기 어려울 만큼 나는 남편에게 너무도 부족한 아내였다고 생각한다. 이것은 결코 듣기 좋은 말장난으로 포장된, 위선된 마음이 아니다.

저렇게 살아 있어서 우리 옆에 든든히 있어 주는 것만도 얼마나 감사한데, 소리 좀 지르는 것 갖고 뾰루통해서 며칠씩 말도 않고 밥도 안 먹고 위경련을 일으켜서 남편의 가슴을 애태우게 하고……. 목욕 안 한다고 짜증부리고, 머리 좀 반듯하게 손질 안 한다고도 구박했었다. 물론 가게일이 바쁜 탓도 있지만 원고 쓰기에 바쁜 남편에게 방 청소랑 설거지 좀 깨끗이 안 해준다고 불평했던 적도 한두 번이 아니었다. 된장찌게가 짜다는 둥, 왜 버섯이나 호박을 안 넣었냐는 둥, 빨래에 린스를 안 해 준다는 등등, 이런저런 되도 않는 투정을 부린 적도 셀 수 없이 많은 듯하다.

돌이켜 생각해 보니 누에고치에서 실 뽑히듯 미안했던 일이 한도 끝도 없이 뽑혀 나온다. 일일이 나열하려면 낯 뜨거운 일이 너무 많을 것 같아 그만 줄이겠다.

꿈속에서 장례 지냈던 남편이 현실 속에서 버젓이 환생해 왔다. 나는 코를 골며 잠들어 있는 남편의 얼굴을 물끄러미 내려다보면서 새삼 많은 것을 곱씹어 보지 않을 수 없는 심정이다. 사람들이 모두 각자 자신의 주변에 가장 가까이 있어 주는 사람들에 대한 고마움을 너무도 쉽게 잊고 산다는 깨달음이 파도처럼 밀려오는 듯하다.

우리 부부가 처음으로 교회에 나왔을 때, 참으로 이해하기 힘들었던 것은 왜 부부가 십리만큼 씩이나 뚝뚝 따로 떨어져 앉았나 하는 것이었다. 시간이 지나면서 그것은 그 분들에게 애시당초부터 몸에 익혀진 자연스런 습관 때문이라는 걸 알게 되었지만.

우리 부부의 습관은 무슨 일로 토닥토닥 싸우고 난 뒤 둘 다 입이 한 발씩이나 빼물려 있으면서도 우리는 항상 나란히 앉아 예배를 드린다. 그것이 습관이 되어 버린 모양이다.

지금 생각해 보니 그게 얼마나 감사한 일인지 모르겠다. 사실 우리 아내된 여자들은 남편들의 존재를 너무 쉽게 흘려 버리지 않나 싶다. 이 시대 대부분의 남편들이 부모님에게 떡 벌어지게 물려받은 땅 한 뙈기 없이 혈혈단신 생존의 전장터를 치열하게 뛰어다니느라 얼마나 힘들고 외로웠을까!

적잖은 남편들이 남들처럼 배우지 못한 설움을 가슴 속에 묻어버린 채 이를 악물고 생존의 격전장을 눈코뜰새 없이 뛰어다니다 보면 가장된 입장으로서의 말 못할 비애가 수없이 많았을 것이다. 게다가 아무리 일하고 바둥거려도 쌓이는 것은 빚 뿐이고 저쯤이면 겨우 고지이겠거니 죽어라 달려가 보면 욕망의 양탄자는 언제나 멀찌감치서 싸늘하게 비웃고 있으니 허기지고 숨차서 쓰러질 뻔하기가 한두 번이 아니었을 것이다.

그런데도 세상의 아내들은 남편의 무능만 탓하고 허약하기만 해 보이는 남편의 뒷모습에다 대놓고 하고많은 세월동안 얼마나 혀를 차며 마냥 못마땅해 왔는가. 그저 제쪽에서만 잘난 듯 일방적으로 속상해 하다가 후줄근한 남편이 싫증난 나머지 어느 날 훌쩍 돈 많고 빽좋은 다른 남자의 가슴으로 파랑새처럼 후루룩 날아가 안겨 버리는 여자들은 또 얼마나 많은지.

어느 땐가 전철 속에서 읽었던, 조그만 책자 속에서 흐느끼던 어느 집 여고 2학년 여학생의 눈물이 내 망막을 적셔 온다.

'어느 날 아침에 출근하는 아빠의 목덜미에 깊이 패인 주름살과 축쳐진 어깨를 보고 그만 눈물을 쏟고 말았어요…….'

어느 아빠인들 젊었을 적에는 모두 자갈밭이라도 쓸어낼 만큼 힘찼던 머리털이었을 것인데 어느 새 희끗희끗 반백으로 푸스스 부서져 간다. 윤기가 자르르 흐르던 목덜미엔 외로움과 슬픔의 녹말만이 병든 이끼처럼 깔려 있어 보는 이에 따라서는 가슴을 너무도 아프게 하지 않는가!

그 여고생은 보았던 것이다.

철없는 자식들이 시도 때도 없이 불쑥 불쑥 물어오는 영어단어와 수학공식을 대답해 줄 실력이 없어 말 없이 고개를 떨구어 버리는 아버지의 슬픔을, 출근길의 아버지의 굽어진 등허리에서 비로소 아버지의 뼈 아픈 고독을 알아내고 그예 울음을 터뜨리고 말았으리라.

무참하게 압박해 오는 자본주의 괴물의 발톱 사이에서 가족들이 절망해 할 것이 두려워 힘들고 고되어도 싫은 기색 한번 보이지 못하는 가엾은 우리들의 남편이고 아버지이다.

그래도 선거 때만 되면 유일하게 자신에게 고개 숙여준 후보가 고마워서, 그리고 그런 그가 믿기워져서 그쪽에다 도장을 팍팍 찍어 주고 마는 순진한 우리들의 남편이고 아빠 아닌가!

애초에 에덴 동산에서 뱀의 유혹에 빠져 남편까지 망가뜨린 장본인이 여자다.

그런데도 인류 역사 속에서 허영과 탐욕에 눈이 먼 여자들은 끈질기게 역사의 물줄기를 거꾸로 돌려버리기를 손뼉치며 좋아했다. 그리고 끝없이 힘 있는 남자를 욕망하고 갈망하고 부러워해 왔다. 힘 있는 남편이래야 안심하고 잠을 잘 수 있는 우리 시대의 아내들은 그래서 어찌 보면 더더욱 가엾고 안되어 보인다.

꿈 속에서 장사지냈던 남편을 현실 속에서 되찾은 일은 내게 엄청난 위안과 감격을 안겨 주었다. 그 꿈이 나 자신의 교만했던 지난날을 새롭게 조명해 주는 듯해 양심의 거울 앞에서 몸 둘 바를 모르겠다. 내가 하나님께로 받은 은혜가 얼마나 축복으로 넘쳐나는가를 새삼 깨달으면서 난 그만 파르르 몸서리치기까지 한다.

'은혜 아빠, 미안했습니다. 앞으로 좀더 좋은 아내가 되기 위해 더욱 열심히 노력할 게요.'

"이봐! 마누라, 어딨어, 엉?"

남편이 졸린 눈꺼풀을 치켜 뜨고 소리쳤다.

"왜요? 나 여기 있잖아요."

"목 말라. 물 먹을 테야."

그렇게 말하면서 침대에서 내려오려고 하는 남편을 나는 황급히 말렸다.

"가만히 계세요. 내가 떠다 줄 게요."

"엉? 물을 왜 자네가 떠와? 목마른 내가 떠다 먹어야지. 저리 비켜."

"아잇! 글쎄, 내가 시원한 물 냉장고에서 꺼내다 줄께요."

"허엉?"

냉수를 벌컥벌컥 다 들이키고 나서 남편은 또 벌렁 침대에 드러눕는다. 나는 다시 잠에 떨어지는 남편의 얼굴을 물끄러미 내려다보면서 또 한번 안도의 숨을 길게 내쉰다.

'꿈이었기에망정이지 현실이었다면 어쩔 뻔했어. 정말!'

가재 잡으러 가자

망중한을 틈타 쇼윈도우 밖을 내다보니 비록 4월이 코 끝에 다가왔다지만 아직도 소소리 바람에 미간이 시려울 텐데도 어느 새 행길을 걷는 아가씨들의 옷차림이 겨울을 훌쩍 벗어던졌다는 느낌이다.

"가재 잡으러 가자."

남편은 오늘처럼 봄기운이 온누리에 가득하게 피어 오를 때면 항상 그랬듯이 어린 아이처럼 가재 잡으러 가자고 조른다.

내게뿐만이 아니다.

교회에서 만나는 아가씨건 여집사님이건 아무나 붙잡고 그렇게 농담어린 진담으로 조르기를 자주 한다.

처음 남편과 함께 집에서 그리 멀지 않는 회암사 계곡에서 가재를 잡았을 때 나는 가재를 어떻게 요리해 먹는지 몰랐다.

사실 내가 처녀 시절에 살던 우리 집 뒷동산 조그만 바위 밑에서는 사시사철 샘이 솟는 옹달샘이 있었는데 그 샘에서 흘러내리는 실개천을 따라 돌만 들추어내면 어른들 엄지 손가락만한 가재들이 얼마든지 있었다.

하지만 나는 그 가재를 한번도 먹어본 적이 없었다.

어렸을 때는 가재란 흉측하게 생긴, 그래서 사람이 먹지 못하는 것인 줄 알았다. 동네 사람들 몇 분이 가끔씩 우리 집 옆으로 흐르는 그 실개천에서 가재를 한 깡통씩 잡아가는 모습을 볼 수 있었다.

언젠가부터 오빠와 친구들이 가재를 잡아서 후라이팬에 빨갛게 볶아 막걸리 안주로 즐겨 먹는 것을 자주 보아온 후로 가재는 사람이 먹어도 괜찮은 줄 알게 되었지만.

내가 가재를 먹을 수 있었던 것은 남편과 연애시절에 회암사 계곡을 자주 찾았던 덕분이었다. 그 때 남편은 커다란 돌을 들추어내거나 바위 틈새로 손을 집어 넣기도 해서 꽤 여러 마리를 잡았다.

남편은 그것들의 꼬리를 떼어버리고 등딱지를 딴 뒤 흐르는 물에 깨끗이 씻었다. 그리고 버드나무 가지를 꺾어 껍질을 벗기고 가재꼬치를 만들었다. 조그맣게 모닥불을 피워 빨간 불에다 꼬치를 구어냈는데 그때 처음으로 나는 소금에 찍어 가재를 먹었었다.

결혼 이후로도 몇 번 집 근처 가까운 계곡을 찾아 남편과 같이 가재를 잡으러 가기도 했다. 하지만 가게 일이 바빠지면서 그럴 기회도 없어졌다.

"가재 잡으러 가자."

오늘처럼 남편의 이런 칭얼댐이 여간 어린 아이같지 않다는 느낌이다. 4월만 되면 남편은 아무리 바빠도 하루쯤 시간을 내어 가재를 잡으러 가자고 조른다.

4월!

해마다 4월만 오면 남편의 악연 한 꼭지가 꼭 생각 나서 나는 고소를 금치 못한다.

남편의 과격한 성격 탓에 낭패를 겪은 일이 한두 번이 아니지만 이제는 모두 기억의 저편으로 꽁꽁 숨어버린 지 오래다.

그래도 해마다 4월이 오면 유독 어떤 스님 한 분과의 기막힌 악연이 생생하게 기억나는 것은 그 스님과의 악연만큼은 너무도 별스러웠기 때문인 것 같다.

참으로 희안한 일이었다.

30여년 전, 운전면허를 따고 중고차를 한 대 사서 한 달쯤 신나게 타고 다녔을 즈음, 그 날은 주일이었다.

나는 예배를 마치고 남편을 옆자리에 태운 채로 의정부 시내를 향해 차를 몰았다.

차가 의정부 시내에 마악 들어섰을 때였다.

갑자기 자동차의 시동이 꺼지는 게 아닌가. 어찌할 바를 몰라 쩔쩔매고 있는 동안 이미 우리차 뒤로 차들이 꼬리가 안 보일 정도로 새까맣게 멈춰 늘어서 있었다.

그 때 고급 승용차에서 내린, 겉으로 보기에는 꽤 물썽하게 보이는 스님 한 분이 남편을 향해 왕짜증을 부리면서 빨리 차를 길옆으로 밀어내라고 불호령이었다. 진땀을 뻘뻘 흘리면서 어쩔 줄 몰라하던 남편이 참다 못해 들고 있던 성경책으로 스님의 머리를 힘껏 내리쳤는데 그게 도화선이 되었다. 남편과 스님은 대로 복판에서 멱살을 붙잡고 때리고 뒹굴고 난리 법석을 쳤었다.

곧이어 경찰관이 달려왔고 의정부 경찰서 형사 앞에서 우리는 한 번만 용서해 달라고 싹싹 빌었다. 이런 일이 있었던 때가 온누리에 봄아지랑이가 가득히 피어 오르고 집 앞의 텃밭에 냉이나물이 지천으로 깔려 있을 무렵이었다.

그런데 이듬해 4월, 그 날도 주일이었다.

우리 부부가 교회에서 마악 돌아와 옷을 갈아입고 뒷동산에 올라가 취나물을 뜯고 있었다. 그때 스님 한 분이 우리 집 현관 앞에서 목탁을 두드리기 시작했다.

어떻게 왔느냐고 묻는 남편에게 그 스님은 지나가는 길에 목이 말라 물 한 잔을 얻어 마시려고 들렀다고 이쪽을 향해서 소리쳤다.

"내가 내려가 물을 퍼주고 올게."

그렇게 말하고 내려간 지 5분쯤 지났을까.

욕설과 고함소리에 화들짝 놀라 집 앞마당으로 달려 내려갔던 나는 그 자리에 못 박힌 듯 오똑 서고 말았다.

남편과 스님이 또 멱살을 잡고 땅 바닥에 나뒹굴고 있었고 코피가 터진 스님의 얼굴은 온통 피투성이었다. 이웃집 할머니와 사람들이 달려나와 간신히 두 사람을 떼어놓았다.

그런데 얼굴을 자세히 보니 눈에 익은 스님이었다. 지난 해 이맘 때 의정부 시내에서 만났던 그 스님이었다.

이렇게 마주친 악연은 그 이후로도 몇 차례 이어졌다.

우리가 살던 면소재지에는 회암사라는 절이 있었다. 그 절을 병풍처럼 둘러싸고 있는 산 이름을 천보산이라고 했다.

역시 해가 바뀌어 4월, 그 산에 불이 났다.

많은 사람들이 불길을 잡으려고 안간힘을 썼으나 쉽사리 불길이 잡히지 않았다.

남편 또한 동네 사람들과 함께 불 끄러 산에 올랐는데 거기에서 또 스님들과 멱살잡이를 했다는 것이었다. 이유인즉 왜 동네사람들은 불 끄느라고 비지땀을 뻘뻘 흘리고 있는데 스님들은 계곡 한쪽에 모여 앉아 구경만 하고 있느냐는 시비 때문이었다.

다시 몇 해가 지난 그 해4월 어느 날 밤이었다. 10쯤이었다. 아랫방에 사는 정숙이가 숨이 턱에 차서 헐레벌떡 뛰어들어왔다. 누가 승용차로 교회 정문을 들이받았다는 전갈이었다.

후다닥 침대에서 일어나 잠옷차림 그대로 마당에 세워진 바지랑대를 치켜들고 달려가는 남편의 뒤를 나도 따라 나섰다.

나는 거기서 또 입을 딱 벌리고 말았다.

남편이 또 스님과 멱살잡이를 하며 엎치락뒤치락 했는데 역시 악연의 주인공인 바로 그 스님이었다.

남편 쪽에서는 그 스님을 향해,

"땡추놈앗!"

고래고래 고함질이었고, 스님 쪽에서는 남편더러,

"땡집사놈앗!"

악을 바락바락 쓰는 중이었다.

참으로 꿈을 꾸는 듯한 장면이었다.

이렇듯 몇 차례의 악연 끝에 우리가 아파트로 이사를 온 뒤로는 그 악연의 고리가 끊어진 듯 지금껏 그 스님과 마주치거나 무슨 일이 생기지 않고 있다.

다시 새로운 4월을 맞았다.

금년 봄도 언제나처럼 바쁜 것이 감사하기도 하지만 나는 마음대로 계절의 감각을 즐길 수가 없다. 이 4월도 어느 새 물처럼 내 코끝에서 소리 소문없이 5월의 문턱 너머로 꼬리를 감출 것이 빤하다.

"가재 잡으러 가자구."

아무래도 금년엔 남편의 소원을 들어주어야 할 것 같다.

행여 그 계곡을 찾다가 또 그 때의 스님이라도 딱 맞딱뜨리지나 않았음 좋겠다. 하지만 이제는 남편이 혹 그 스님을 또 한번 만나더라도 사홧술이라도 한 잔씩 나누며 먼저 웃을 수 있는 넉넉한 가슴이 되었으면 참 좋겠다는 생각이 든다.

하나님,
한경직 목사님께 전해 주세요

몇 해 전 어느 날이었다. 가게를 향해 핸들을 꺾어 아파트 광장을 벗어나오며 승용차의 속도를 올렸다.

잠시 후, 나는 며칠 전 일이 생각나 차의 속도를 조금 줄여놓고 옆자리의 남편을 흘끔 돌아보았다. 아직도 남편은 그 일을 모른다. 나는 그 사실을 남편의 기분이 썩 좋을 틈을 타서 이야기하기로 그때까지 기회를 엿보고 있는 중이었다.

어느 날 오후, 아주머니 한 분이 힘겨운 모습으로 가게문을 열고 들어섰다.

나는 첫눈에 어디서 많이 본 것 같은 느낌으로 그 분을 반갑게 맞았다. 하지만 분명 한두 번쯤 면식이 있는 듯 한데도 쉬 생각이 떠오르질 않았다.

"어떻게 오셨는지……?"

"절 모르시겠어요? 한동빈 교수의……."

그제서야 나는 무릎을 탁 치고 깜짝 놀라고 말았다.

틀림없이 남편의 군대 동기이기도 한 한동빈(가명임) 교수의 부인이었다. 남편은 그 분과 함께 최전방 철책선 부근에 있는 최악의 오지로 병사들에겐 두려움의 장소이기도 했다는 수피령 계곡에서 같이 군생활을 했다고 한다.

그러나 그렇게 반가워만 할 수 없었다. 미목이 수려했던 걸로 기억되는 그녀의 얼굴이 깊은 수심으로 잔뜩 찌들어 있다는 것을 대뜸 알아챌 수 있었기 때문이었다.

한동빈 교수는 경기도의 모 지방 대학에서 국문학을 가르치는 교수이자 신학박사 학위도 받고 목사 안수까지 받은 분이셨다. 여러 권의 시집도 내신 시인이기도 했다.

그 분이 처음 시집을 내고 프레스센타에서 출판기념회를 할 때 남편을 따라 참석했었다. 그 때 받은 시집을 들고 집에 와서 읽어 보았는데 그 시어가 너무도 아름다웠다.

사랑하는 여인을 향한 절절한 정감을 읊은 시의 내용이 나로 하여금 한 교수의 영혼이 티없이 맑고 아름다운 분임을 느끼게 했다. 그래서 내심 기뻐하며 좋은 친구를 둔 남편을 무척 자랑스럽게 여겼었다.

그리고 언젠가 또 한 권의 시집을 내었을 때도 나는 없는 시간을 쪼개어 남편과 함께 그의 출판기념회를 다녀왔었다.

그런 뒤 5년여 세월이 흐르는 동안 쭉 소식을 모르고 있는 중이었다.

그 때 출판기념회에서 한복을 예쁘게 차려 입은 부인의 행복해 하는 얼굴을 보고 나는 부인이 남편을 마음으로 끔찍히 사랑하고 있다고 생각할 수밖에 없었다. 뿐만 아니라 아내를 바라보는 그 분의 눈길이나 마주 올려다보는 부인의 눈빛이 보통 사람들보다는 유별나다고 느꼈었다.

그러나 그 날 내 가게를 찾아온 부인의 얼굴에서는 눈곱만치도 그 때의 행복했던 흔적을 찾아볼 수가 없었다.

무언가에 몹시 쫓기는 듯 안정되어 있지 못해 보였고 예전에 보았던 단아한 얼굴과 행복해 하던 눈빛은 조금도 찾아볼 수 없었다.

"어디 몸이 몹시 불편 하신가봐요."

"아니예요. 간밤에 잠을 좀 설쳤나봐요."

그녀는 그렇게 말꼬리를 흐리며 찾아온 용건을 힘겹게 내어놓았다.

"좀 어려운 부탁을 드리러 왔어요."

며칠 있으면 남동생 결혼식이 있는데 입고 가야 할 한복이 마땅치 않다고 했다. 새로 맞춰 입을 형편이 못된다고 하면서 옛날에 입었던 한복을 치마는 그냥 입고 저고리만 새로 해 입었으면 한다고 했다.

듣고 보니 이해할 수 없을 만큼 이상했다.

어떻게 훌륭한 교수이며 시인의 부인이 한복 한 벌 해 입을 형편조차 쉽지 않게 되었는지 난 무척 마음이 혼란스러웠다.

내 심중을 눈치 챘던 모양인지 부인은 묻지도 않는 자신의 이야기를 담담한 어조로 술회하기 시작했다.

그녀의 이야기는 대략 이랬다.

두 번째 시집을 낸 이듬해에 남편은 교수직을 사임하고 안양의 변두리쯤에다 조그만 개척교회를 시작했다고 한다.

언변이 훌륭하고 박식한 데다가 사람들을 끌어들이는 흡인력이 뛰어나서 교회는 3년만에 교인 500명으로 부흥되었다고 했다. 교회를 크게 개축하면서 남편은 성공한 목회자로서 교계에 이름을 떨치기 시작했다고 했다.

결혼 당시 애초부터 목회자 안수까지 받은 남편이었기에 각오하지 않은 것은 아니었지만 사모의 길이 너무 힘들고 고통스러웠다고 했다. 그러나 남편을 사랑하는 마음으로 그 모든 것을 능히 견딜 수 있었는데 어느 날 청천 하늘에 날벼락 같은 사실을 알게 되었다고 했다.

남편의 시집에서 거의 주연급으로 등장하는 여인의 실체가 자신이 아닌 다른 여자였다는 것이다. 그리고 시집의 주인공이기도 한 여인은 경기도 포천에서 지체 장애인을 돌보고 있는 나이 40쯤 되는 수녀임을 알게 되었다고 했다.

이것을 알게 되자 그녀는 자신의 지나온 삶이 순식간에 절망의 수렁 속으로 함몰되어 가는 듯했고 배신감으로 밤잠을 이룰 수조차 없었다고 했다. 생의 중턱이 뚝 잘려 먹힌 절망감으로 분노와 불면의 세월 속에서 가슴을 쥐어뜯으면서 마실 줄 모르던 술을 매일 마시지 않고는 견딜 수가 없었다고 했다.

말하자면 시집 속의 여자는 어떤 드라마틱한 연유로 인해 세상을 등지고 수녀원으로 들어갔고 남편은 자신과 결혼하고 난 뒤에도 그 절절했던 사랑의 이야기를 지금까지 시로 써서 그 수녀에게 바쳐왔다는 것이었다. 부인은 그러한 남편의 속내를 전혀 눈치 채지 못하고 외쪽 생각으로만 지금까지 남편을 사랑해 왔던 것이다.

결국 부인은 배신감과 절망의 사면초가 속에서 견디다 못해 남편의 곁을 떠났고, 남편은 그녀가 떠나간 지 1년도 안 되어 새로운 여인을 사모로 들여놓았다고 한다.

그런 일이 있고도 교회는 날로 확장되어 가고 있다는 것이었다. 좌절과 모멸에 찬 세월 속에서 그녀의 영혼은 바닥이 드러날 정도로 메말라 버렸다.

그리고 부인 자신은 딸아이와 함께 서울 창동역 부근에서 조그만 분식점을 운영하고 있다고 했다.

순간 오래 전부터 내 뇌리에 각인된 한동빈 교수의 웃는 얼굴이 갑자기 추악한 이기심의 괴물로 변해 버리는 느낌이었고 나는 파르르 입술을 떨었다.

"세상에 어쩜 그럴 수가……."

부인이 손끝으로 눈가를 훔치면서 덧붙여 말했다.

"머잖아 저의 이런 사실을 입소문으로라도 아시게 될 거예요. 그런데 남편이라는 사람은 이중성격이 있어 자신을 카멜레온처럼 철저하게 위장할 거예요. 내 입장과 형편은 시궁창에 처박은 채로 말이죠. 다른 사람들은 그렇다쳐도 이 댁만큼은 미리부터 진실이 왜곡되게 전해지는 것을 막고 싶은 바램이었고, 그래서 겸사겸사 찾아온 거예요."

나는 가슴 속에서 부레부레 끓어 오르는 분노의 감정을 간신히 억누르며 말했다.

"사모님, 이 옷은요, 이제 너무 유행에 뒤떨어져 입기 어려워요. 게다가 옷 자체가 재단이 잘못 되었어요. 제가 괜찮은 걸로 예쁘게 한 벌 그냥 지어 드릴 게요. 돈 걱정은 마시고."

미안해서 그렇게 못하겠다고 극구 사양하는 것을 억지로 설득하고 달래서 옷을 맞춰 주고 난 뒤 그녀를 보냈다.

그녀의 모습이 쇼윈도 밖으로 총총히 사라지자마자 나는 선반 책꽂이 중간 쯤에 꽂혀 있던 한동빈 교수의 시집을 모두 꺼내 그대로 쓰레기 봉투에 쳐넣고 말았다.

그래 놓고 나서도 가슴 속에 남아 있는 부인의 부서진 눈빛이 자꾸만 뇌리에 떠올라 눈시울이 뜨거워졌다.

참으로 이해할 수 없었다.

어떻게 그토록 맑고 아름다운 시어가 지킬박사와 하이드 같은 이중인격의 가슴에서 꽃 필 수 있었을까 하는 의문 때문이었다.

부인이 너무도 불쌍하고 자꾸만 눈물이 나려고 해서 주체하기 힘들기도 했지만, 한동빈 교수라는 사람에 대한 이해할 수 없는 상상이 자꾸만 떠올라서 견디기가 힘들었다.

그런데 며칠을 두고도 그 불쾌한 기분은 쉬 지워지지 않았다.

나는 부인이 다녀갔다는 것도, 그녀에게 그런 기막힌 내막이 있다는 것도 아직 남편에게 전해 주지 않고 있다. 오래잖아 남편 스스로 알게 될 것이고 그 때 가서 이야기해도 늦지 않을 것이다. 이런 면에서 나는 절대로 해서는 안 될 말을 꾹 참고 억누르는 인내심 하나는 참 알아주는 여자라고 스스로 자부한다. 남에게 들은 말을 액면 그대로 인정하고 또 옆사람에게 전해 준다는 것은 여간 조심해서 될 일이 아니라고 생각한다. 말이란 항상 꼬리에 꼬리를 물고 굴러갈수록 먼지도 주버기로 묻기 마련이다.

만일 그녀에게서 들었던 이야기를 남편에게 풀어 놓으면 어떻게 될 것인가. 불 같은 성격에 당장 전화통이 부서져라 소리소리 지르며 한동빈 교수에게 욕설을 퍼댈 것이 불 보듯 뻔하기 때문이었다. 나는 남편이 소리 지르는 모습이 제일 싫다.

그런 생각을 하고 있는데 옆자리에서 신문을 읽고 있던 남편의 목소리가 떨리듯 가슴을 쳤다.

"마누라, 한경직 목사님이 돌아가셨다아!"

그런 남편을 힐끔 돌아다보며 나는 작은 목소리로 대답했다.

"어마, 돌아가셨대요? 빈소에라도 찾아가 봐야겠네요."

그 말 끝에 한경직 목사님과 얽힌 남편의 옛이야기 한 줄기가 떠올라서 가슴이 찡해 온다.

남편은 고교시절 아이스하키 선수로 명성을 떨쳤는데, M고교와의 불미스러운 일에 휘말려 퇴학을 당한 일이 있었다. 다른 학교로 전학하려 했지만 받아 주는 학교가 없었다고 한다.

그러다가 천신만고 끝에 들어간 곳이 지금의 영락고등학교였다. 그 때는 영락상업고등학교라고 했다는데 영락교회의 한경직 목사님의 뜻으로 세워진 기독교 재단 학교였다.

당시 학교는 교회의 교육관 4층을 교실로 빌려 사용하고 있었고, 야간학교였다고 했다.

어느 날이었다고 한다.

남편이 교육관 1층에서 '오 솔레미오'를 목청껏 소리지르고 있었는데 마침 옆 건물에서 제직회가 진행 중이었던 모양이다. 어떤 분이 와서 회의중이니 조용히 하라고 꾸짖었다는데 남편은 더욱 큰소리로 이번에는 '여자의 마음'을 소리소리 질렀다고 했다.

참다 못한 장로님들이 회의장을 다른 데로 옮기고 말았다. 그때 한경직 목사님이 지나가면서 이렇게 말하더라는 것이었다.

"학생, 목소리가 참 좋아. 성악가 지망하면 유망하겠군. 세례 받았어? 세례를 받아야지."

그런 몇 달 후, 남편은 한경직 목사님에게 세례를 받았다고 한다.

한경직 목사님에 대한 남편의 회상은 각별한 것 같다. 주일이면 언제나 교회 계단에 서서 학생들의 인사에 일일이 화답하시던 모습을 남편은 잘 기억하고 있을 뿐 아니라 옛날에는 물심양면으로 목사님께 적잖은 신세를 졌다고 한다. 고달픈 삶에 지쳐 영혼이 피폐할 때마다 교회를 찾아 한경직 목사님의 설교에서 많은 위로와 격려를 받았다고 한다. 그랬으면서도 그 당시 목사님에게 도에 지나쳤을 만큼 무례했던 그 일이 조금도 미안스레 느껴지지가 않았다고 했다.

남편은 오랜 방황과 고난의 터널을 지난 후 신앙심의 뿌리가 내린 뒤에야 비로소 버릇처럼 뇌아리곤 했다.

"한경직 목사님 살아계실 때, 그 때의 죄송했던 일을 꼭 사과드려야 할 텐데…….”

나는 가게 앞에서 잠시 승용차를 세워 놓고 가슴으로 중얼거렸다.

‘하나님, 천국에 가신 한경직 목사님께 말씀 좀 전해 주세요. 제 남편이 그 때 잘못했던 일을 가슴이 타도록 참회하고 있더라구요. 그리고 고교시절에 꿈 꾸었던 대로 작가가 되었다구요. 그렇게 좀 꼭 전해 주세요.’

차에서 내리자마자 남편이 가게의 셔터를 힘차게 밀어올렸다. 우리의 하루 일과는 언제나 이렇게 남편이 먼저 가게 셔터를 올리는 일로부터 활기차게 시작된다.

사람이 무섭다

내가 어렸을 적, 그 당시만 해도 전기불이 흔하지도 않았었고 몸통이 새까만 멍텅구리 전화가 이장님 댁에 꼭 한 대가 있었을 뿐이었다. 급한 일이 생기면 사람들은 이장님 댁에 종종 걸음으로 달려가 전화를 걸기도 하고 받기도 했었다.

아버지가 목수일을 하셨기 때문인지는 몰라도 당시에는 동네에서 우리 집이 그 중 번듯해 뵈는 기와집이었고, 흑백 TV도 제일 먼저 들여 놓았었다. 농토도 남들보다 꽤 많아서 인근에서는 알부자집이라고 소문이 자자하게 깔려 있었다.

한여름밤에는 마당 한쪽에 쑥으로 모기불을 피워 놓고 멍석 위에 둘러앉아 동네 사람들이랑 옥수수를 쪄 먹으면서 벼라별 이야기꽃을 피우고 밤 늦도록 놀았는데, 그 때 아랫집에 사는 태숙이네 엄마가 무서운 옛날 이야기를 자주 해 주었었다.

"그래서 상엿집 앞을 지나다가 도깨비한테 홀려서 어느 날 밤 집을 나갔는데 지금껏 감감 소식이야. 나무꾼이 나무하러 갔다가 고무신 한 짝만 발견됐다구두 했구, 나무에 핏자국이 시뻘겋게 묻어 있는 걸 본 사람두 있다구 했구……. 그래서 말이지, 명숙이네 엄마가 늑대한테 잡혀 먹힌 게 틀림없다구 했어."

"……."

그런데, 그렇게 무서운 옛날 이야기를 들었던 며칠 뒤에 진짜로 무서운 일이 벌어지고 말았다. 하긴 그것도 내 눈으로 본 것도 아니고, 사람들 입소문으로 떠도는 이야기이긴 했다.

그 때만 해도 사람들은 봄나물을 캐러 '장림'이라는 큰산에 고개티를 여러 번 넘어 시오리 길을 걸어다니곤 했었다. 어느 날 우리와 먼 친척뻘 되는 집 딸이 그 산에 나물 뜯으러 갔다가 그만 늑대에게 잡혀 먹힌 무서운 일이 벌어졌던 것이다. 사실 그게 늑대인지 호랑이인지 지금껏 확실하지는 않다.

동네 사람들이 이곳 저곳에 흩어진 살점들을 주어다 그냥 화장시켰다는데, 그 일이 있고 나서부터 사람들은 날만 어두워지면 대문이랑 방문을 꼭꼭 걸어 잠그는 버릇이 생겼다.

실제로 나는 뒷동산 멀찌감치서 우리집을 기웃거리던 대여섯 마리쯤 되어 보이는 늑대들의 나들이를 발견한 적도 있었다. 놀라서 기절할 뻔했었다. 나중에 안 일이지만 그것들은 늑대가 아니고 성옥이네 마을에서 풀어 놓아 기르는 개라고 했다.

어쨌든 그 날 이후로는 절대로 아낙네 혼자서 장림에 나물을 캐러 다닌다든가 홀로 밤길을 걷는 일을 삼갔다. 꼭 그렇게 하지 않으면 안 될 일이 있을 때는 튼튼한 장정 두셋이 지게 작대기를 단단히 움켜쥐고 동행하곤 했었다.

그러니까 나는 짐승은 무서워했지만 사람만큼 믿음직스럽고 마음 든든한 존재는 이 세상에 없는 줄 알았다.

우리 동네 사람들은 모두들 다정다감했고 인정미가 넘쳤다. 땅이 많은 사람들은 땅이 없는 사람들에게 그냥 텃도지로 일년에 쌀 두어 말 받고 집터로 땅을 내주기도 했고 오랫동안 농사를 지어주던 집안 일꾼이 장가를 들게 되면 그 땅을 그냥 땅문서로 바꾸어 주기도 했다.

사람이 무섭다는 것을 상상도 못했던 내가 남편을 만나 결혼하고 아들 딸 낳아 기르면서 사는 중에 내 삶의 주위에서 한시도 떠날 줄 모르고 주변을 맴돌면서 호시탐탐 우리에게 해코지할 틈을 노리던 적절치 못한 사람들이 있었다.

자신이 짊어지고 가야 할 삶의 아픔을 우리들에게 슬그머니 떠맡기고 홀연히 연기처럼 사라져버린 이웃, 공연히 헐뜯고 물어뜯고 할퀴고 지나친 사람들, 단지 우리가 너무도 사랑하고 산다는 이유 하나가 괘씸해서 어떡해서든 떼어 놓아 보자고 음모의 칼을 휘둘러 대었던 살얼음같은 사람들. 그들은 바로 시댁쪽 식구들이었다.

단지 대학을 못 나왔다고, 부모님이 너무 일찍 돌아가셨다는, 그리고 시골에서 자랐다는 이유 때문에 혹독한 시집살이를 했다. 독설과 미움의 세월을 20여 년 넘도록 퍼부어댔던 시집 식구들, 우리가 좀 못 산다고 해서 그토록 우리에게 목이 곧고 오만 불손했던 많은 사람들.

카멜레온처럼 온몸을 위장한 채로 숫되어빠진 우리의 삶을 무참하게 짓밟고 사라져버린 사람들, 놀랍게도 그들 중 어떤 이는 교회 목사였고, 어떤 이는 장로였고, 또 어떤 이는 안수집사였다.

'사람, 사람이 무섭구나.'

그것을 우리가 통렬하게 느끼고 정신을 번쩍 차렸을 때 우리는 이미 발가벗긴 채로 광야 같은 빈터에 내어몰린 채로 빈 주먹만 불끈 쥐고 서 있을 뿐이었다.

그렇게 우리의 삶을 마구 해코지하고 사라져간 적절치 못했던 사람들, 그들은 모두 지금 어디에서 무얼 하고 살고 있을까.

창 밖을 내다보니 하얀 벚꽃잎들이 아스팔트 위에 꽃비처럼 흩날리고 있었다.

금년 여름엔 바쁜 틈새를 비집고라도 신혼의 첫날을 보냈던 기도원에 올라가야겠다. 짙푸른 숲속 오솔길을 걸으며 가슴을 활짝 열어 보아야겠다. 세상에는 무서운 사람들이 많긴 하지만 그렇다고 해서 지나치게 사람을 경계하지는 말아야겠다는 생각이다.

'아무리 그래도 나쁜 사람들보다는 의롭고 착한 사람들이 훨씬 더 많은 것이 세상이니까.'

내 손으로 한복 지어 입히고 싶다

학창시절 은사이자 교목이셨던 목사님의 회갑잔치가 있었다.

한데 항상 느껴 본 것이지만 그 연세 잡수신 다른 어른들에 비하면 목사님은 유독 등이 많이 휘어진 것 같고 흰 머리도 많아 보이는 것이 목사님을 뵈올 때마다 여간 안쓰러운 것이 아니었다. 게다가 얼마 전부터 건강에 빨간불이 스치고 지나가는 바람에 가족들과 교회 식구들의 걱정이 이만저만이 아니었지만 다행스럽게도 요즘 많이 좋아지신 듯하다.

당시 목사님의 회갑잔치를 맞이해서 누구보다도 신이 난 것은 아마도 나인 듯 싶었다. 왜냐하면 이번에야말로 은사이신 목사님에게 뜻깊은 선물을 해 드릴 기회가 생겼기 때문이었다. 해마다 스승의 날이 돌아오면 조그마한 선물 하나 달랑 사들고 갔을 때의 죄송스러움으로 마음이 무거웠으나 이제는 전혀 그렇지 않아도 된다고 자신만만할 수 있어서 얼마나 가슴 뿌듯하고 감사했던지.

우리는 한때 사랑하는 사람과 존경하는 분들의 기쁜 일 슬픈일에 봉투 한 장 떳떳하게 들이밀 수 없을 만큼 삶이 팍팍했던 시절을 먹고 산 적이 있었다. 가난이 무엇인지를 전혀 모르고 자라 왔던 내게 당장 필요한 돈 몇 푼이 없다는 것은 여간 충격적인 일이 아닐 수 없었다.

가끔씩 망중한을 틈타 지나온 세월을 돌이켜보면 그토록 혹독했던 물질의 가시밭길을 지나오면서 눈물 나는 일도 참 많긴 했다. 하지만 그런 것들은 모두 세월의 무덤 속에 사장되어 버린 듯 별로 생각나지 않고 그저 아름다웠던 일들만 새록새록 기억에 새롭다. 그래서 그런지 언제 어느 때든 누가 내게 물어보아도 행복에 대한 내 대답은 오직 하나일 수밖에 없다.

"행복은요, 결코 재물이 많고 적음에 있지 않아요. 무슨 일에나 자신이 하고 싶은 일에 사랑과 열정으로 도전하면 그 자체만 갖고도 삶은 아름다운 것이죠."

자신에게 목숨처럼 사랑하는 가족이 있고 가족이 또한 자신을 소중하게 대해 줄 때, 그리고 항상 옆에 있어도 마음 든든한 남편이 있다면 아내의 눈에서 떨어지는 고난의 눈물은 강하고 위대할 수 있다고 믿는다. 사랑은 허다한 허물을 덮을 수 있으니까 말이다. 그래서 우리 부부는 허다한 허물을 덮으며 살아가고 있다고 생각한다.

이제 큰 욕심 부리지 않는다면 돈에 대해서는 남에게 꾸지 않아도 될 정도로 자유스럽게 된 형편이지만, 목사님과 그 가족들의 한복을 한 땀 한 땀 내 손으로 직접 지어 입혀 놓고 보니 가득하게 밀려오는 감회가 이만저만 깊은 것이 아니였다.

'내 영혼의 주소를 확실하게 심어준 소녀 적 때 은사님의 회갑을 맞이해서 내가 내 손으로 직접 한복을 지어 입혔다니…….'

문득 쇼윈도 밖을 내다보니 사람들의 발길이 잦아지고 있는 것이 수상스럽다.

"옳아! 오늘이 동두천 장날이네."

나가 볼까 말까 몇 차례나 망설임 끝에 잠깐 가게를 비워 놓고 5일 장터로 향했다.

언제나 그랬듯이 장터 어귀에는 옛 내 어머니의 모습을 닮은 할머니들이 햇볕에 까맣게 그을린 얼굴로 즐비하게 늘어앉아들 계신다. 크고 작은 그릇마다 온갖 잡곡들을 그득그득 담아 놓고 앉아 계시는 할머니, 집에서 담근 고추장이나 된장을 오지 항아리에 보기 좋게 담고 앉은 얼금뱅이 아줌마, 국수 장수, 순대국 장수, 메기나 뱀장어, 붕어 등을 함지박에 담아놓고 앉아 있는 민물고기 장수, 생선장수들, 오이, 고추, 가지, 참외 등이 지천으로 길가에 쏟아져 나와 있었고 배추랑 총각무, 마늘, 더덕 등…….

그러나 나의 눈길을 제일로 유혹하는 곳은 역시 두릅나물, 참나물, 취나물, 고사리 등 온갖 종류의 산나물을 보자기에 수북수북 쌓아 놓고 앉아 있는 아주머니일 수밖에 없는것은 그 산나물만 바라보면 어릴 적 엄마 생각이 무지개처럼 피어오르기 때문인 듯하다.

내가 소녀 적에 꿈을 먹고 살았던 시골집에서 한 시오리쯤 걸어들어가면 장림이라고 부르는 큰 산이 있는데 해마다 집 앞의 텃밭에 냉이꽃이 눈밭처럼 하얗게 만발할 때면 엄마는 동네 아주머니들과 삼삼오오 짝을 지어 그 산으로 나물을 뜯으러 다니셨다. 어스름 새벽 안개를 뚫고 출발해서 서산 마루로 떨어지는 낙조가 온 마을의 지붕을 빨갛게 물들이는 무렵에야 돌아오시곤 했다. 나는 목이 휘도록 커다란 나물 보따리를 이고 돌아오는 엄마를 마중나가는 일이 재미 중에 재미였다.

"엄마, 많이 뜯었어?"

엄마 목이 부러질까 염려스럽기보다 그렇게 묻는 내 속셈이 따로 있었던 것이 지금 생각해 보면 너무도 얄밉다. 엄마가 나물을 많이 뜯어다 장날 시장에 내다 팔면 틀림없이 용돈도 주실 것이고 새 가방, 새 운동화도 사달라고 조를 수 있기 때문이었다. 그래서 엄마가 나물을 많이 뜯어온 날이면 밥을 안 먹어도 배가 부른 듯 했었다.

지금 내가 막상 자식을 낳아 길러 보니 그 때의 내 철 없었던 욕심이 여간 괘씸스럽지가 않다.

"돌나물 김치를 담가야지……."

찹쌀 한 되와 돌나물 두어 근을 사들고 서둘러 가게로 돌아오면서 난 너무도 행복한 마음이 되어 감사함이 가슴 속 하나 가득 파도 치는 느낌이다.

'아들 장가갈 때도 아들, 며느리, 사돈 어른까지 내 손으로 한복을 근사하게 지어 입혀야지. 은혜 시집갈 때도 사위랑 사돈어른까지 내 손으로 한복을 예쁘게 지어 입힐꺼야. 그리고 이 다음에 천국에 가서 주님을 만나면 내 영혼의 주인되신 주님의 피묻은 옷을 벗기고 아름다운 한복을 내 손으로 멋지게 해 입힐 거야.'

귀가 몹시 시끄럽다 싶어 고개를 들어 위를 쳐다보니 어느새 잎이 무성해진 은행나무 숲 속에서 참새들이 깨알처럼 복작대며 접시를 깨고 있는 중이었다.

왜 저렇게 살아야 하지?

글쎄다.

잘은 모르겠지만 만일 내 남편이 나는 새도 떨어뜨린다는 권력자가 되었다든가 수백억대를 주무르는 재력가라든가 그렇다면 나는 과연 어떤 모습으로 이 세상을 살아가고 있을까.

나도 수천만원짜리 유명 디자이너 옷을 사 입고 또 그런 것들을 유명 정치인들에게 선뜻 선뜻 선물해 가면서 남편의 탄탄대로를 위해 로비 활동을 벌이며 흥청망청 살고 있을까.

글쎄, 그렇게 되어 보지 않아서 그런지 도저히 상상이 미치질 않는다.

옷 한 벌에 고급 아파트 한 채 값이라니 사뭇 입이 딱 벌어져 쉬 닫히질 않는다. 연일 매스컴을 떠들썩하게 한 고급옷 로비사건을 보면서 인간이란 딱한 면이 너무 많다는 생각을 해 본다.

대체 저 사람들은 삶의 조건을 어디에다 두고 살고 있기에 그런 것일까.

고작 몇 십 년 살고 말 인생을 어쩌자고 저런 데에 휘말리면서 어렵고 힘들게 살아가는지 도무지 딱하다 못해 민망스럽기까지 하다.

신문을 뒤적이다 말고 남편이 TV를 흘끔거리며 중얼거렸다.

"왜 저렇게 살아야지?"

"돈이 하도 많으니까 어디에 쓸 데가 없잖우. 그러니깐 저렇게들 살죠. 하지만 내 돈 내가 맘대로 쓰는데 무슨 참견이냐고 대들면 우리가 되레 할 말 없잖아요."

"아니, 돈 쓸 데가 왜 없어. 저렇게 남아 도는 돈 갖고 점심 굶는 아이들 배불리 먹여도 되고, 고아원, 양로원, 장애인 학교 등 도와 줄 곳이 얼마나 많아? 일억원 짜리 모피 코트 한 벌 값이면 소년소녀 가장 10명쯤 공부시키며 배불리 먹여 살리겠다. 그리고 고위 공직자들이 쌓아둔 돈이 어디 자기네들꺼야? 따지고 보면 다 우리네 서민들 혈세를 빨아 먹은 거지."

"그 사람들이 그런 게 어디 안중에 보여요?"

"하긴 눈에다 죄 뱀껍질을 붙이고 사는 놈들이니깐, 뭐."

그런 대화가 있고 나서부터 이 며칠 동안 남편은 뉴스도 안 보고 신문도 마다한다.

"구역질이 나서 보기 싫어. 죄 그 통속이 그 통속이고, 그 얼굴이 그 얼굴인 걸, 뭐."

"더더구나 그 사람들 교회 장로님들이구 권사님들이구, 그렇다면서요?"

"하나님 이름 팔아서 권력 잡고 돈 긁어 모으고 그딴 놈들이지 뭐."

"참 딱한 사람들이에요."

"땅 속에 들어갈 때까지 내 하나 봐라."

"네? 뭘 말이예요?"

"투표 말이야. 다시는 투표 안 할 꺼야. 정치하는 사람들 쪽으로는 오줌도 안 쌀 꺼야!"

남편은 오늘 아침에도 그렇게 한없이 속상해 하면서 원고 뭉치를 들고 교회로 향했다. 아파트 위층에서 아이들이 뛰노는 소리가 너무도 요란해서 도저히 글을 쓸 수 없다면서 남편은 아예 아침이면 교회로 출근하다시피 한다. 교회 주변은 산새들이 지저귀는 소리 외에는 소음이란 전혀 없기 때문이다.

'돈이 일만 악의 뿌리라고 한 성경말씀이 참 맞는 말이야.'

정말 맞는 말이다.

내가 소위 고위 공직자들이나 사회 지도층 인사들의 안방마님들이 온통 돈으로 온몸을 휘감고 다니는 작태를 딱하게 보는 데는 내 나름의 삶의 철학이 또렷하다고 자부하기 때문이다.

나는 농사꾼의 딸로 태어나 줄곧 농사 짓는 부모 밑에서 처녀 적부터 집안 대소사를 혼자 도맡아 해 왔었다. 바깥 세상 물정은 까막눈인 채로 지금의 남편을 만나서 5년 간의 열애 끝에 어렵사리 결혼식을 올렸다.

시골의 조그만 교회에서 목사님의 주례로 결혼식을 올리던 날, 그 날은 눈이 참 많이도 쏟아졌었다.

"결혼식 날 눈이 오는 건 축복을 의미하는 거예요."

사모님이 그런 말을 하며 내 귀에다 속삭였었다.

우리가 신혼 첫날밤을 보낸 곳은 오산리 산꼭대기에 자리한 어느 기도원이었다. 당시에는 천막교회였는데 지금은 세계에서 제일 큰 기도원이 되었다.

우리는 그 날 밤 특별찬양 순서로 천 여명이 넘는 사람들 앞에 불려나가 많은 박수를 받았었다. 그리고 기도원 측에서 특별히 배려해 준 방에서 신혼 첫날밤을 보냈는데 그 날이 인연이 되어 지금까지도 우리는 그 기도원을 자주 찾아간다.

지금 와서 생각해 보면 그 날 밤, 그 기도원에서 부부로서의 시작은 너무도 가슴 벅찼던 축복의 서막이었다고 생각된다.

거의 빈 손으로 시작된 우리 부부의 삶은 처음부터 힘들었고 고달팠다. 그래도 우리는 조금도 낙심하거나 가난을 부끄러워하지 않았다. 돈이야 열심히 일해서 벌면 될 것이고 결혼해서 떳떳하게 함께 같이 살게 된 것만도 너무 고마웠기 때문이었다.

나는 남편이 돈을 못 벌어 온다 해서 남편을 원망하거나 불평해 본 적이 없다. 단지 사람들이 남편을 술꾼이나 백수 건달쯤으로만 취급하는 것이 너무도 안타깝고 속상했을 뿐이었다.

'당신들은 눈이 멀어서 몰라. 두고 봐. 언젠가는 당신들이 내 남편을 부러워할 때가 반드시 올 테니까…….'

나는 내 남편을 그렇게 믿었다.

아무리 삶이 어렵고 힘들고 고달파도 나는 내가 사랑하는 사람의 가능성을 조금도 의심하지 않았다. 사람들이 속내를 몰라서 그렇지 그는 나름대로 입술을 깨물고 돈을 벌기 위해 염치와 체면을 헌신짝처럼 팽개치고 벼라별 일에 다 뛰어들었던 사람이다.

살아가면서 내가 가장 견디기 힘들었던 것은 어려운 살림을 일으켜 세우느라 정신없이 뛰어다니는 와중에 찰거머리처럼 착 달라붙어 떨어질 줄 모르는 외로움의 그림자를 유령처럼 모시고 다녀야 하는 아픔이었다. 그것은 남편과 어린 남매를 두고 친척들 집을 전전하며 직장 생활을 해야 했기 때문이었다.

그래도 그렇게 열심히 일하다 보니 하루가 다르게 밥그릇과 숟가락이 즈런즈런 불어나기 시작했고 솥단지가 하나 둘 늘어나기 시작했다. 은수저도 생겼고, 시집올 때 갖고 왔던 낡은 장롱은 반짝반짝 윤이 나는 새 원목장으로 바뀌어졌다.

우리 소유의 땅에다 돼지도 기르고, 진돗개도 기르고, 토종닭도 길렀다. 두 남매도 무럭무럭 잘 자라주었다. 그리고 흑백 TV를 칼라

TV로 바꾸고, 카메라도 사고, 그러다 보니 작은 것이긴 해도 오디오도 생겼고, 교회갈 때 입을 양복도 한 벌씩 새로 장만했다.

살림살이가 자꾸자꾸 불어나더니 자연 재물도 늘어났고 새집도 마련하고, 떡 벌어지게 한복가게도 차렸다. 그러니까 우리는 오로지 피땀 어린 노력으로 한층한층 잔다리 밟아 이만큼 산다고 자부한다.

지나간 세월이 힘들고 고달프긴 했지만 언제 어느 때든 내가 자신 있게 토해낼 수 있는 꼭 한 마디 고백은,

"그래도 우리는 쭉 행복했다."

라는 그 말 한 마디가 전부라고 생각한다.

아무리 수십억짜리 호화 주택에서 살아도, 아무리 비싼 옷을 몸에 감고 다녀도, 아무리 끌어 모으고 쌓아 놓아도 감사할 줄 모르면 만족의 샘물은 항상 신기루처럼 먼 곳에서 인간을 비웃고 있을 뿐, 인간은 늘 허상의 늪에서 허우적거릴 뿐이라고 생각한다. 욕심이란 바닷물과 같아서 마시면 마실수록 목이 타게 되어 있다.

대개 그런 식으로 세상을 시끄럽게 하는 사람들을 보면 모두 내로라는 훌륭한 대학을 나온 인테리들인데 그들이 배운 지식이 고작 이 정도에 그치는 것인지 참 딱한 노릇이다.

남편은 그런 일이 터질 때마다 이렇게 혀를 차며 중얼거린다.

"애들 장난도 아니고, 쯔쯔쯔……."

성서에 나오는 다음과 같은 이야기는 우리가 살아가는 삶의 목적을 어디에다 두고 살아야 하는지를 너무도 실감나게 가르쳐 준다.

한 부자가 있었고 나사로라는 거지가 있었다.

부자는 허구한날 으리으리한 저택에서 좋은 옷과 좋은 음식으로 인생을 부족한 것 없이 마음껏 즐기고 살았다.

그런 반면 평생 업시름을 받고 살던 나사로라는 거지는 매일 그

부자가 먹다가 떨어뜨리는 부스러기 음식을 먹고 살면서도 하나님의 말씀을 잘 순종했고 자기보다 못한 이웃을 내 몸처럼 돌보며 살았다.

어느 날 부자도 죽고 거지 나사로도 죽었다.

그런데 세상에서 호의호식하며 불쌍한 이웃을 돌볼 줄 몰랐던 부자는 영원히 꺼지지 않는 지옥 불구덩이에서 처절하게 몸부림치며 물 한방울 얻어 먹지 못해 고통받고 있었다.

문득 부자는 숲이 우거지고 형형색색 아름다운 꽃들이 그림처럼 펼쳐져 있는, 수정같이 맑은 물이 흐르는 천국에서 행복하게 살고 있는 나사로를 발견했다. 거지였던 나사로는 믿음의 조상 아브라함의 품에 안겨 있었는데 부자는 아브라함에게 애원하기를 나사로를 시켜 물 한 방울만 손끝에 찍어 자기의 입에 넣어 달라고 울부짖었다.

하지만 한 마디로 거절당하고 만다는 내용인데 듣고본즉 얼마나 가슴 떨리고 무서운 사실인가.

부자가 천국에 들어가는 것이 낙타가 바늘구멍에 들어가기보다 어렵다는 교훈을 사람들은 전혀 실감 나게 받아들이지 않는다. 이런 점에서 나는 인간의 비극적 불행의 씨앗이 욕심의 토양에서 무섭게 숙성하고 있는 것을 본다. 돈과 권력을 이웃을 위해 아름답게 쓰는 부자가 있고 돈과 권력의 노예가 되는 사람들이 있다. 후자의 사람들은 너무도 불쌍하고 안되어 보인다.

나는 서울에서 돌아온 남편의 팔을 잡고 독촉했다.

"여보, 나가요, 우리. 오늘 동두천 장날인데 옷이나 한 벌씩 사 입읍시다."

"뭐? 옷을 사자구?"

"아, 남들이야 수천만원 수억원짜리 옷 입든 걸치든 상관할 거 뭐 있어요? 만원짜리 2만원짜리도 우리 몸에 맞음 되죠."

"허긴 뭐, 만원짜리 면바지도 입을 만한 게 얼마나 많은데 말야."

"당신 바지랑 내 치마 하나씩 사야지. 여름 피서갈 때 입을 옷이 마땅한 게 없으니 말이죠. 내친김에 애들 옷도 한벌식 사야겠네."

그 날 나는 동두천 장터에 쏟아져 나온 노점에서 식구들의 여름옷을 골고루 한 벌씩 샀다. 모두가 6만3천어치였다.

"은혜아빠."

"응?"

"이거 모두 얼마친지 알아요?"

"흐흐흐. 6억 3천만원 어치야."

"아뇨, 63억원어치. 호호호."

"이 옷이면 금년 여름 나기엔 별 문제 없겠지."

그 날 밤, 우리 네 식구는 박 집사가 갖다 준 토종닭을 뜯으며 새로 산 옷을 입어 보기도 하며 즐거워했다.

'오늘 밤에도 남편은 내 엄지발가락을 꼭 쥐고 자겠네……. 기분이 썩 좋아 보이니까.'

언제부턴가 남편은 기분이 좋은 날이면 거꾸로 드러누워 내 엄지발가락을 꼭 쥐고 자는 습관이 생겼는데, 난 그것이 전혀 싫지 않다.

그 날 밤, 소쩍새의 울음소리는 유난히 타는 듯했다.

소쩍, 소쩍, 소쩍, 소쩍…….

그 무서웠던 장면

내 평생 그토록 무서운 장면을 목격하긴 처음이었다. 그 날은 우리 교회가 성극 선교여행차 땅끝섬 보길도로 향할 준비로 교회 유치원 마당에서 짐을 꾸리느라 모두들 정신없어 할 때였다.

갑자기 산허리 쪽에서 찢어지는 듯 날카로운 마찰음이 들려왔다. 그랬는가 싶었는데 곧 한 대의 승용차가 갈짓자로 마구 내달려오는 모습에 나는 가슴이 얼어붙는 듯한 느낌이었다.

'어마낫! 이리로 쳐들어오면?!'

아니나 다를까 승용차는 우리가 짐을 꾸리고 있는 유치원 마당으로 쏜살같이 날아들어오고 있었다.

'아! 죽었구나!'

순간 나는 두 눈을 감고 말았다. 오금이 떨려 어디로 도망갈 생각조차 할 틈이 없었다.

"쾅!"

아찔한 순간에 나는 돌처럼 꽉 얼어붙었다.

그리고 곧 이어 차안에서 터져나오는 신음소리에 간신히 눈을 떴다. 순간 나는 호흡이 멈추어 버릴 것만 같은 엄청난 충격으로 벌어진 입을 다물 수조차 없었다.

승용차는 우리가 있는 곳으로 무서운 속도로 돌진해 오다가 바로 길가에 서 있던 전신주를 들이받고 휴지처럼 구겨진 채로 벌렁 뒤집혀져 있었다. 철골로 만들어진 전신주조차 두동강으로 뚝 부러진채로 유치원마당에 길다랗게 누워 버렸다. 부러진 전신주가 우리쪽으로 넘어지지 않은 것마저도 천만다행이었다.

'만약 전신주가 없었다면?'

나는 온몸이 오싹해지는 공포와 떨리는 가슴을 어쩌지 못하고 헛소리처럼 외쳤다.

"사모님! 사모님, 빠, 빨리 경찰에 신고해요. 아니, 119에 신고해야죠?"

곧이어 앰블런스가 달려왔고 소방차와 경찰이 들이닥쳤다. 구겨진 승용차를 기계로 자르고 펴고 해서 줄줄이 들것에 실려 나가는 사람들은 새파랗게 젊은 청년 네 명과 여자 하나였다.

승용차 속에서는 끝없이 핏물이 흘러내렸고 맨나중에 꺼낸 남자는 이미 얼굴이 새까맣게 죽어 있었다.

"세상에!"

몸서리치도록 참혹하고 무서운 광경을 목격했지만 우리는 예정대로 30여명의 대가족을 이끌고 보길도로 향한 긴 여행을 출발했다. 배가 고팠지만 시간이 많이 늦어졌으므로 휴게소에 들러 간단하게 우동 한 그릇씩으로 허기를 채웠다. 하지만 낮에 받았던 충격 탓인지 심한 위경련이 일어났고 숨조차 쉬기 여간 힘들지 않았다. 속탈이 난게 틀림없었다.

너무 힘들어 화장실에 앉아 죽을 것만 같은 고통으로 부르짖을 수밖에 없었다.

"하나님! 배가 몹시 아파요. 죽을 것만 같아요."

내가 오래 동안 보이지 않자 염려가 된 사모님과 이집사님이 화장실까지 찾아와 약을 사주고 등을 두드려 주었다.

그래도 통증은 쉽게 가라앉지 않았다.

"큰일났네. 섬에 가서 연극이랑 음식 당번을 맡았는데……."

게다가 일기예보에는 폭풍우가 올라오고 있다는 반갑지 않은 뉴스와 비소식이 선교단 모두의 얼굴을 어둡게 했다. 어려운 난관이 많았으나 무사히 도착한 보길도 섬은 그야말로 한폭의 그림같은 에머랄드 빛 보석이었다. 손바닥으로 눈썹차양을 만들고 멀리 내다보니 물마루에 고기잡이 어선 한척이 조는 듯 꼼짝도 않고 떠 있었다.

"사모님, 이집사님, 너무도 아름다워요."

모두들 감탄하면서 우리는 목적한 교회에 도착했다.

"와! 에덴동산이다."

동백나무와 잣나무, 높푸른 소나무, 맑은 계곡, 각양각색의 울창한 수림 속에 조그맣게 엎드린 정자교회에서 우리는 짐을 풀었다.

그곳에서 우리는 계획했던 예정표대로 '여름 어린이 성경학교'를 신명나게 펼쳤고 노인들을 초대해서 경로잔치를 벌였다.

저녁에는 남편이 직접 대본을 쓴 '나는 부활이요 생명이니' 제목의 연극을 발표했다. 어찌나 은혜스러워하는지 교회의 노인들도 우리도 많이 울었다.

그런데 참으로 감사한 것은 보길도에 도착하자마자 그곳 정자교회 사모님이 내어온 문어회를 조금씩 집어먹었는데 신기하게도 그렇게 뒤틀리던 위경련이 말끔히 사라져버린 것이었다. 뒤늦게 오기로 된 윤집사 내외랑 청년들이 폭풍우주의보 때문에 도착하지 못하나 했던 염려도 그들이 무사히 도착함으로써 마음 놓을 수 있었다.

폭풍우는 4박5일간의 성극선교단 일정을 모두 마치고 짐을 쌀 때쯤 언제 그랬느냐는 듯 조용해졌다.

보길도 선교여행을 마치고 돌아온 날 나는 또 유치원 마당 한쪽 구석에 새롭게 세워져 있는 새 전신주를 바라보자 너무도 가슴이 아팠다.

'왜 그런 사고가 났을까? 차안에서 무슨 일로 서로 다투다 그랬을까, 아니면 술이 많이 취해서 그랬을까……?'

평소 사람들은 생명의 존귀함을 너무 잊고 사는 것 같다.

'하나밖에 없는 고귀한 생명인데!'

단 한번 뿐인 생명의 소중함을 망각 한 채 교만이 턱에 차도록 한없이 끌어모으기만 하면 되는 줄 아는 사람들,

권불십년이란 말도 있지만 권력의 우산이 언제까지나 자신을 지켜줄 줄 착각하는 사람들이 안타깝다.

다이아몬드처럼 빛나는 현재의 명예가 영원할 것처럼 오만방자한 사람들도 안쓰러워 보이는 것은 마찬가지다.

돈만 있으면 80을 훨씬 넘도록, 어쩌면 100살도 더 살며 병들지 않을 거라며 기고만장하는 사람들이 대부분이다.

이래저래 스스로의 인생을 시나브로 파멸의 수렁 속으로 밀어넣는 우리들의 모습이 가엾기 짝이 없다고 생각하면서 또 문득 성서의 한구절이 떠오른다.

'내가 오늘 밤 네 생명을 앗아가면 이 모든 것들이 네게 무슨 소용이 있겠느냐.'

이 세상에서 가장 불쌍한 사람이라면 하나님의 채찍 밖에서 쾌락의 습지를 끝없이 서성거리고 있는 사람들일 것이다.

장날은 즐겁다

가게에 출근하면 9시쯤, 퇴근할 때까지 온종일 원단과 씨름해야 하고 때로는 고객들과 이런저런 세상살이를 늘어놓고 수다를 떨고 있노라면 하루해가 다 가도록 가게문을 열고 한 발짝도 밖으로 나서지 못할 때가 거의다.

그래도 가게에 출근할 때면 5일마다 한번씩 열리는 장터를 힐끔거리며 입 속으로 조그맣게 감탄하곤 한다.

"어마, 오늘이 장날이네."

비 온 끝에 화사하게 쏟아지는 햇살 속에서 사람들은 장짐을 풀어놓느라고 부산스런 모습들이었다.

"오늘은 장구경을 꼭 할 테야……."

그렇게 마음 먹고 가게에 들어서자마자 나는 남편에게 전화를 걸었다.

"얼른 나와요. 오늘 장날인데 이것저것 좀 살 것두 있구. 그리고 강아지랑 토끼랑 병아리도 쏟아져 나왔을 텐데 말이죠."

남편도 5일마다 열리는 장날에는 장구경 가기를 무척이나 좋아해서 어린아이처럼 귀찮도록 보챌 때가 많았다.

"이봐, 마누라, 오늘 장날이야. 장구경 가 보자. 싸고 싱싱한 채소하며 딸기랑 과일들이 쏟아져 나왔을 꺼야. 국밥장수도 있어. 대파를 잔뜩 썰어 넣구 순대랑 선지를 섞어서 한 그릇에 2천원. 안 먹어봤지? 되게 맛 있더라."

그렇게 신이 난듯이 장날을 자랑하며 내 마음을 설레게 하곤 했다.

그러나 장구경 가자고 가게를 비워 두기란 도무지 마음이 켕겨서 선뜻 남편을 따라 나설 수 없었다.

'잠깐 새 손님이 왔다가 그냥 가 버리면 작게는 수십만원, 많게는 수백만원 어치가 파랑새처럼 후루룩 다른 가게로 날아가 버리면 그깐 장구경이 얼마나 복통을 두드릴 것인가…….'

그렇게 손님을 놓치는 게 겁이 나서 5일마다 한 번씩 열리는 동두천 장구경을 다음 번 다음 번 미루어만 왔다.

그러나 이 날 나는 기어이 독한 마음을 품고 남편과 함께 장구경을 나서기로 결심했다.

"진짜루 갈 꺼야? 마음 편히?"

"그래요. 어서 가게로 나와요."

과연 남편이 언제나 자랑했듯이 장터에는 벼라별 신나고 재미나는 것들이 행길 옆으로 발 디딜 틈도 없이 빼곡하게 들어차 있었다. 파는 사람, 사는 사람들의 얼굴에는 생동감이 넘치고 모두들 신나했고 모두들 좋아하는 모습이었다.

거기에는 불경기의 어두운 그림자도 없었다. 실업자의 한숨소리도 느낄 수 없었다. 누구나 조그만 물건 한두 가지씩은 다 챙겨 갖고 나와 앉아서 한 푼이라도 더 받고 팔고 싶어 했고 사는 사람은 한 푼이라도 덜 주고 사고 싶어하는 진솔한 삶의 현장이었다.

장터 끝자락에는 생김새도, 털색깔도, 덩치도 가지 각색인 강아지들이 수십 마리나 쏟아져 나와 있었다. 갓 깨어난 병아리 · 오리 · 토기새끼 · 거위 · 꿩 · 메추리, 심지어는 새까만 토종 돼지새끼까지도 사람들의 시선을 한몸에 받으며 연신 꿀꿀대는 모습이 너무도 재미있었다. 나는 그만 세상만사 뚝 떨구워 놓은 채로 어린아이처럼 새까만 돼지 주둥이를 연신 손끝으로 눌러대며 마냥 재미있어 했다.

"히힛! 콧구멍 실룩대는 거 좀 봐. 우화핫! 되게 귀엽다, 그치?"

"우리도 언젠가는 저런 돼지 한 쌍 사다가 길러야겠네. 옛날 우리가 했던 식으로 돼지울 쳐놓고 쌀뜨물이랑 음식찌꺼기 먹여 가면서 말이지. 저것 봐요. 저 붉은 수탉 벼슬이 손바닥만큼은 되겠네, 저 발 좀 봐요. 마치 타조발만큼이나 크고 튼튼한 것이."

"하지만 저런 놈은 위험해. 언젠가 우리가 시골에서 살 때 저런 닭 길렀었잖어. 그 때 장군이란 그놈이 유치원에 다녀오는 은혜를 덮치려구 해서 내가 몽둥이로 마구 두들겨 팬 적이 있었잖아. 그 때 그 놈이 부리로 은혜 얼굴이랑 눈을 마구 찍을 판이었어."

"그래도 그 때 그 수탉은 새벽기도 갈 때마다 어김없이 우리 부부를 깨웠잖우. 게다가 은혜가 살모사에게 물릴 뻔했을 때 장군이란 놈이 그 뱀을 마구 쪼아 죽였구."

허긴 그랬지. 우와! 마누라, 저 토끼 좀 봐. 무지하게 크다. 저건 세인트버나드구 저건 진돗개지!"

우리 부부는 장터 허리춤께에서 옆으로 조그맣게 뚫어진 길로 접어들었다.

"국밥 먹을 테야? 아님 국수나 한 그릇씩 마시고 갈까?"

"국밥은……. 그 냥 국수나 한 그릇 먹고 가죠."

"그래, 그럼."

이미 하얀 천막으로 해가림을 한 노천식당에는 사람들이 빈틈없이 가득히 들어앉아 국밥이랑 국수를 열심히들 입으로 가져가고 있는 모습이었다. 한쪽 구석에는 순대를 푸짐하게 썰어놓고 할아버지 여럿이서 막걸리잔을 기울이고 있었다.

우리는 간신히 빈 의자 두 개를 끌어다 앉은 뒤 국수를 두 그릇 시켜 놓고 잠시 주위를 둘러보았다. 사람들이 물건에다 시선을 멈춰 놓고 서 있으면 도붓장수들은 입에 침이 마르도록 갖고 온 물건을 자랑하느라 정신이 없는 듯했다.

바로 그 순간 나는 그만 비명을 지르며 남편의 팔을 부서져라 끌어잡았다.

사람들의 시선이 일제히 이쪽으로 쏟아지고 있음을 얼굴이 따갑도록 느꼈다. 하지만 나는 혼절할 것만 같은 공포감을 떨치지 못한 채로 남편의 팔을 붙잡고 어린 아이처럼 끙끙댔다.

"이봐, 마누라. 뭘 보고 그래, 엉?"

"배, 뱀 좀 봐요, 아유! 아유……, 저길 좀 봐요, 글쎄에……."

우리가 앉아 있는 곳에서 10m쯤 떨어진 곳에 머리가 봄 햇살 속에서 반들반들 윤이 나는 스님 한 분이 누런 푸댓자루 속에서 맨손으로 뱀을 끄집어내고 있었는데 거짓말 안 보태고 꼭 기둥만큼이나 굵고 길다란 뱀이었다. 몸 전체가 마치 올리브유를 바른 듯 번들번들 빛을 발하고 있었다.

그제서야 남편은,

"허어! 난 또 뭘 보구 그러나 했지! 저 분 무슨 약장수하는 스님이야. 장날마다 저 곳에 나와서 뱀하구 같이 앉아서 약장수 하는 거야. 괜찮아. 사람한테 해꼬지 안 해. 저 뱀은 독도 없고 아주 순해. 걱정 말고 국수나 먹자고."

남편의 다독거림에 겨우 마음이 풀린 듯, 그러나 나는 뱀쪽으로 등을 돌린 채 가까스로 국수를 먹기 시작했다.

내가 지상에 있는 동물 중 가장 혐오하는 동물을 들라고 한다면 누가 뭐라고 하든간에 나는 단연 뱀을 제일로 꼽을 것이다. 나는 그만큼 뱀을 싫어하고 혐오한다.

어쨌거나 그 뱀 때문에 나는 국수를 먹는 둥 마는 둥 남편의 팔을 잡아끌고 천막식당을 벗어나왔다. 서둘러 가게로 돌아가고픈 마음이 급해진 것은 아무래도 그 흉칙스런 뱀을 본 탓인 모양이었다.

그 때 내 발걸음은 머리가 하얗게 센 할머니 앞에서 걸음을 멈출 수밖에 없었다. 할머니 앞에는 냉이랑 쑥, 들미나리, 그리고 두릅, 참나물 등 각종 봄나물이 그릇마다 수북수북 쌓여 있었다. 뿐만 아니라 좁쌀 · 보리쌀 · 팥 · 검은콩 그리고 참기름 · 들기름 등이 가지런히 놓여 있었다.

할머니의 손등은 검푸른 힘줄이 산맥처럼 돌출되어 있었고 꽃싸리 낙엽처럼 빛바랜 손톱은 마른 논바닥 못지 않게 어지러이 갈라져 있었다. 할머니는 대뜸 내 치맛자락을 붙들고 늘어지셨는데 순간 그 할머니의 모습이 어찌나 내 가슴에 와 닿던지 나도 그만 털썩 할머니 앞에 주저앉고 말았다. 그 할머니의 얼굴에서 고생만 하다 돌아가신 엄마의 얼굴이 겹쳐 보였기 때문이었다.

"많이 파셨어요, 할머니?"

"많이 파는 게 뭐야! 하나도 못 팔았어. 싸게 줄 게 사가."

"그래요, 할머니. 골고루 해서 2만원어치 주세요."

주름진 할머니 얼굴이 금새 활짝 펴지고 있었다.

"다 팔면 얼마 남아요?"

"글쎄, 한 5만원 벌까? 잘 몰러."

"돈 벌어다 자식들 주시죠?"

할머니는 고개를 설레설레 흔드시며 한숨 섞인 어조로 겨우 대답해 주셨다.

"아아냐, 자식들은 죄 나가 살구. 영감이랑 단 둘이 살어. 영감이 중풍을 맞았어. 자식들은 나 몰라라 하지, 돈은 없지. 헐 수 있어? 이렇게라두 입에 풀칠해 사는 거야."

"……."

가게로 돌아온 나는 서둘러 서울로 볼 일 보러 자취를 감추어 버린 남편의 빈 자리에 시선을 묶어 놓은 채로 아스라히 멀어져 간 옛 일들이 물안개처럼 피어올라 나도 몰래 눈시울이 뜨거워졌다.

예전 처녀시절에 봄철만 되면 엄마는 정성껏 다듬은 산나물을 이고 장터를 한번도 거르지 않고 다니셨다.

봄이 오면 누구보다도 일찍 서둘러 동구 밖으로 펼쳐져 있는 들녘으로 호미랑 대바구니를 들고 나가셔서 쌀자루로 하나 가득 나물을 해 오셨다. 나도 가끔씩 옆구리에 자그마한 종다래기를 차고 엄마를 따라 나물을 캐러 갔었다.

그리고 밤이 깊도록 나물을 보기 좋게 손질 해두셨다가 이튿날 아침 일찍 광주리에 하나 가득 이고 덕정장으로 때로는 동두천까지 나물을 팔러 다니셨다.

가뭄에 콩 나듯 한 번씩 다니는 버스인데도 차비 200원이 아까워서 고집스레 먼지가 풀썩이는 행길을 터벅이며 나물을 팔러 다니셨다. 점심 한끼 사 먹기가 아까워서 하루 종일 굶고 다니셨다.

그렇게 꼬깃꼬깃 모아둔 돈으로 엄마는 남의 아이들에게 뒤지지 않도록 교복도, 신발도, 책가방도 사 주셨고 아버지 몰래 용돈도 쥐어 주시곤 했다.

철 없었던 우리 형제들은 그저 사 주는 것만 좋았었지 엄마가 그토록 힘겹게 벌어오신 돈이 얼마나 고달픈 삶의 눈물인지 조금도 생각해 보지 않았었다.

우리 아버지 엄마는 그렇게 자식들을 위해서 온몸을 던지다시피 개미처럼 일하고 일해서 남들 보라는 듯 금싸라기 같은 논밭을 많이 많이 장만했다. 인근에서는 아무개라 하면 첫손 꼽힐 만큼 부자가 되었다.

하지만 뜻하지 않은 불행한 사고로 두 분 모두 한많은 삶을 종언으로 마감하시고 홀연히 저 세상으로 날아가셨다.

그러나 내 어릴 적 엄마의 추억이 고스란히 숨 쉬고 있는 흙담벽 그 집에는 지금 전혀 낯선 사람이 주인으로 들어앉아 살고 있고, 그 많던 문전옥답이 모두 남의 소유로 되어 버렸다. 부모가 물려준 재산을 자식들이 현명하게 관리하지 못한 탓이었다.

아버지는 초등학교에도 제대로 다니지 못하신 분이었지만 입버릇처럼 하시던 말씀이 지금도 귓가에 생생하다.

"민물고기는 민물에서 살아야 제 구실을 하는 거고, 바닷물고기는 바닷물에서 살아야 제 구실을 하는 법이다."

말하자면 사람은 제 분수에 맞게 살아야 한다는 뜻이었을 것이다.

성서는 인생이 70이요 강건해야 80이라 했다. 고작해야 그 정도밖에 안 되는 짧은 인생을 살다가 한줌 흙으로 돌아가는데, 사람들은 머리가 터져라 싸우고 애오라지 끌어 모으는데만 한없이 욕심 부리고 많은 재산을 자식에게 물려주기를 그토록 열망한다.

그러나 그 자식들이 부모에게 물려받은 재산 가지고 남들 앞에서 언제까지나 떵떵거리고 살게 될 줄 믿겠지만 천만에 말씀이다.

나는 이 날 이때껏 살아오면서 게으른 자식이 부모 재산 제대로 관리하는 예를 보지도 듣지도 못했을 뿐 아니라, 오히려 재물에 중독이 되어 불쌍한 처지에 빠져들어 가는 사람들을 수도 없이 보아 왔다.

조금 전에 반짝 해가 났었는데, 또 봄비가 아스팔트를 두들기기 시작한다. 금년에는 여우 닮은 봄비가 유난히 자주 내리는 듯하다.

"어마, 장이 깨지겠네. 안되겠어……."

나는 저고리의 시침질만 대강 끝내 놓은 뒤 가게문을 잠깐 잠궈 놓고 장터를 향해 뛰듯이 걸음을 빨리 했다.

"할머니가 봄나물을 채 팔지도 못하고 비만 맞고 앉아 계시겠지. 내가 나물을 몽땅 사야지. 쑥 장아찌도 담글까 봐. 그래서 교회 식구들이랑 나누워 먹을 테야. 아님, 비빔밥 파티를 하든가. 작년에 담은 고추장 맛이 잘 익어 어찌나 맛있는지 몰라……."

그렇게 나물장수 할머니에게로 달려가는 나의 망막 속에서 어렸을 적 철없이 치마폭을 붙들고 용돈을 달라고 늘어지기만 좋아했던, 욕심꾸러기 내 얼굴을 힘겨운 얼굴로 내려다보고 계셨던 엄마의 얼굴은 그래도 빨간 저녁 노을 속에서 벙시레 웃고 계셨다.

바윗굴 이야기

금년 겨울엔 웬 눈이 이토록 많이 내리는지 모를 일이다. 오늘 아침에도 거의 엉금엉금 기다시피 해서 가게로 출근했다.

가게 청소를 끝내고 나서 쇼윈도 밖을 물끄러미 내다보고 있자니 또 군대 간 아들의 얼굴이 눈 앞에 아른거린다.

엊그제 아들에게서 편지가 왔다.

아마도 훈련생활이 사회에서 생각했던 만큼 그리 호락호락하지 않은 모양이었고 사회에서는 그토록 낭만적으로 느껴졌던 눈이 군에서는 그냥 웬수처럼 보인다니, 눈 치우는 작업이 여간 힘들지 않은 모양이었다.

"하필이면 우리 아들 군대 간 겨울이 30년만에 처음으로 찾아온 폭설과 추위라니."

하지만 비가 억수같이 쏟아지던 여름날에나 이렇게 함박눈이 펑펑 쏟아지는 겨울만 오면 남편은 어렸을 적 추억담 한 토막을 입버릇처럼 이야기하곤 했었는데, 그것은 바로 '바윗굴' 이야기였다.

오늘처럼 큰 눈이 온 세상을 하얗게 내리덮을 때면 남편이 들려주곤 했던 바윗굴 이야기가 어느 새 내 삶의 분신이 된 듯 나도 덩달아 남편의 소년시절로 따라가곤 한다. 그리고 바윗굴 속에서 남편과 함께 마주 앉아 감자를 구워 먹는 환상에 젖곤 한다.

남편의 바윗굴 이야기는 다음과 같다.

옛날 초등학교 5학년 때쯤이었던가. 산돌이었던 나는 또래의 동네 악동들과 함께 먹을 것을 찾아서 들판과 시냇물과 깊은 산골짝을 온종일 싸돌아다녔다.

어린 시절 내가 살았던 단칸방 흙담집은 지붕이 낡아 이엉을 제때 갈아 덮지 못해서 비만 오면 천정 이곳 저곳에서 빗물이 뚝뚝 떨어졌다. 농사짓는 땅이 없어서였는지 아니면 아버지가 개초장이 할아버지에게 밉보여서 그랬는지는 몰라도 지붕을 새로 해 덮는 일이 그리 쉬운 일이 아니었던 모양이었다. 지붕이 뚫어져 비만 오면 빗방울이 잠자는 나의 얼굴 위에 마구 떨어지곤 해서 밤새도록 온 방을 빗물을 피해 돌아다녀야 했다. 나는 그것이 몹시도 싫었다. 비가 새지 않는 집에서 사는 게 소원이었다.

그런데 우연하게도 나는 그 소원을 이룰 수가 있게 되었다.

어느 날 또래의 친구들과 어울려 산에서 더덕을 캐다가 꽤 여럿이 들어앉을 만한 바윗굴을 발견했던 것이다.

나는 펄쩍 뛸 듯이 기뻐했다.

친구들과 더불어 바윗굴 속을 고무래로 깨끗이 긁어내고 치웠다. 그리고 집으로 달려 내려와 헌 가마니를 여러 장 날라다 바닥에 깔았다. 친구들과 마른 나뭇가지를 잔뜩 안아다가 바윗굴 한 쪽에 꼭꼭 눌러 쌓았다. 비가 오는 날이면 바윗굴 안에서 감자라도 구워 먹을 심산이었다.

나는 또 부엌으로 달려들어가 헌 등잔에 석유를 가득히 따라 부었다. 그리고 바윗굴 안 머리맡에다 쓰러지지 않도록 납작한 돌맹이를 준비해서 그 위에 등잔을 올려놓았다.

또 낫을 들고 산을 뒤져 나뭇가지를 쭉쭉 곧은 놈으로만 골라 한 아름씩 베어 갖고 와서 어른들의 흉내를 내어 칡넝쿨로 사립문을 엮어 달았다. 그리고 바윗굴 주변에다 엉성하긴 했지만 대충 울타리도 둘러쳤다.

아이들과 함께 자루를 들고 가서 구장집네 밭에 심은 감자를 몰래 한 자루 캐다가 굴 속에 감추어 놓았다. 먹을 것이 없어서는 안 될 일이었기 때문이었다.

내가 대장이었기 때문에 아이들을 시켜 바윗굴 입구에서부터 집으로 닿는 데까지 작은 오솔길도 만들어 놓았다.

아이들은 비만 오는 날이면 약속이나 한 듯이 바윗굴로 모여들어 감자도 구워 먹고 콩서리도 해 먹었다. 눈이 허리까지 찼던 어느 날에 난 희수라는 소녀와 둘이서 그 바윗굴 속에서 콩서리라도 해먹고 밤도 구워 먹었었다.

그 해 여름 비가 몹시도 많이 쏟아졌다. 연일 비가 멎는 날이 없이 장대처럼 쏟아져 내렸다. 비가 엄청나게 많이 왔기 때문에 마을 앞 냇물이 동네 어귀까지 차올라왔다. 사람들은 읍내에도 갈 수가 없어서 석유가 떨어진 집에서는 등잔불을 켜지 못해 석유를 꾸러다니느라 야단들이었다. 하지만 어느 집 하나 석유를 여유있게 준비해 놓고 사는 집은 없었다.

우리 집도 난리가 났다.

지붕에서 쏟아져 내리는 빗물은 뚝뚝이 아니라 아예 콸콸이었다. 이불이랑 가재 도구 등을 어디에 치울 곳이 없었다. 온 식구가 발을 동동 굴렀지만 별 뾰족한 도리없이 방 한 쪽 구석에 웅크리고 앉아 오들오들 떨면서 밤을 지새울 수밖에 없었다.

그 때 내가 아버지의 손목을 잡아끌었다.

"아부지요, 일로 와 보소."

"야가 와 이카노?"

"글쎄, 일로 와 보라카이요."

나는 기어이 아버지의 손목을 끌고 빗속을 뚫고 바윗굴로 향했다.

그렇게 비가 억수처럼 쏟아졌어도 바윗굴 안은 보송보송 먼지가 일 만큼 말라 있었다. 아버지가 눈이 휘둥그래졌다. 그리고 곧 아버지의 얼굴엔 웃음꽃이 활짝 피어났다. 한 쪽 구석에 며칠 동안 구경도 할 수 없었던 마른 나뭇가지들이 차곡차곡 쌓여 있었고 감자자루도 있었다. 등잔에는 석유가 반쯤 차 있는 채로 납작한 돌바닥 위에 얌전히 자리잡고 있었다. 이만큼 좋은 집이 세상에 어디 또 있을까 싶었다.

그 후로부터 지붕을 새로 씌울 때까지 비만 왔다 하면 우리 집 가족은 그 바윗굴로 피신해 생활했다. 참으로 그 바윗굴은 우리 가족에겐 천혜의 집이었다. 아버지는 아예 바윗굴에 바짝 붙혀서 외양간도 짓고 억새풀을 잔뜩 베다가 지붕을 해 덮은 뒤에 우리 집 전재산이랄 수 있는 귀다래기 송아지도 그리로 옮겨 놓았다.

이듬해 겨울에도 우리 집은 바윗굴 신세를 톡톡히 졌다.

어른 가슴팍까지 차도록 눈이 내렸다. 사람들은 개미굴을 파고 다녔기 때문에 눈이 너무 무거워 지붕이 내려앉은 집들이 많았다.

우리 집도 예외는 아니었다.

나는 아버지와 함께 삽으로 개미굴을 파서 바윗굴로 향했다. 감자랑 고구마랑 보리쌀 등을 바윗굴로 날라다 쌓았다. 시렁에 메어 달았던 메주도 모두 날라 놓았다. 바윗굴 천정 한 쪽에 내 머리통만한 구멍이 뚫려 있었기에 굴 안에서 불을 피우면 그리로 연기들이 술술 빠져 달아났다. 불을 때고 남은 숯불을 놋쇠 화로에 가득히 그러담아 놓고 고구마랑 밤을 구워 먹으면서 겨울밤을 지새었다.

바윗굴은 우리 집 가족에겐 더할 나위 없는 아늑하고 포근한 안식처였다.

해마다 설날 연휴가 찾아오면 이번에야말로 남편의 가슴 속에 영웅으로 자리잡고 있는 바윗굴엘 가 봐야겠다고 마음먹었었다. 하지만 결혼 40여년이 지난 지금까지 한번도 그 소망을 이루지 못했다.

시간이 없어서도 아니고 큰돈이 들어서도 아닌데 왜 번번히 뜻을 이루지 못해 왔는지 곰곰히 생각해 보았다. 하지만 냉정하게 생각해 보면 실상 나는 그 바윗굴을 정말로 열망하지는 않았다는 결론에 도달할 수밖에 없었는데 아마도 그 이유는 지금은 어디에 살고 있는지 알 수 없다지만 그 바윗굴 벽에 아직도 마르지 않은 채로 촉촉하게 묻어 있을 희수라는 소녀의 눈물이 두려웠던 탓인 모양이다.

남편과 함께 그 바윗굴을 찾으면 나는 어쩌면 남편과 소녀에게 무참하도록 멀찌감치 내팽개쳐져 버릴 것만 같은 못난 느낌이 드는 것은 아직도 나는 나쁜 마음의 불씨를 키우며 살고 있는 못난 아내이기 때문인지도 모르겠다.

5월은, 5월은 너무도 싫다

며칠 전 잘 알고 지내던 손님의 어머니 장례식에 참석했다가 돌아오는 승용차 속에서 나도 남편도 내내 암말도 없이 침묵으로 일관했다. 언제부터인가 우리 부부는 누군가의 어머니가 돌아가신 장례식을 보고 나올 때마다 그렇게 우울해 하는 것이 습관처럼 따라붙었다. 돌이켜보면 1996년 5월 초의 어느 날이었다. 그 날, 서울나들이 차 모양을 갖추고 부지런히 산모퉁이를 마악 돌아서고 있을 때 어머니가 큰소리로 우리 부부를 불러세웠다.

"야들아, 어데 가니?"

"네, 서울 좀 다녀오려구요. 어머니 방에 안 계시길래 은주네집에 놀러 가신 줄 알았죠."

우리가 어머니 앞에 주춤주춤 다가갔을 때 어머니는 허리춤을 한참 뒤적이더니 어린 아이 손바닥만큼이나 조그마한 지갑을 꺼내셨다. 그리고 그 지갑에서 꼬깃꼬깃 접힌 십만원짜리 수표 한 장을 남편 앞에 내미는 것이었다. 깜짝 놀란 남편이 눈을 둥그렇게 뜨고 물었다.

"이걸 왜 제게 주세요. 어머니 필요할 때 쓰셔야죠."

"내가 돈 쓸 데 어디 있니. 서울 나다닐려면 돈이 있어야지. 남자가 주머니에 돈이 떨어지면 어깨가 쳐지는 법이다."

"어머니……."

까맣게 손때 묻은 수표 한 장을 억지로 남편의 손에 쥐어 주시며 우리 부부의 얼굴을 물기 어린 눈길로 올려다보시는 어머니의 눈두덩이 아침 햇살 속에서 빨갛게 물들어 있었다. 시집온 이래로 처음 보는 어머니의 그런 모습에 나는 속으로 깜짝 놀라고 말았다. 공연히 단쇠가 가슴을 치고 지나가는 듯 콧등이 따갑도록 시큰해지는 전율을 느끼며 나는 짤막하게 한숨을 쏟아내었다.

'이전엔 전혀 못 보던 이상한 모습이시다…….'

엉거주춤 수표를 받아 넣고 버스 정류장으로 걸어가는 동안 우리 부부는 내내 가슴이 쓰리고 아팠다. 우리 어머니는 보통 사람들의 상식을 뛰어넘는 별쭝스러운 성격 탓으로 많은 사람들에게 따돌림을 당한 채로 친구도 없이 노년을 쓸쓸하게 보내는 모습이셨다. 남편은 그런 어머니가 못내 안되어 보여서 항상 자신을 불효 자식이라고 한탄했었다.

"오십여 평생 동안 단 한번도 나는 어머니께 효도를 못해 드렸다."

남편은 그렇게 한탄하듯 중얼거리면서 어머니에 대한 죄책감으로 늘 속앓이를 많이 해 왔다.

"툭하면 노인네한테 소리나 버럭버럭 지르고……."

그래도 그 날만큼은 어머니가 아무래도 이상했다. 어머니는 항상 내게 원망이 많으셨고 불평이 끊일 날이 없었으며 노하기를 자주하셨다. 그런 어머니를 두고 남편은 내게 이렇게 버릇처럼 중얼거리곤 했다.

"그냥 사서 애태우고, 사서 고독하시고, 사서 따돌림 받고 살아,

어머닌."

어머니는 남편이 손수 해다 드리는 계란찜이 없으면 아예 식사를 마다하셨다.

워낙에 성격이 괴팍하다보니 칼날 같은 데가 많아서 자식들이나 친척들에게나 이웃에게조차 냉대를 받다시피 살아오신 어머니다. 모두들 가까이 하기를 싫어했다.

비록 우리의 형편이 여유롭지 못해서 남들처럼 호의호식하며 모시지는 못했지만 마음만 먹으면 충분히 여생을 행복하게 보내실 수 있는 어머니인데도 오로지 그 별쭝스런 성격 하나 때문에 늘 불행의 그늘을 헤어나지 못하고 사셨다.

자나 깨나 우리 부부는 그렇게 살 수밖에 없는 어머니의 그런 모습이 늘 안쓰러웠다. 그래도 곰곰히 생각해 보면 내겐 참으로 고마운 시어머니셨다. 남들 부모님처럼 84세까지 살아오신 동안 자식들에게 한번도 병치레 시킨 일이 없이 건강을 잘 지켜 주셨다. 그것이 없는 살림에는 너무도 많은 보탬이 되었고 또 힘들게 남편을 대학공부까지 시켜 주신 것이 얼마나 다행스럽고 고마운지 몰랐다.

그런 일이 있은 일주일쯤 뒤 내가 막 가게에서 돌아와 저녁상을 차려 들고 어머니 방으로 내려갔다. 어머니가 계시지 않았다. 그즈음 내가 남대문시장에다 한 평 반쯤 되는 조그마한 옷가게를 냈기 때문에 이 시간이면 집안일은 남편의 몫이었지만 이 날 나는 무슨 일로 가게문을 일찍 닫고 퇴근했었다. 다소 황망해진 마음으로 이웃에 사는 밥풀눈이 할머니께로 달려갔다.

"할머니, 저희 어머님이 안 계시는데요, 어디가셨는지 모르세요?"

"은혜 할머니? 응 저기 건너 마을 할머니들이 낮에 놀러오셨거든. 우리 집에서 만두국 끓여 잡숫고들 놀다가 그 공수골 할머니네 집에 같이들 가셨어. 거기서 놀다가 주무시고 오신댔어. 걱정 안 해두 돼."

"네에."

나는 옆집 할머니의 말을 액면 그대로 믿고 안심한 채로 그 밤을 그대로 지나쳐 버렸다. 그리고 날이 밝자마자 아무래도 마음이 편치 않아 공수골 할머니네 집으로 자전거를 타고 달려갔다. 하지만 공수골 할머니의 입에서 튀어나온 말에 난 그만 뭔가에 호되게 뒤통수를 맞은 듯 정신이 아찔해지는 느낌이었다.

"무슨 소리야 그게? 어제 여기서 노시다가 혼자 먼저 가셨는데?"

"……."

"호박죽 한 숟가락 드는 둥 마는 둥 하다가 바로 가셨어."

훅 불길한 예감이 나의 뇌리를 강하게 때렸다.

"어데로 가신다고 암말두 없으셨구요?"

"응, 그냥 슬그머니 일어나 나가셨어. 우린 변소에 가는 줄 알았는데 조금 뒤 마당에 나와 보니까는 저어기 고개를 막 돌아가시던데. 이쪽으로 얼굴을 잠깐 돌리더니 손을 흔들고 이내 없어지셨어. 아니 그러구 저러구 간밤에 안 들어오셨어?"

"……."

순간 분명 무슨 일이 벌어졌다는 불길한 예감으로 나는 온몸이 딱딱하게 굳어지는 듯했다. 다리에서 힘이 쏙 빠져 달아나는 느낌이었다.

'손바닥만한 동네를 벗어나 어머니가 달리 가실 만한 데는 어디에도 없다!'

남편과 함께 하루 종일 동네산을 뒤지고 이 동네 저 동네를 이 잡듯 뒤지며 정신없이 찾아 돌아쳤으나 아무도 어머니를 본 사람이 없다고 했다. 소식을 듣고 달려온 시댁 식구들이 파랗게 질린 얼굴로 우리 부부에게 대들었다.

"아아니, 어머니가 밤에 안 들어오셨으면 당장에 찾아 나섰어야지 그냥 지나쳤다니 그게 말이 돼?"

나는 하늘이 노랗게 내려앉는 절망감으로 콩콩 뛰며 남편 앞에서 울먹였다.

"어쩜 좋아요, 이걸. 아무일 없으면 천만다행이지만 만에 하나 불행한 사태가 생기면 뭐예요. 지금껏 잘해 와 놓구선 막판에 천하에 없는 불효 자식 소리 듣게 생겼으니."

"설마오시겠지."

어느 새 남편의 눈두덩이 새빨갛게 물들었고 눈물이 글썽글썽해지고 있었다. 남편은 혼이 반쯤 빠져나간 사람처럼 허둥지둥 차를 구하러 교회쪽으로 뛰어갔다. 나는 가슴을 치며 부르짖었다.

"아! 하나님, 이건 안 됩니다. 이러시면 안 돼요. 제발 어머니를 무사하게 돌려 보내주세요."

눈물이 마구 쏟아져서 주체할 수 없었다. 그 날 하루 종일 어머니를 찾다찾다 지쳐 버린 우리는 결국 파출소를 찾아가서 경찰관 앞에 죄 지은 사람처럼 머리를 읊조리고 앉았다.

"옷은 무슨 색깔을 입었습니까?"

"누런색 잠바에 검정색 줄무늬 바지를 입으셨습니다."

"신발은요."

"보라색털신."

"안경은 쓰셨습니까?"

"안 쓰고 나가셨습니다."

"흰머리가 많습니까?"

"네 백발에 짧은……."

"사진 갖고 왔습니까?"

"네, 여기."

남편이 떨리는 손으로 사진을 경찰관 앞에 내밀었다.

"몸에 귀중품이 있었습니까?"

"예, 금목걸이가 있었구, 수표가 두 장 있었는데 한 장은 제게 주셨고 또 한 장이 남아 있을 겁니다."

"금목걸이는 몇 돈이나 됩니까?"

"아내의 말로는 5돈쯤 된다구……."

"치매 현상은 없었습니까?"

"성격이 좀 그렇긴 하셔도 그런 눈치는 못 느꼈습니다."

"키는 얼마나 되죠?"

"1미터 55쯤 됩니다."

"자식들이 뭐 섭섭하게 해 드렸습니까?"

"그, 글쎄요. 잘해 드린 편은 못됩니다."

파출소를 나온 우리 부부는 아는 사람마다 손을 붙들고 통사정했다.

"어머니가 행방 불명 됐어요. 좀 힘써 주십시오. 은혜를 잊지 않을게요."

"에이! 은혜는 무슨. 발견하기만 하면야 즉시 연락해 드리지요."

하지만 이틀이 지나고 사흘이 지나도 어머니는 감감 무소식이었다. 온 집안이 발칵 뒤집혔고 온 동네사람들이 모두 안타까워했다. 교회 식구들은 숫제 발을 동동 구르다시피 했다.

"어떻게 된 걸까?"

"뺑소니놈한테 당한 거 아닐까?"

"뻐얼건 대낮에 뺑소닌!"

"흉악한 놈덜한테……."

"말도 안 되는 소릴해. 84세 잡순 노인넬!"

"금목걸이를 차고 다니시는 게 아니었어. 수표를 갖고 계신 걸 언놈이 알구……."

나흘째도 닷새째도 어머니는 나타나시지 않았다. 참으로 몸의 피가 바작바작 말라붙는 느낌이었다. 우리 부부는 밤 잠도 못 자고 먹지도 못한 채로 미친 사람처럼 울부짖고 다녔다.

'아! 하나님! 대체 어째서 저에게 이렇게 무서운 일이.'

남편은 어머니가 평소에 아끼시던 소지품들이 가지런히 정돈된 방 안에 퍼질러 앉아 밤새도록 어머니를 부르다 그대로 잠에 떨어지곤 했다. 우리 부부는 새벽마다 차가운 교회의 마루바닥에 꿇어 앉아 타는 듯한 심정으로 기도했다.

"아, 하나님! 한 번만 꼭 한 번만 어머니를 무사히 돌려보내 주세요. 정말로 마지막으로 정성을 다해 효도할 기회를 한번만 주십시오. 제발……."

그러나 하나님은 바위처럼 차갑게 침묵만 지키고 계셨다. 옛날에 은성이를 잃어 버렸을 때 말고는 이 때처럼 하나님의 침묵이 원망스러웠던 때도 없었다.

"한 달 내로 어머니를 끝내 찾을 수 없다면 하나님은 없는 거다! 안 믿을 거야!"

남편은 눈물을 삼키면서 그렇게 비장한 목소리로 어금니를 깨물었다.

그렇게 가슴 졸이고 뼈가 마르도록 애태우는 가운데 세월이 어느새 한 달이나 흘러갔다. 어머니가 행불이 된 지 꼭 한 달째인 5월 30일, 그 날은 주일이었다. 저녁 예배에 가려고 옷가지를 주섬주섬 걸치고 있었다. 심신이 지친 나머지 옷가지만도 천근이나 되는 듯 귀찮고 무거웠다. 그 때였다.

"따르릉!"

내가 파뜩 긴장해서 전화를 받았다.

"예? 경찰서요? 네, 네, 비슷한 할머닐……."

내가 와들와들 떨리는 손을 어떻게 주체하지 못하고 남편에게 수화기를 건넸다.

"여보세요? 네, 네, 네? 그렇죠. 보라색 털고무신에다 검정줄무늬 바지 맞습니다. 금목걸이, 네, 네, 어디요? 네, 네, 곧 가겠습니다."

수화기를 내려 놓은 남편의 몸이 마치 사시나무 떨리듯 하고있었다. 때마침 다니러 와 앉았던 남편 제자의 차를 타고 경찰이 알려준 칠봉산 꼭대기를 향해서 정신없이 달렸다. 땅거미가 거뭇거뭇 기어올 때쯤이었다.

경찰이 알려준 현장으로 달려가면서도 나는 수도 없이 그럴 리가 없다고 힘주어 고개를 흔들었다.

아! 어머니, 어머니. 그럴 리가 없다. 어떻게 여든네 살이나 잡수신 허약한 어머니가 9부 능선이나 되는 험준한 산꼭대기까지 올라갈 수 있단 말인가. 헬기가 집어다 놨다면 몰라도.

소식을 듣고 목사님과 교회 식구들이 뒤따라 헐레벌떡 현장에 달려왔다 조금 뒤 산꼭대기에서 사람들이 웅성거리며 내려오고 있었다. 하얀 천에 무엇인가를 싸든 채로. 나는 땅바닥에 털썩 주저앉고 말았다. 그 때 목사님이 내게 다가와서 조용히 타이르 듯 말했다.

"보지 마세요. 내가 가서 확인할 테니."

행여 사실이 아니기를 바랬던 실낱 같은 희망은 시신을 확인하고 돌아온 목사님의 말씀으로 산산이 부서져 버리고 말았다.

"할머니가 맞습니다."

"……."

시신을 추스려 내려온 경찰관 하나가 흥분한 어조로 말했다.

"청년인 우리들도 간신히 올라온 이 산꼭대기를 어떻게 할머니가 올라오실 수 있었는지 통 이해가 안 갑니다. 하지만 이런 곳에서 돌아가신 할머니의 시신을 발견한 것은 그보다 더한 기적이구요."

장례식을 마친 며칠 후 우리 부부는 어머니를 발견했다는 청년의 집을 찾았다.

부인이 동네 가운데서 조그맣게 미장원을 경영하고 있었다. 남편이 그의 손을 붙들고 눈물을 글썽였다.

"얼마나 고마운지 조그맣게 사례금을 갖고 왔습니다만."

하지만 두 사람 모두 펄쩍 뛰었다.

"무슨 말씀을. 의당히 할 일을 한 것뿐인데 절대로 그런 것 받을 수 없습니다."

"그러시면 저희가 너무 죄송해서 안 됩니다."

"아뇨. 절대 그런 생각 마세요. 사람이 할 도릴 했는데요."

"……."

젊은이의 아내가 잔잔한 어조로 말을 이었다.

"이상하더라구요. 남편은 술은 입에 대지도 않는 사람인데 그 날 두릅을 따러가겠다면서 막걸리 한 병이랑 북어포 한 개 하구, 그리고 식혜를 한 병 사들구 집을 나서더라구요. 아니 술도 안 마시는 사람이 막걸리는 왜 사들고 가냐고 물어도 그냥 빙글빙글 웃으며 산으로 사라졌어요."

남편이 젖은 목소리로 그에게 물었다.

"그래 어떻게 저희 어머니를 발견했습니까?"

그가 약간 상기된 얼굴로 그 때의 상황을 설명하기 시작했다.

"그 날 문득 두릅을 따러 가고 싶은 생각이 들더라구요. 그래서 막걸리 한 병하구 북어포랑 식혜를 한 병 사 들고 산을 올랐죠. 대체 막걸리랑 북어포 등을 내가 왜 사들고 갔는지 저도 잘 모르겠어요. 그곳에 두릅이 많다는 걸 아는 사람은 나밖에 없거든요. 한참 두릅을 따다가 무심코 뒤를 돌아보았는데."

"어떤 모습으로 계시던가요?"

"마치 기도하듯 엎드려 계셨어요."

"……."

"전혀 무섭다는 생각도 안 들었고 가져간 막걸리를 몇 잔 부어 드리고 북어포도 식혜도 드리고 곧바로 산을 내려와 경찰에 신고한 거죠.

"네……."

돌아오는 승용차 속에서 내가 남편에게 간신히 기어나오는 목소리로 말했다.

"차암! 이상두하죠?"

"뭐가?"

"그 사람이 그 날 막걸리랑 북어포를 들고 거길 갔다는 게요."

"……."

"어머니는 대체 왜 거길 가셨고 어떻게 그 산꼭대기를 오를 수 있었을까요?"

"하나님만이 그 미스테리를 알고 계시겠지."

"……."

그 날 이후로 나는 5월만 오면 그렇게 돌아가신 시어머니 생각에 한겨울처럼 코끝이 시렵다. 그리고 아직도 우리 부부는 어머니의 영정을 장롱 서랍 속에 소중하게 보관하고 있을 뿐, 그것을 감히 벽에다 걸어놓을 엄두도 못내고 있다. 어머니의 영정만 보면 지금도 가슴이 떨려 금방 주저앉아 버릴 것만 같은 심정이기 때문이다.

어머니가 실종된 30일 동안의 처절했던 고통은 부모를 실종당해 본 경험이 없는 사람들은 상상도 못할 것이다. 우리가 당한 고난 중에 어머니의 실종은 가장 처절한 아픔으로 기억된다.

그 이후로 우리 부부는 모처럼 어머니의 영정을 벽에 걸어놓은 이웃집에라도 다녀오는 길에는 말을 잊어버리는 것이 약속처럼 되어 버렸다.

그 때 아직도 밤과 낮의 기온차가 심했을 산꼭대기의 바위 틈에서 어머니는 얼마나 무섭고 춥고 외롭고 시장하셨을까?

"하나님은 왜 우리 어머니를 그렇게 돌아가시도록 놔두셨을까?"

그래서 우리 부부는 해마다 5월이 오면 칠봉산 꼭대기의 바위 틈 사이에서 죽음의 사자와 처절한 사투를 벌였을 어머니 생각에 혀끝이 입 천정으로 말려 올라가는 듯이 가슴이 너무도 아프다.

그 때 남편에게 새까맣게 때에 절은 10만원짜리 수표 한 장을 건네주며 눈시울을 붉혔던 어머니의 마지막 모습이 너무도 가슴 아프다. 어머니는 아들에게 돈을 건네주시던 그 순간 대체 무슨 생각을 하셨던 것일까?

그리고 아직도 나는 그 때 어머니의 죽음에 대해 끝내 침묵으로 일관해 버린 하나님의 가슴을 지금까지도 이해할 수 없다.

5월은 우리 부부에게는 너무도 잔혹한 달이다.

'그 때 어머니의 빨갛게 부어 올랐던 눈시울에 잔물잔물 베어 나오던 눈물만 기억 나지 않아도 그런 대로 견딜 만할 텐데, 5월은, 5월은 정말 싫다.'

남편의 머리와 이발소

내가 기억하기로 남편이 이발소에 들렀던 때가 아마도 결혼하던 때 꼭 한번 뿐이지 않나 싶다. 우리가 결혼했을 때가 40년 전이었으니 그 때 이발소에서 머리를 다듬고 나왔던 딱 한번의 기억밖에는 남편이 이발사에게 스스로 머리를 내맡긴 적은 한번도 없을 것이다.

이런 얘기를 털어놓으면 모두들 고개를 연신 갸우뚱거리며 의아스럽게 생각할지 모른다. 그렇다고 해서 남편이 그저 빨간 대머리님으로 지금껏 세상의 어둠을 밝히고 살아온 것도 아니다. 또 소설가 누구처럼 허리춤까지 길게 머리를 늘어뜨리고 다니는 것도 아니다.

그도 저도 아니면 그걸 머리 꼭대기에다 또아리를 틀어놓고 인도의 어느 기인처럼 희한 야릇한 모습으로 살아온 것은 더더욱 아니다.

남편이 이 날까지 이발소에 발을 뚝 끊어버린 이유는 본전 생각 때문이라고 우겨대곤 했지만 실은 꼭 그래서만은 아니다.

아마도 세상의 이발사를 통틀어도 남편의 머리를 만지고 싶어하는 이발사는 한 사람도 없을 것이라고 생각할 만큼 남편의 머리는 다루기가 여간 까다롭지 않은 왕곱슬인데다 꼭 베토벤이나 모차르트 식의 헤어스타일을 억척스레 고집하고 나선다.

그 바람에 동네 이발사들도 행여나 남편이 이발소에 발을 들여놓기라도 하면 지레 겁을 먹었다고 한다. 남편의 모습이 멀찌감치서 나타나기만 해도 이발소 주인은 누구 급하게 만날 일이 생겼다는 식으로 황급히 이발소 문을 닫고 어디론가 바람처럼 사라지곤 했었다는 이야기를 훗날 오빠에게로부터 들은 적도 있다.

그래도 연애시절에는 지금처럼 주변머리만 무성한 대머리님은 아니었다.

"아예 빡빡 밀구 다닐까 봐."

신혼여행을 다녀온 지 얼마 되지 않은 어느 날, 머리가 길어져 이발소 문턱을 넘어야 할 때가 다가오자 남편이 그렇게 투덜거렸다. 그 때 머리를 스쳐가는 지혜가 파뜩 떠올랐다.

"옳거니, 내가 직접 남편의 머리를 손질해 봐야지."

곧바로 시장에 나가서 헤어카터를 하나 사들고 왔다. 그 때부터 지금까지 남편의 머리는 별 탈없이 내 손으로 정성껏 다듬어져 왔다.

어느 날이었던가.

서울에서 밤 늦게 귀가한 남편의 머리를 보고 난 그만 화들짝 놀라고 말았다. 머리를 깎은 둥 만 둥이었고 수염조차도 반달 모양 밀다가 만 채로였다.

"아니, 머리가 어떻게 된 거예요? 수염은 왜 또 반달 모양 깎다 말구. 뭐 경찰관이 당신 머리가 풍기문란 시킨다구 강제로 붙잡아다 그렇게 한 거예요?"

그렇게 놀란 목소리로 따지듯 물어쌌는 내 말에 남편은 고개도 안 돌린 채 볼맨소리로 말했다.

"그러게 며칠 전부터 내가 머리 깎아 달래니깐 바쁘다구 요리핑계 조리 핑계 대다가 이렇게 되어 버렸잖아."

"글쎄, 머리는 그렇다 치구 면도는 왜 하다 말았냐구요. 그러면 돈을 덜 받습디까?"

거기에는 아무런 답변도 하지 않고 남편은 화장실에 들어가서 일회용 면도기로 덜 깎은 턱수염을 말끔히 처리하고 나왔다. 그리고 투덜거리는 목소리로 사실의 전말을 자세하게 늘어놓는 것이었다. 남편의 이야기를 다 듣고 난 나는 허리가 끊어질 듯 웃음을 터뜨리고 말았다.

"요지경 이발소 이야기를 못 들은 바는 아니지만 그래도 그렇지, 어따 대구 손장난이야, 손장난이!"

"호호호호호호……."

"아, 그만 웃어, 진짜루."

쉬지 않고 터져나오는 웃음을 간신히 눌러 놓고 내가 남편의 얼굴을 바짝 들여다보며 물었다.

"이발소에는 왜 갔어요? 내가 손질해 주는 게 아무래도 마음 에 안 들어서예요?"

"노사장 놈이 글쎄 싫다는 날 억지로 끌구 이발소에 갔는데 말야."

"그래서요? 이발소에서 무슨 일이 분명 있었죠? 아까 턱수염 반달 모양하구 들어왔을 땐 벌써 느낌이 확 다르더라구요."

"……."

"도망쳐 나왔죠? 난 아빨 잘 알거든. 아빤 그런 룸싸롱 스타일의 이발소를 싫어하는 거 나 잘 알잖우."

"……."

하여간에 남편의 머리 때문에 에피소드도 많았고 속상한 일도 적지 않았다.

특히 주일날 교회에 갈 때가 제일로 남편의 머리 때문에 신경이 많이 쓰여진다.

성가대석 중에서도 남편은 사람들의 시선이 제일 많이 받는 곳에 자리하고 있기 때문에 머리 손질하는 데에 여간 신경이 쓰여지는 것이 아니다.

"꼭 샴푸로 감아요."

"……."

"스프레이를 좀 뿌려 보죠."

"……."

"자꾸 빗으로 빗어 넘기지 말아요. 머리가 폭탄 맞은 것처럼 부시시 해지구 또 선풍기 바람에 날리면 사자갈기 같잖아요."

"그럼, 어쩌라구!"

"성가대 자리를 구석자리로 옮겨 달랠까?"

"그만둬!"

생각해 보면 남편의 머리에 감사할 점도 한두 가지가 아니다.

우선 이 나이되도록 이발비를 안 썼으니 그것만 모았어도 적은 돈이 아닐 것이다. 어려웠던 시절에 이발비를 쓰지 않은 것만도 어디냐 싶다. 뿐만 아니라 머리가 그래서 그렇다며 남편은 절대로 양복 타령을 안 한다. 양복값이 안 들어가니 그 또한 얼마나 다행스러운 일인가.

그러나 누가 뭐래도 이젠 남편의 머리만큼 멋지고 개성있는 머리는 없을 것이라는 자신감이다.

"치, 우리 애들 아빠 머리만큼 복스럽구, 사랑스럽구, 귀엽구, 개성있구, 예술적인 머리 가진 사람 있으면 어디 한번 나와 보라구 해."

가게 문틈으로 숨어 들어오는 밤꽃 향기가 코끝에 가득하게 묻어 온다. 어디서 길을 잃고 헤매다가 왔는지 조그만 벌 한 마리가 문 틈을 비집고 들어오려고 안간힘을 쓰고 있는 게 참으로 이상스럽다.

"여긴 꽃이 없어. 꽃밭을 찾아가야지 한복가게엔 왜 자꾸 들어오려고 애쓰니? 내가 꽃인 줄 알어?"

그 꿀벌이 무슨 말인지 알아들을 리 없겠지만, 그런 흥겨움으로 나는 모처럼 남편의 머리에 얽힌 에피소드를 몇 가지 떠올리면서 홀로 미소 짓고 있는 중이다.

남편의 고향에서는 지금

"고향에 좀 다녀오고 싶다."

벌써 몇 달 전부터 남편의 입가에서 떠날 줄 모르고 나의 귓바퀴를 맴도는 말이다.

"이번 구정 연휴엔 꼭 다녀옵시다. 내가 운전할께요."

그렇게 남편과 함께 굳게 약속했지만 그 또한 허공만 때리는 공염불이 되고 말았다.

구정 연휴 나흘 꼬박 손님들이 옷을 맞추러 오겠다는 전화 예약 신청을 쉽사리 거절할 수 없었기 때문이다.

"혼자라도 다녀 오면 어때요?"

남편의 표정이 시큰둥하니 대답이 없는 걸 보면 한 마디로 싫다는 뜻이 분명했다.

"괜찮아요. 하루 이틀쯤 나 혼자 어떻게 꾸려나가 볼 테니까 다녀와요."

"……."

언젠가 고향엘 다녀왔던 그 날 밤, 잠자리에서 뭔가 석연치 않았던지 남편은 이렇게 내게 굳게 맹세했었다.

"다시는 고향 땅 찾지 않을 거야!"

그런데 남편은 어쩌자고 고향 땅을 다시는 찾지 않겠다는 결심을 깨고 그 곳에 다녀오고 싶다고 저토록 어린 아이 보채듯 투정할까?

그 곳에 누구 피붙이가 있는 것도 아니다. 살던 옛집이 고스란히 남아 숨 쉬고 있는 것도 아니다. 남편 소유의 땅뙈기가 한뼘 따로이 있는 것도 더더욱 아니다.

고향 이야기를 자꾸만 끄집어내고 있는 남편에게 나는 슬쩍 던져 봤었다.

"거기 꽃다지처럼 예쁜 촌아낙네를 나 몰래 친해 두었어요?"

"……."

"왜 대답 않아요?"

"그냥 불알 친구들이 보고 싶어서."

남편의 대꾸에 난 피식 웃으며 조금은 비아냥대는 말투로 남편을 새실새실 긁어 보았다.

"치! 헛장 치지 마시죠. 당신은 고향에 가서 초등학교시절 당신에게 점심도시락을 싸다 주었던 소녀의 영혼을 만나고 싶은 겁니다. 아니에요?"

"……."

40년 전, 남편의 고향을 딱 한 번 가 본 적이 있다.

결혼하고 신혼여행이랍시고 청량리역에서 함께 기차를 탔었다. 진눈개비가 차창 밖을 마구 흩날리고 있을 때였는데 그 때 남편은 처음으로 고향 이야기를 들려주었었다.

"저렇게 오는 눈은 눈도 아니었어. 눈이 어찌나 많이 왔던지 허리까지 찼구, 밤새 내려쌓인 눈이 방문을 밀고 들어올 정도였으니까.

겨우 내내 감자랑 고구마만 쪄먹었구. 그것도 모자라서 시레기죽으로 간신히 목구멍에 풀칠했었지. 아버지가 콩에다 가느다란 구멍을 뚫고 사이나라는 독약을 넣어 눈밭에 뿌리면 그걸 먹고 죽은 꿩을 찾느라 눈 쌓인 산등성이를 하루 종일 돌아다녔어. 봄이 되면 앞산에 온통 붉은 물감을 쏟아부은 듯 진달래가 가득하게 피었었고 친구들이랑 진달래꽃을 따 먹느라고 입술이 온통 붓꽃처럼 파랗게 물들었었지. 여름이 오면 말야, 하루 종일 온몸이 새까맣게 타도록 개울에서 물장구치고 놀았고, 가재랑 물고기를 한 깡통씩 잡아 갖고 친구들이랑 둘러앉아 모닥불에 구워 먹었었는데 그 맛 지금도 잊을 수가 없어. 가을이 오면 황금벌판에서 메뚜기를 큰 병으로 하나 가득 잡았어. 커다란 가마솥에 메뚜기를 쏟아붓고 소금을 뿌려 볶아낸 메뚜기는 살이 토실토실 쪄서 너무도 고소하고 맛 있었지. 다래랑 머루를 싫도록 따 먹었고 고개마루턱엔 무슨 열매인지 이름은 잘 모르겠지만 그것이 지천으로 온통 빨갰어."

그러나 무엇보다 지금껏 가슴 속에 아련하게 남아 있는 이야기는 희수라는 소녀 이야기였다.

남편은 소년 시절에도 굴왕신처럼 가난했다고 했다. 그래서 항상 떨어진 옷을 누덕누덕 기워 입었고 먹을 것이 없어 점심 도시락을 싸 갈 수 없었다고 했다. 그래서 점심 시간만 되면 학교 뒤 찔레꽃 덤불 속에 숨어 앉았다가 점심 시간이 끝날 즈음 되어서야 어슬렁어슬렁 교실로 들어갔다고 했다.

그러던 어느 날, 서울에서 전학온 희수란 아이가 매일 남편의 몫으로 도시락을 싸 갖고 와서 다른 아이들 몰래 남편의 책상 서랍 속에 넣어 주곤 했다고 한다. 다른 아이들은 꿈도 꾸어 보지 못할 하얀 쌀밥에 멸치볶음이랑 계란찜 같은 맛 있는 반찬을 꾹꾹 눌러서 말이다. 그 소녀는 동네에서 제일 부잣집인 구장집 딸이었다고 했다. 아마도 가난하기로 소문난 남편네 집을 생각해서 그 소녀의 엄마가 그렇게 시킨 듯했다.

희수의 고운 마음씨 덕분에 남편은 점심을 굶지 않고 하얀 쌀밥을 자주 먹을 수 있어서 너무도 행복했다고 했다.

나는 가슴에 파도치는 감동의 물결을 가까스로 억누르고 남편에게 물었었다.

"지금 어디 있는지 몰라요? 한번 만나 봤음 좋겠네."

"6학년 가을에 서울로 간 뒤 쭉 소식을 몰라. 꼭 편지한다고 약속했었는데."

"헤어질 때 참 슬펐겠네."

"응, 참 많이 울었어. 그리고 그 집에 살던 이천댁 아줌마 얘길 들어보았더니 희수가 자기 아버지를 밤 늦도록 졸랐던 모양이야. 이튿날 아침에 누가 부르는 소리가 들려 사립문을 열었더니 희수네 머슴이 쌀을 한 가마 토방에 내려놓고 가지 않겠어? 그리고 지금껏 소식을 모르고 살아."

이렇게 이야기를 끝내는 남편의 귀에다 대고 나는 조그맣게 속삭였었다.

"하나님이 보내신 천사였나 봐요. 당신 건강을 생각해서 하나님이 천사를 보내주셨던 거예요. 그렇지 않음 어떻게 겨우 6학년 된 소녀의 어린 가슴에 당신 집에다 쌀을 한 가마씩이나 보내 줄 마음이 생겼겠어요?"

기차가 움직이는 동안 남편의 고향 이야기는 그칠 줄 모르고 계속되었다.

"언젠가 새벽에 일어나 안개숲을 헤치고 알밤을 주으러 다녔는데 다른 아이들보다 많이 주으려고 정신 없이 뛰어다녔어. 그러다 밤가시에 찔린 엄지발가락이 덧나서 빨갛게 부어올라 몹시 아팠지. 하지만 그 땐 약도 없었거던. 그런데 읍내에서 시오리가 넘는 우리 집엘 거의 매일 걸어 오셔서 덧난 부위를 꼭 쥐고 간절하게 기도해 주신 권사님이 한 분 계셨어. 그 권사님이 잔뜩 성이 난 발가락을 아카시아 가시로 콱 찔렀어. 그리고 내 발가락을 입에 물고 고름을 빨아 내셨어. 누우런 고름이 반종지는 더 나왔지 뭐야. 그 뒤로 발가락이 깨끗이 나았던 기억이 생생해. 그 권사님의 남편되시는 장로님은 사냥꾼이었는데, 사냥갈 때마다 쌀자루에 쌀이랑 사과 등을 어깨에 둘러메고 우리 집엘 꼭 들르셨지. 장로님은 내 머리에 손을 얹고 기도를 많이 해 주셨어. 가끔씩 공책이나 연필 사 쓰라고 돈도 쥐어 주셨고 ……."

"뭐라고 기도해 주셨어요."

"하여튼 훌륭한 사람이 되도록 해 달라는 기도였던 것 같았어. 나중에야 안 일이지만 그 장로님은 아버지의 사촌 형님이었어."

"……."

신혼의 우리 부부가 풍기 역에서 내렸을 땐 역사 주변에 바람이 몹시도 사납게 불어치고 있었다. 그런데 어쩐 일인지 사람들의 표정은 웃음을 잃고 차갑게 굳어 있는 것이 이상스러웠었다.

'왜 사람들의 얼굴이 저렇게 무서울까?'

속으로 그것이 몹시 의아했지만, 나는 잠자코 남편의 뒤를 따라 어느 커다란 한옥집 대문으로 들어섰었다. 그 넓고 커다란 기와집에 사람이 하나도 보이지 않았고, 송아지만한 누렁이 한 마리만 우리를 보고 컹컹 짖어대고 있었다.

곧 머리가 하얗게 세신 할아버지가 나오셨고, 남편을 알아보고는 깜짝 놀라면서 황급히 우리 부부를 거실로 데리고 들어 가셨었다. 거실에는 역시 머리가 하얗게 세신 할머니(권사님이시다)가 남편을 알아보고는 우리 부부의 손을 꼬옥 붙잡고 우셨던 모습이 눈에 선하다.

그제서야 나는 왜 사람들의 얼굴이 그토록 무섭게 굳어져 있었는지를 곧 이해할 수 있었다.

그 기와집이 바로 10 · 26 사태 때 궁정동의 밀실에서 박정희 대통령을 시해했던 김재규와 나란히 앉아 있었던 김계원 청와대 비서실장의 본가였다.

아들이 감옥에, 그것도 역적이라는 오명으로 잡혀 들어가 있던 경황에 몹시 고통스러운 얼굴이었지만 그 부분에 대해서는 남편도 아무 말을 하지 않았었다.

그 곳에 길게 머물지 못하고 곧 자리에서 일어서려는 내 손을 꼭 잡고 권사님은 울면서 말씀하셨다.

"야들아, 가지 말고 고마 여개서 우리하고 같이 살자. 안 되나?"

어느 새 봄햇살이 눈두덩이에 따사롭다.

오늘 오후에는 아직도 와병 중이신 최 선생님 부부와 사모님을 모시고 허브섬에 다녀왔다. 다녀온 지 몇 시간이나 지났는데도 허브향기가 몸에서 떠날 줄을 모르고 있다.

그런 향기와도 같이 아직도 남편의 가슴 속에 꺼지지 않고 잡초같은 생명력으로 뿌리 내리고 있는 고향 이야기는 늘 새삼스럽다. 남편의 소설 첫대목에서도 시작되는 고향 이야기는 내가 생의 장막을 닫을 때까지 내 가슴 속에서도 똑같은 고향 이야기로 영원히 남아 있을 것 같다.

지금은 어디에 살고 있는지 모를 천사 같았던 소녀, 아직도 그 소녀는 우리 부부의 가슴 속에 애잔한 그리움으로 살아 있고 굴욕적인 역사의 눈물을 본의 아니게 꾸역꾸역 삼키셔야 했던 그 장로님과 권사님도 이미 세상에 없다.

그래도 그들이 우리의 가슴에 생생한 그리움으로 살아 있는 것이 너무도 감사하다.

누군가 말했던가.

세상에서 가장 불행한 여자는 잊혀진 여자라고.

나 역시 소녀 희수처럼 그 권사님처럼 많은 사람에게 잊혀지지 않는, 살아 있는 여자가 되고 싶다.

그것은 바로 내가 하나님의 가슴에도 확실하게 살아 있다는 증거일 테니까.

더불어 사는 즐거움

우리 가게 앞에는 5일장이 설 때마다 간장쪽박이랑 갈목비, 크고 작은 솥단지 등 예쁘고 앙증스러운 그릇들을 어빡자빡 늘어놓고 파는 그릇 장사 아저씨가 계신다.

남의 가게 앞에서 그릇들을 펼쳐놓고 장사를 하려니 눈치가 보였던 모양이다. 쇼윈도 안을 흘끔흘끔 들여다보면서 연신 나를 향해 고개를 굽신거린다.

그런 모습에 웃음이 터지려는 것을 꾹 눌러 참고 속으로 속삭이듯 중얼댔다.

'아저씨, 미안할 것 없어요. 그릇이나 많이 파세요.'

한복을 재단하다 말고 가끔 얼마나 파는지 궁금해 고개를 돌려 창 밖을 내다본다. 손님들이 심심찮게 모여 서 이것저것 그릇을 골라보는 모습이 마음에 여간 뿌듯해 보이지 않는다.

조금 전 서울에 다녀온 남편도 연신 고개를 기웃거리면서 창 밖을 내다본다.

"그릇이 잘 팔리는 것 같아?"

"그런 대로 팔리나 본데요."

"우리 가게 앞에서 장사하는 게 잘 되나 봐?"

"그렇긴 한가본데. 우리가 저 분을 편하게 해 주잖아요."

"그래. 가게 앞에 저렇게 물건을 펼쳐 놓았으니 우리 가게 드나드는 손님들이 좀 불편하긴 하겠지만 그래도 얼마나 좋아. 서로 도와가며 함께 먹고 사는 일이니깐."

"그래요."

며칠 전 제주도에서 친정에 다니러 올라온 목사님 따님의 첫애기 옷을 한 벌 살 겸 겸사겸사 중앙로 쪽으로 쇼핑을 갔었다. 버스 터미널 한쪽에 사람들이 새까맣게 모여 있기에 무슨 일인가 싶어 다가갔다.

사람들 사이를 비집고 들어섰더니 팔이 안으로 꼬부라진 몸빼 차림의 곰배팔이 아주머니 한 분이, 누가 보아도 겉으로 보기에는 번주그레 귀티가 나 보이는 여자 분에게서 호되게 망신을 당하고 있는 모습이 보였다.

"야, 우리 가게 앞길을 네가 전세 냈니? 왜 남의 가게 앞에다 허구한 날 걸레짝 같은 옷 나부랭일 펼쳐놓고 궁상을 떨어? 왜 남의 가게 앞을 가로막고 장사 망치느냐구!"

허름한 차림의 아주머니는 흡사 죄지은 사람처럼 아무런 대꾸도 못한 채로 한숨만 푹푹 내쉬고 있는 모습이 여간 딱해 보이는 게 아니었다.

"알았어요. 그만해요. 치우면 될 거 아뉴."

"아, 말만 치운다 말구 당장 치우라구!"

허름한 차림의 아주머니는 더 이상 두 말 않고 늘어놓았던 옷가지들을 리어카에 거춤거춤 챙겨 싣고 비틀거리듯 사람들의 시야 속을 벗어나고 있었다.

그 모습이 너무도 보기 안되어서 마음이 아팠다.

애기 돌복을 한 벌 사야겠다는 생각은 까맣게 잊은 채로 아주머니의 리어카를 이만큼 떨어져서 따라가 보았다. 장사를 할 만한 적당한 장소를 찾느라 열심히 사방을 두리번거렸지만 마땅한 데가 없는 모양인지 몹시 낭패스런 얼굴이었다.

결국 적당한 장소를 찾지 못하자 인적이 뜸한 전화국 건물 귀퉁이에 리어카를 세워놓았다. 그리고 털썩 맨땅에 주저앉아 담배를 한 대 꺼내어 피워 무는 그녀의 얼굴이 자괴감과 수치심으로 납덩이처럼 창백하게 일그러져 있었다.

나는 주첨주첨 다가가서 아무렇지도 않은 듯 말을 걸었다.

"아줌마, 옷 좀 볼까요?"

그녀가 깜짝 놀라더니 피우던 담배를 부랴부랴 손끝으로 부벼 끈 뒤 꽁초는 몸빼 주머니 속에 쑤셔 넣고 나서 나를 향해 반색을 했다. 그리고 묻지도 않은 말을 늘어놓기 시작했다.

"이게 이래 뵈도 메이커 옷이우. 싸다구 해서 가짜가 아녀. 자, 보라구요. 이 상표 조옴."

"네에, 그래요. 그렇습니다. 아줌마 저도 물건 볼 줄 알아요. 저도 장사꾼인 걸요. 바지 하나에 얼만데요?"

"만원!"

그녀에게 두 말 않고 3만원을 건네준 뒤, 비닐 봉지에 담은 바지 석 장을 받아들고 돌아서는 내 등뒤에다 대고 그녀가 한 마디 던져왔다.

"고운 아줌마, 복 많이 받아유 잉!"

"네, 아주머니도요."

그때 그 아주머니의 일 이후로 장날만 되면 우리 가게 앞에 그릇을 펼쳐놓을 아저씨가 어쩐지 자꾸만 기다려지는 것이었다.

어느 장날엔 내가 무슨 일 때문에 늦어져 10시가 되어서야 가게에 도착했다.

그런데 아저씨가 나타나지 않아 그게 자꾸 신경에 쓰였다. 공연히 일도 손에 잡히지 않은 채로 창 밖을 자꾸만 두리번거리는 자신의 모습을 발견하고 깜짝 놀라기도 했다.

"웬 일로 아직 안 나왔을까? 혹 내가 눈꼴 틀리게 보여서 다른 데로 가셨나?"

하지만 한 시간쯤 뒤 무심코 쇼윈도 밖을 내다보니 어느 새 그 아저씨가 가게 앞에다 물건을 정성껏 늘어놓고 있는 게 아닌가. 난 그만 반가운 손님을 만난 듯 가게문을 열고 뛰쳐나갔었다.

"아저씨, 오늘은 왜 이렇게 늦게 나왔어요?"

그가 꾸벅 허리를 굽히면서 활짝 웃었다.

"마누라가 몸이 좀 아파서 빨래랑 설거지 끝내고 나오는 중이라요."

이것저것 고르다가 예쁜 냄비를 한 개 사들고 다시 가게 안으로 들어왔다. 곧 문이 열리면서 아저씨가 고개를 쑥 디밀고 무언가를 가게 마루에 들여놓는 것이었다.

"뭐예요?"

"수저통인데 한 개 드릴께요."

"아이, 아저씬 뭣 하러 그래요."

"진즉 한 개 드릴려고 마음 먹고 있었는데 그만 깜빡 했네요."

이제는 5일 장날이 와서 가게 앞에 그릇 아저씨가 물건을 펼쳐놓는 날이면 왠지 모르게 내 마음도 들뜨고 신바람이 나는 듯해 행복하다. 사람들이 왜 그렇게 사소한 일로 박정스레 싸우기를 좋아하는지 모르겠다.

내가 이 나이 되도록 사무치게 가슴에 끌어안은 나대로의 삶의 철학이 있다.

그것은 어떤 사람들이든 돈과 명예의 허상을 잡으려고 모든 악법을 다 동원하고 아무리 안간힘을 쓰며 수단과 방법을 가리지 않는다 해도 결국엔 파멸의 그늘을 벗어나지 못하더라는 것이다. 설사 그렇게 해서 그것을 쟁취했다 할지라도 결국에는 그 종말이 너무도 비참해지고 마는 꼴을 수없이 보아왔다. 사람은 누구나 자신에게 주어진 형편과 처지가 어떠했든 주어진 현실에 그냥 감사하면서 살아야 한다고 생각한다. 남의 발을 씻어주는 사람들이 결국에는 크게 성공하고 그 끝날이 행복으로 마감되는 모습도 나는 많이 보아 왔다.

그런 생각을 하고 있는데 전화가 왔다. 조금은 지친 듯한 딸아이의 목소리에 가슴이 철렁 떨어진다.

"응? 어떻다구?"

"엄마, 나 대학가면 등록금 힘들지 않아?"

"어이구, 우리 딸 효녀 다 됐네. 엄마 걱정을 그리 해?"

"전문대 갈까 봐."

"왜?"

"일찍 졸업하구 취직해서 엄마 도와주고 싶어."

"하이구우, 효녀 아가씨, 걱정 마시고 공부나 열심히 하시와요."

수화기를 내려놓고 나서 딸아이의 목소리를 곱씹어 보았다. 나도 모르게 피어오르는 고소를 금할 수 없다. 어느 새 자식 둘을 다 키웠나 싶었다.

그때 서울 나가려고 채비를 하던 남편이 투깔스러운 목소리를 던져왔다.

"대학 억지로 보내지 마. 그거 뭐 대학 나와도 취직도 못해서 얼굴들이 부황들린 듯 누우렇게 떠 있는 젊은이들을 봐. 차라리 전문대 보내. 제가 하고 싶은 과를 택해서 말야. 그리고 하기 싫은 공부는 절대로 억지로 시키지마! 장사기술 시켜 돈이나 많이 벌게 하는 게 어떨까? 그래 갖고 능력은 있어도 돈이 없어 공부 못하는 가난한 학생들 마음껏 도와 주게 하는게?"

"……."

아직도 살바람은 미간에 시려운데 어느새 진열장 밖은 지나가는 아가씨의 살분홍 스커트 자락에 수놓인 노랑나비 한쌍이 나풀나풀 춤을 추고 있다. 가녀린 연초록 어린 잎사귀가 파릇파릇 피어난 은행 나뭇가지에서 참새들도 신이난 듯 연신 쫑잘대고 있었다.

'하나님, 저는요, 가게 앞 그릇 장수 아저씨랑 함께 도우며 서로 사랑하며 살아요.'

30년 전의 내 마음씀씀이가 그래도 그 정도는 되었었다.

행복의 조건

오래 전부터 잘 알고 지내오던 아주머니가 해질녘에 가게문을 밀치고 들어섰다. 연일 찌는 듯한 폭염 탓이었을까, 몹시 지치고 힘든 얼굴에 땀을 비 오듯 흘리는 채로였다.

"어마, 저 땀 좀 봐. 웬 일루 이렇게 더운 한낮에."

그녀는 핸드백을 던지듯 탁자 위에 올려놓고 한숨 돌린 듯 조금은 머쓱한 얼굴로 나를 쳐다보며 웃는다.

"동두천 시장에 볼 일이 꼭 있어서 왔다가 들린 거야. 어휴, 시원하다. 가게가 천국같다, 여긴."

"시원한 수박 화채 한 잔?"

"아이구, 조오치요."

냉장고에 둔 수박 화채를 한잔씩 따루어 들고 난 아주머니와 마주 앉았다.

"사업은 어때요, 요즘?"

"아이구, 그냥 그냥 죽을 지경이지, 뭐. 그래도 일용할 양식은 떨어지지 않아요."

"네에, 그럼요. 그나마 너무 감사하죠."

하지만 언제든 그녀를 마주하고 있다 보면 알게 모르게 가슴이 알알이 아파 오는 것을 느낀다.

지금 이 순간에도 그녀 자신 언젠가 고백처럼 쏟아놓았던 말이 불현듯 뇌리 속에서 고개를 쳐들었다.

"나, 죽일 년 다 됐어요. 그래서 동두천 바닥에서도 강 건너 물 건너 동네에도 얼굴 제대로 들고 다니기가 여간 낯 뜨겁지 않아."

"……."

그때 그녀가 무엇 때문에 그렇게 낙심천만되어 살아갈 용기마저 휘청대는지를 그녀의 형편과 처지를 누구보다도 잘 알고 있기에 난 그냥 또 눈길을 뚝 떨구어 놓은채로 잠자코 듣기만 하고 암말도 않았었다.

"가을 결혼이 다가왔으니 또 바쁘게 생겼네, 그죠?"

"네."

"나도 진즉부터 한복 기술이나 배워둘 걸. 너무도 부러워요, 이 직업이."

"그렇긴 해요. 나도 어느 새 한복매니아가 된 게 놀라와요. 하지만 이 일 역시 여늬 사업처럼 힘들고 어려운 건 마찬가지예요. 역시 놀고 먹는 일만은 아니니깐요."

"그렇기야 하겠지요."

그 대답 속에 한줌이나 묻어 나오는 한숨 소리에 난 또 깜짝 놀래어 묻는다.

"역시 여전히 힘들군요, 아주머니."

"후우……."

"……."

얼핏 몇 년 전 그녀의 신세한탄이 생각났다.

IMF 한파가 폭풍처럼 휘몰아쳤던 그 해 겨울 어느 날이었다.

그녀가 궁기가 줄줄흐르는 모습으로 헐레벌떡 가게문을 밀치고 들이닥쳤었다.

"원장님, 어디서 돈 좀 구할 데 없을까?"

"글쎄요. 그렇게 급하게는. 하지만 돈놀이 하는 분을 알고 있는데. 바로 아주머니도 잘 알고 계시는 박권사 말이죠."

IMF탓에 사업채를 절망의 구렁텅이에 쓸어박은 사람들이 어디 한둘이겠는가. 그렇지만 그녀도 결국 그렇게 억지 돈을 얻어다 여기저기 봇물 터지듯 하는 구멍을 틀어막다 못해 결국 두 손을 들고 시쳇말로 쫄딱 망하고 말았다.

집들도 날아가고 땅도 날아가고 공장도 날아갔다. 하는일마다 백사불성이라 했다. 그런일이 터지고 나서부터 그 아주머니의 생활이 귀꿈스럽기가 말로 표현하기 힘들정도라는 것을 알만한 사람들은 모두 다 알고 있는 터였다. 근래에는 그 남편 되시는 분이 하던 이력이 있어서 전국의 장바닥을 돌며 장주릅을 해서 이러구러 근근히 먹고 산다고 했다.

결국 상황은 도저히 회복 불능의 어려운 형편으로 밀리고 말았다. 당장 가족들이 길거리에 나앉을 판이 되어버렸다. 그렇게 되고 보니 내가 소개해 준 분을 통해 빌린 돈에 대해서도 전혀 책임을 질 수 없게 되었다.

이자만 꼬박꼬박 상납하듯 해 왔지만 그마저도 참새오줌 만큼이나 짜뜰름거리다가 어느날부터는 뚝 끊고 말았다. 이렇게 되자 돈줄을 대주었던 그 박권사의 형편이 말이 아니게 되어버렸다.

교회 장로인 자기 남편이 그런 사실을 알면 당장 쫓겨날 판국에 처했다며 안달복달해 대는 판에 중간에 서 있던 나 또한 죽을 맛이었다.

"하지만 산 목숨은 살아야 할 것 아니겠어요."

당장 법에다 고소하겠다고 콩 튀듯 팥 튀듯하는 그분에게 나도 공연히 부아가 치밀어 툭 쏘듯 한 마디 던졌었다.

"권사님, 고소함 뭣해요. 뭐가 있어야 받아내죠. 일단 산 입에 거미줄은 치게 말아야죠. 아닌가요?"

동두천만 해도 서울과는 달라서 한 집 건너 누구라면 알 사람은 다 아는 처지다. 아무개가 이만저만 이래저래 하는 바람에 꼴이 이렇게 되어 버렸다는 소문이 산지 사방으로 번졌는데 말인즉슨 이런 것이었다.

"아무게 때문에 내가 이렇게 쫄딱 망했어요."

하지만 훨씬 뒷날에야 알게되었지만 나는 돈줄을 대주었다는 그분의 행태가 여간 괘씸스러운 게 아니었다. 박권사는 그 돈을 돈놀이하는 사채업자에게 간신히 사정해서 대신 빌려준 것이라고 입에 침이 마르도록 자랑삼아 늘어놓곤 했다. 그러나 그 권사님의 그런 말은 사실과는 동떨어졌다는 것을 우연찮은 계기로 알게 되었다.

"세상에, 자기 돈을 빌려줘 놓고선 남에게 돈을 빌려다가 꾸어주었다고 헛장을 부렸다니, 게다가 5부 이자씩이나 받아내면서."

결국 그 아주머니는 5부씩이나 되는 비싼 이자를 갚다갚다 못해 그만 지쳐 떨어지고 만 것이다. 옛날이나 지금이나 5부이자면 대단한 고리였다.

돈을 못 갚은 것이 미안해 할 말이 없었겠지만, 그래도 그 권사님이 그런 얘기를 교회 사람들 뿐 아니라 온 동네 사람들에게까지 두루두루 돌아다니며 미주알고주알 고해 바칠 것까지 뭐 있었을까? 5부 이자씩 챙겨가며 말이다.

제 몸에 주버기로 붙은 때는 씻을 생각없이 허구한날 이웃만 나쁘다고 뒤꼭지치고 다녔다니 속 모르는 사람들은 그 아주머니만 나쁘다고 입을 모았을 것이다. 하긴 빚진 죄인이란 말이 있긴 하다. 게다가 남편된 장로님까지도 내숭만 떨었지 실상은 한 통속이었다고 한다. 세상 사람들이 어찌 생각할 것인지 생각만 해도 가슴이 답답하다.

성경에는 이자를 받고 남에게 돈을 빌려주지 말라고 분명히 했다. 하지만 시대가 시대이니 만치 이자 주지 않고 급전을 빌릴 곳은 이 세상 어느 곳에도 없다. 뿐만 아니라 또 어디 가서 이자는 못 주지만 돈 좀 돌려 달라고 했다면 정신병자 취급받을 게 뻔한 세상 아닌가.

"항시 봐도 이댁만큼 행복하게 사는 집은 보기 힘들어요. 왜 그래요?"

그렇게 물어오는 아주머니의 입가에 흐르는 한 줌 슬픈 미소는 마주쳐다보며 이야기하기엔 너무도 가슴 답답했다.

왜냐하면 그 아주머니가 전혀 알 턱이 없는, 수없이 많은 고난의 가시밭길을 억척스럽게 헤쳐 나온 후에야 겨우 깨달은 뼈 아픈 교훈 하나가 내 가슴을 아프게 찔러왔기 때문이었다.

우리 부부는 지난날 이 교훈을 미처 깨닫지 못해 엄청난 에스겔 골짜기를 헉헉거리며 걸었었다.

'무릇 새가 그물 치는 것을 보면 헛일이겠거늘 그들의 가만히 엎드림은 자기의 피를 흘릴 뿐이요, 숨어 기다림은 자기의 생명을 해할 뿐이니 무릇 이를 탐하는 자의 길은 이러하여 자기의 생명을 잃게 하느니라.'

나는 성경의 구절을 떠올리며 아주머니에게 대답했다.

"아주머니, 행복은요, 욕심의 그늘을 벗어나는 데 있지않을까요? 욕심은 사냥꾼들이 숨겨놓은 새덫과 같아서 한번 그 덫에 걸렸다 하면 불구가 되지 않고서는 벗어나기 힘들죠. 행복은요, 그냥 저냥 항상 감사하는 데 있죠. 교회의 문턱은 그냥 넘어 다니라고 가로놓여 있는 게 아니거든요. 그 문턱은 바로 감사의 문턱이죠."

아주머니를 보내놓고 나는 잠시 소파에 기대어 앉아 벽에 걸린 커다란 액자에 눈길을 던진다. 남편의 장편소설 출판기념일에 찍은 사진이다.

청년의 때에 어쩌면 저 액자속에 있는 많은 친구들중에 남편이 좋아했던 여자분이 한분 끼어 있을지도 모르겠다 싶지만 모두들 우리가 어려웠을 때에 우리를 흉보지 않고 격려와 수고를 아끼지 않았던 고마운 분들이다.

이미 자리를 뜨고 없어진 아주머니의 빈 자리에다 눈길을 떨구워 놓고 나는 또 한번 힘주어 속삭인다.

"아주머니, 행복은요, 그냥 자신에게 맡겨진 일에 최선을 다하면서 그냥 매사에 감사하는 거라고 생각해요. 그리고 악인의 꾀를 좇지 말고 자기의 유익을 위해 남을 해코지하지 않는 거라고 생각하는데요. 그게 말처럼 쉽지는 않지만 그래도 그래야 마음이 편하지 않을까요?"

창 밖에서 크라이슬러 승용차가 한 대 미끄러지듯 멈추더니 미국남자 한 명이 섞인 대여섯 명 고급스런 차림의 여자들이 우르르 쏟아지고 있다.

그들이 우리 가게를 향해 발끝을 옮기는 걸 보고 난 얼른 자리에서 일어나 반가운 얼굴로 그들을 맞이한다.

"어서 오세요. 찾아 주셔서 감사합니다."

하루에 막걸리
한 말을 마셨던 남편이

나도 가끔씩 외식 같은 걸 할 때면 남편과 마주앉아 소주 한잔쯤 마시길 즐겨했지만 대체 그 술이란 액체를 맹물 마시듯 커다란 잔으로 목구멍 속에다 마구 쏟아붇는 사람들을 보면 참 이해하기가 여간 힘들지 않다.

"웬 술을 저토록 하마처럼 마셔대는 것일까?"

하지만 사실 술로 말하자면 내 남편처럼 많이 마셨던 사람도 흔치는 않을 것이다. 총각시절부터 두주불사였다.

남편의 고백으로 기억하자면 고등학교 졸업식날 샴페인으로 시작된 술이 지금껏 거의 매일 퍼 마셔댔으니 그걸 숫자로 계산해 보면 거짓말 좀 보태어 가히 천문학적 숫자가 될 것이다.

간단한 계산으로 하루에 소주 한 병씩만 해도 1년이면 365병. 강산이 네 번 가깝도록 마셔댔으니 365×40=14,460병. 하지만 어디 그뿐이겠는가. 기본이 소주 한 병일 뿐, 2병 3병 마신 날도 손가락을 꼽을 수 없을 정도이고 맥주, 양주, 막걸리는 또 얼마나 쏟아 부었을 것인가.

그래도 소줏불 탓에 갈짓자로 걷는 모습 한번 못 보았고, 어디 가서 실수 한번 한 적이 없다. 아무리 술을 퍼 마셔도 이튿날이면 거뜬한 몸으로 일어나 자기 할 일 다하고도 남으니 술 때문에 바가지 긁을 명분이 조금도 없다.

교회에 다니기 시작하면서도 주일을 빼고는 거의 매일이다시피 소주 한두 병씩을 밤마다 해치웠다. 남들이 콜라 한 병 마시듯 그렇게 아무렇지도 않게 마시는 술이긴 하지만 나이 들어갈수록 아무래도 건강에 적신호가 올 것만 같은 불안감이 들어가금씩 남편의 눈치를 보며 한 마디씩 바가지를 긁어 보았다.

"은혜 아빠, 그 술 이제 고만 마심 안 돼요? 그거 아무래도 건강에 좋지 않을 것 같애요."

"왜? 내가 술 먹고 할 일 마다한 적 있어? 게걸게걸 대길 했어? 무슨 덜 떨어진 짓 했어? 술집에 가길 해, 룸싸롱에 가길 해. 카바레, 나이트클럽엘 가길 해. 왜 자꾸 긁어, 진짜!"

"테레비에서 그럽디다. 매일 소주 한 병씩 마시는 사람들 모두 알콜중독자라고. 그런 사람들 결국엔 격리 수용해야 되구. 그래도 낫는 사람 드물데요."

"씨꺼!"

대체로 남편은 그랬다. 그뿐이면 또 모르겠는데 하루 종일 보따리 들고 시장바닥을 뛰어다니다가 파김치가 되어 들어오는 날이거나, 원고 쓰느라고 머리악을 쓰는 모습 보면 공연히 마음이 안되어 보여 내 쪽에서 은근 슬쩍 건드려 본 적도 한두 번이 아니다.

"회 먹으로 갈까요? 아님, 돌곱창? 차돌박이 먹으로 갈까요?"

더욱이 산 좋고 물 좋은 경관을 함께 찾는 날이면 술은 빼어 놓을 수 없는 필수품일 수밖에 없다.

"이렇게 아름다운 경관을 구경하면서 술 한잔이 없다는 것은 비극이지."

어쨌든 이런 이유 저런 이유 등을 들어 남편의 술 행렬은 끊일 날이 없이 이어져 왔다.

그런데 참으로 기적같은 일이 일어났다.

그 동안 쭉 절친하게 지내던, 남편과 대학 선후배 사이기도 한 이웃 한 분이 아주 힘든 병에 걸리고 말았다. 가족들의 낙심이 이만저만이 아니게 되었는데 어느 날 갑자기 남편이 가방에 주섬주섬 짐을 챙기더니 기도원으로 나설 준비에 바빠 하는 모습을 보고,

"뭐죠? 갑자기 기도원엘?"

"응, 사흘 동안 금식하고 올꺼야. 최 선생님 병 낫게 해 달라고 하나님께 매달릴 테야."

"금식까지요?"

"응."

그리고 남편은 사흘 동안 오산리 금식 기도원에서 금식 기도를 끝마치고 내려왔다.

남편의 금식 기도는 이번이 처음은 아니었다. 3년 전 이맘때도 남편은 이른 아침부터 짐을 챙기면서 어금니를 질끈 깨물며 말했었다.

"5일 금식할 테야. 그리고 술 끊을 꺼야. 담배두."

"담배야 뭐 하루 한 두 개피 하는 둥 마는 둥 하니 끊고 자시고 할 것 없잖우?"

"그래도."

그렇게 5일 금식을 마치고 내려왔는데 그 때야말로 정말 나는 남편이 술을 딱 끊을 줄 알았다. 작심삼일이란 말대로 남편은 삼일을 못 넘기고 또 술을 마셨다.

"괜스리 굶기만 했지, 뭐유?"

"……."

그런데 이번은 정말 달랐다. 더욱이 술을 끊겠다는 목적으로 금식기도원에 올랐던 것은 결코 아니었다.

"최 선생님 병 낫게 해 달라고 가는 거야, 오직."

참으로 놀라운 것은 그 이후로 남편은 술을 마시지 않는 것이었다. 오늘까지 1년이 지나고도 석달째다.

이것은 정말 기적 중의 기적이다. 그렇다고 해서 억지로 안 마시려고 안간힘을 쓰는 것도 아니다. 술을 입에 대어봐도 통 속에서 받지를 않는다는 것이다.

남편도 스스로 그것이 몹시 희한했던 모양, 곧잘 혼자서 중얼거리곤 했다.

"야! 이거 정말 희한하네. 술 생각이 별로 없어. 또 좋은 안주가 있어서 한두 잔 먹어 봐도 통 받지가 않아. 화가 날 때도 이전 같았으면 소주부터 사들고 왔을 텐데 말야. 마트에 잡동사니 사러 갈 때도 소주부터 챙겼는데 말야."

그것이 하도 기적 같은 일이라 아직도 긴가민가 할 정도지만 어쨌든 1년 석달 째나 소주를 입에 대지 않는다는 것은 여간 놀라운 사건이 아니다. 하긴 결혼 전에 매일 막걸리 한말이었다면 믿을 사람이 있을까.

어느 날 저녁 퇴근길에 길가에 외롭게 서 있는 포장마차를 가리키며 내가 슬쩍 건드려 봤었다.

"은혜아빠, 곱창 안주 해서 소주 한 잔 할려우?"

"싫어!"

"진짜?"

"이런 마누라 하군, 참!"

"헤헤, 한번 떠 봤지용."

사십년 가까이 퍼 마셔 왔던 술마귀가 이제 우리 집에서는 갈 곳을 잃고 방황하는 꼴이 되었다. 딸아이도 그게 몹시 신기한 모양이었다.

"엄마, 진짜로 아빠 술 생각 없나 봐."

"응, 그런가 봐."

"쓰레기통에 술병이 없으니깐 신기해."

"돈두 많이 절약되구."

"그래서 아빠 술 안 마시는 돈으로 나 과외공부 시켰구나?"

"그래서만은 아니야. 대학 가려면 모자란 수학을 보충해야잖아."

어쨌거나 이번에야말로 남편의 술버릇이 많이 좋아질 것이라고 믿는다. 술을 안 먹으려고 발버둥치는 게 아니라, 먹고 싶어도 속에서 받아주질 않는다니 그건 바로 된 일이라 싶기 때문이다.

문득 하나님이 하신 말씀이 새삼스레 가슴을 친다.

'네 이웃을 네 몸과 같이 사랑하라.'

그 말씀 속에 담긴 진리를 비로소 음미하게 된 것도 여간 감사한 일이 아니다. 남을 사랑하라는 뜻은 남이 잘 되기 위함이기도 하지만 나 자신이 잘 되기 위함이라는 것을. 우리가 이웃을 위해 진실한 사랑을 보여 주면 나도 살고 이웃도 살 수 있다는 오묘한 진리의 말씀을…….

남편이 술을 아주 덜 마시게 되었다. 그것은 우리 가족으로서는 도저히 상상할 수 없었던 기적 중의 기적일 수밖에 없는 일이다.

하지만 남편이 캔맥주 한두 개 정도도 마시지 못한다는 것은 결코 아니다. 매일 소주 2, 3병 마시지 않으면 잠을 못 자던 습관이 끊어졌다는 것이다.

'하나님, 진짜가 맞죠? 남편이 술을 절제하게 된 사실 말이죠.'

첫아이 돌인데 뱃속에 또 쌍둥이?

조금 전 손님이 맞춤옷을 찾아갔다.

한데 아무래도 그 남자 손님이 선물해 주고 간 이야기의 여운이 아직도 귓가에 생생한 것이 나도 모르게 자꾸만 입가에 떠올려진 미소가 쉽게 감추어질 줄 모른다.

며칠 전 배가 남산만하게 불러온 산부가 부인에 비해 훨씬 나이들어 보이는 남편과 함께 옷을 맞추러 왔었다.

"산달인가 봐요?"

그렇게 묻는 내 말에 볼우물이 예쁘게 패인 여자 손님은 쑥스러운 듯 잔잔한 미소만 지을 뿐 대답이 없었다. 그것이 못내 궁금해서 내가 다시 물었다.

"산달이죠?"

그녀가 옆에 서 있는 남편을 힐끔 쳐다보며 여전히 웃기만 하는 모습이 더더욱 호기심을 돋구었다.

나는 그냥 지나치질 못하고 다시 물었다.

"배가 많이 불렀는데 곧 낳게 되시는 게 아녜요?"

그제서야 그녀의 남편이 아내를 대신해서 조금은 대견한 듯 대답하는 것이었다.

"쌍둥이예요."

"네? 쌍둥이요. 어머나! 수지 맞으셨네요. 그래 몇 달 됐어요?"

"6개월요."

"세상에, 6개월인데 쌍둥이라서 그렇게 배가 부르군요. 그런데 무슨 행사 있어요? 한복을 맞추시게."

"첫아들 돌이에요. 잔치를 하고파서요. 한복을 입고서요."

순간 나는 그 남자의 말이 쉽게 이해가 가지 않아서 속으로 머리를 갸우뚱했다.

'첫아들 돌잔친데 벌써 뱃속에 6개월 짜리 쌍둥이?'

하지만 남의 일인데 더 이상 생각하지 않기로 했고 그들이 옷을 맞추고 돌아가고 나서도 나는 별 대수롭게 생각지 않았다.

그런데 오늘 그녀의 남편이 맞춤옷을 찾으러 왔다가 내게 던져준 이야기는 참으로 오염되지 않은 신선한 충격이었다. 그가 풀어놓은 이야기가 나의 가슴을 감동으로 두방망이질 하기에 충분했다.

"제 여동생이 몇 해 전 자궁암 수술을 받았는데 그 후로 아이를 도저히 낳을 수 없게 되었지 뭡니까. 동생은 아이가 없어요. 그러니 시댁부모님 눈치도 여간 부담스럽지 않고 남편한테도 미안해서 늘 죄인처럼 살아왔어요. 어느 날, 동생 부부가 중대한 결심을 하고 내게 의논하러 왔지요. 중국에 가서 평소부터 잘 알고 지내던 조선족 여자 한 사람에게 대리모로 인공수정을 시켜서 자식을 얻을 결심을 했다고 말이죠. 그 말을 들은 제 아내가 펄쩍 뛰면서 말렸어요."

"아니, 왜요?"

"뱃속의 아이에게 태교가 얼마나 중요한 것인지 아느냐며 말이죠. 좋은 심성을 뱃속 아이에게 가르쳐 줘야 하고 맑고 아름다운 태교음

악도 들려줘야 하고 영양도 골고루 내 자식처럼 공급해 줘야 한다는 등…….”

“그래서요?”

“제 아내가 선뜻 나섰어요. 자기가 대리모가 되어 아이를 낳아주겠다고 말이죠.”

“오호라! 그래서요?”

“그래서 지금 저 뱃속에 들어 있는 쌍둥이는 제 아이가 아니라 제 동생 부부의 아이입니다.”

“……!”

내게 유익이 없으면 자신을 희생양으로 삼을 수 없다는 논리가 진실처럼 우리들 삶 속에 부동의 자세로 옴짝달싹도 않는 세상이다. 네것 내것을 계곡처럼 쫙 갈라놓고 서로 넘어 오지도 넘어 가지도 말자는 식의 세상이다.

참으로 너무도 보기 드문 인간애를 접하고 나는 요동치는 감동으로 눈시울이 다 뜨거워지는 느낌이었다.

“저, 혹시.”

“예?”

“교회에 다니세요?”

“교회요? 아뇨. 교회의 교자도 모르는 걸요.”

“실례지만 나이는 어떻게. 부인과는 몇 년 차이쯤 나세요.”

“12년 차입니다. 이래저래 아내에게 미안한 게 한두 가지가 아니죠.”

“네에…….”

“아내가 너무 고마워요. 그래서 제가 뼈가 부서져라 일해서 아내를 행복하게 해 줄랍니다.”

“부인께서 아저씨를 너무 사랑하시는군요. 사랑하지 않으면 희생도 못하는 법이죠."

가게에 찾아오는 손님들과 마주앉아 이런 저런 인생살이를 나눌 때가 많다.

슬픈 이야기를 소설처럼 늘어놓는 사람, 남편이 바람피우는홧김에 덩달아 맞바람 피운다는 사람, 친구사업 빚보증 섰다가 10년은 죽을 고생을 했다는 사람, 80이 다 된 할머니가 5살 연하의 영감님과 늦바람이 난 이야기, 늙어서 자식한테 괄시받지 않으려고 있는 재산 두 손으로 꽉 움켜잡고 살다가 며느리한테 내어다 버려졌던 할머니, 최고급 승용차를 타고 다니며 돈을 물쓰듯 하면서도 돈이 없다고 투덜대는 귀부인, 가난한 과일 노점상 아줌마의 신세 한탄 등등.

그런데 까닭없이 가슴이 허전하게 느껴지는 건 무엇 때문일까. 교회에 다니면서 하나님을 사랑하고 이웃을 네 몸과 같이 사랑하라고 가르침을 받은 내가 만약 그 여자의 형편에 처해 있다면 나는 어땠을까?

나는 종일토록 선뜻 남을 위해서 대신 아이를 낳아 주겠다고 나설 수 있을지 하는 양심과의 치열한 줄다리기로 마음이 줄곧 복잡했다.

결국 나는 스스로 고개를 갸웃거릴 수밖에 없었다.

"글쎄……."

며칠 전 가평의 한 요양소에서 암과 투병생활 중인 최 선생님 부부를 위해 기도 동아리와 함께 다녀왔다.

바쁜 생활 중에 어느 순간 퍼뜩 정신 차려보면 불행한 처지에 놓인 이웃들을 너무도 박정스레 잊고 살았다는 자책감에 몸이 떨릴 때가 많다.

최 선생님의 경우, 남문고등학교 교장님이셨고 유교적 관습이 몸에 밴 분이라 전도도 어려웠다. 하지만 남편과 그렁저렁 어울리면서 그 가슴이 조금씩 열리더니 어느 날부턴가 교회에 나오기 시작했었다.

하지만 어느 날 갑자기 교회내에 일기 시작한 분쟁의 소용돌이 속에 휘말린 채 최 선생님은 하나님이 어떤 분인지 구원의 실체가 무엇인지 체험해 보지도 못하고 홀로 병상의 고독으로 몸을 떨어야 했다.

사실인즉, 나이 많은 목사를 젊은 목사로 갈아치우고 개혁의 깃발을 꽂자며 거룩한 예배시간에 인쇄물을 내돌리는가 하면, 대자보를 내붙이고 인터넷에 올리기도 했다.

이런 것들은 결국 누워 자기 얼굴에 오물을 뒤집어 쓰는 격이다. 한 영혼을 천하보다 중요하게 여긴다는 사람들이 교회 안에서 개혁이라는 허울 좋은 구호를 내걸고 서로 머리가 터져라 싸우는 모습이란 너무도 한심스럽고 속상했다. 이런 와중에서 최 선생님은 예수님의 향기도, 심오한 사랑의 진실도, 구원에 대한 절절한 궁금증도 풀지 못한 채 쓸쓸히 병상에 누워 계셨다.

내일 내가 죽으면 오늘 못 다한 사랑의 실패로 훗날 하나님 앞에 가서 준엄하게 꾸중받을지도 모른다. 그런데도 오늘의 사랑을 세월의 강물에 그냥 종이배처럼 띄워 보내면서 나도 사람들도 잘들 내일을 외쳐 왔다. 아무리 세상 끝에서 지혜를 모두 끌어다 대어도, 돈이 아무리 많아도, 나는 새도 떨어뜨릴 권력을 소유했어도, 미사여구를 총동원해서 훌륭한 설교를 해도, 그 모든 것에 행위가 동반되지 않으면, 그 모든 것이 회칠한 무덤이고 위선의 옷자락 속에 숨어 있는 죽이는 영혼이라고 생각하는데 내가 지나친 것일까.

다시금 오늘 맞춤옷을 찾아간 남자 손님에게 물었던 말이 부끄러운 메아리가 되어 내 가슴을 울린다.

"교회에 다니세요?"

오늘 밤 소쩍새 울음소리가 들리는 침실에서 남편에게 한번 졸라

봐야겠다.

"은혜 아빠, 우리 옛날에 다니던 군인교회에 한번 다녀올까요? 우리가 결혼식을 올렸던 그 작은 교회 말이죠"

지난날, 가난하여 살기 힘들었던, 그러나 사랑하기 때문에 가난이 마음에 와 닿지 않았던 시절, 나는 남산만큼 불러온 배를 일으켜 남편과 함께 새벽기도회를 하루도 빠짐없이 다닌 적이 있었다.

그 해 여름, 천둥번개가 하늘을 깨뜨릴 듯했고 장대같은 작달비가 우박처럼 쏟아지던 새벽에 손바닥만한 우산을 마주잡고 새벽기도회를 갔었다.

또 그 해 겨울, 칼바람이 볼을 에듯 추웠던 새벽에도, 주먹만한 눈송이가 펑펑 쏟아지던 새벽에도 우리는 손가락을 호호 불어가며 마을의 입구에 조그맣게 엎드려 있는 군인교회로 행복을 머금고 새벽기도를 다녔었다.

우리는 10여 년이 넘도록 그 작은 군인교회에서 많은 목사님과 친했고 또 많은 군종병, 많은 친구들을 사귈 수 있었다.

그런 그 교회는 우리의 고난의 어깨 위에 짊어 지워진 불신의 벽을 허물어준 너무도 고마운 교회였다.

'이제는 고향처럼 그리운 교회가 되었어…….'

그 교회에서는 한번도 목사님을 불신해서 분쟁이 일지도 않았고 성도의 잔치에 초대받은 목사가 이 사람 눈치 저 사람 눈치 보지도 않았다. 서로 싸우고 비방하는 세력도 없었다. 비록 안수집사, 권사, 장로는 없어도 땀 냄새 자욱한 젊은이들의 힘찬 찬송가 소리가 귀청을 울리는, 제직회라는 도마 위에 사람들을 올려 놓고 마구 난도질하는, 좌우지간 최소한 행위 없는 믿음의 목청을 높이는 사람은 없었다.

어쨌거나 오늘 감동 어린 사연을 전해 준 그 남자 손님에게 물어

보았던 질문이 자꾸만 되돌아와서 내 가슴을 친다는 느낌이 들어 하루 종일 마음이 편치 않았다. 아무래도 투병중인 최 선생님 댁을 다시 한번 위문하고 열심히 기도해 주고 와야겠다.

그래야 교회에 가서 떳떳하게 마음 놓고 손벽 치며 하나님께 찬양을 드릴 수 있을 것 같다. 그리고 분쟁의 회오리 속에서는 침묵만큼 위대한 항변도 없다는 것도 뼈 아프게 깨달았다. 문득 남편에게서 배운 바이블의 한 구절이 뇌리에 떠올랐다.

"Still and know that I am your God……."

"하나님, 제가 앞으로 그와 같은 물음을 받았을 때 그 질문에 책임을 질 수 있는 가슴이 되었으면 좋겠습니다."

"교회 다니세요?"

"그럼요, 교회 다니고 말고요."

임종의 미학

암으로 투병하시던 최 선생님이 그예 돌아가셨다. 이 나이가 되도록 살아오면서 나는 가까이로는 내 부모님의 임종을, 그리고 시어머니와 시누이, 시아주버님과 또 많은 친척 어른들의 죽음을, 그리고 가까이 지내던 이웃 어른들과의 이별의 슬픔을 많이 보아 왔지만 이번처럼 삶과 죽음의 문턱을 치열하게 넘나드는 안타까운 임종을 바라보기는 처음이다.

"인생이란 정말 듣던 대로 덧없기 짝이 없구나."

최 선생님은 내가 다니는 교회에서 가까이 접하고 사는 이 집사님의 남편이신데 30년도 넘게 청춘을 바쳐온 고등학교의 교장으로 취임한 지 몇 달도 지나지 않아서 어느 날 갑자기 대장암 말기라는 청천벽력 같은 선고를 받으셨다. 본인은 물론이려니와 90이 넘은 어머니와 그 가족, 선생님들과 제자들이 받은 충격이 오죽이나 컸겠는가.

하지만 사형선고나 다름없는 의사의 진단을 담담한 모습으로 받아들인 채로 최 선생님은 바라보기에 너무도 의연할 만큼 암과의 사투를 용감하게 견디어 오셨다. 그리고 그토록 끈질긴 가족들의 기도와 권유에도 철옹성처럼 굳게 닫혀 있던 가슴을 열고 어느 날부터 교회에 나오시기 시작했다.

"하나님을 믿게 된 것은 은총입니다. 감사하죠."

최 선생님은 병상의 침대에서 우리가 문병갈 때마다 그렇게 말하면서 빙그레 웃곤 하셨다.

그런데 많은 암환자들이 극심한 고통으로 괴로워 하다가 세상을 떠난다고 하는데 최 선생님은 전혀 고통을 느끼지 않았다. 그것은 병수발 드는 이 집사님과 자녀들에게는 생각하기 따라서는 엄청난 선물일 수도 있었다. 사랑하는 사람이 병들어 고통스러워하는 모습을 속수무책으로 바라보기만 해야 하는 가족들의 고통은 상상만 해도 지독한 고문이라는 것은 말할 나위도 없으리라. 사람들은 입을 모아 한 목소리로 말했다.

"기적 같은 일이에요. 고통을 느끼지 않는다는 게, 그쵸?"

하지만 모든 암환자들이 다 그러하듯 언제부턴가 최 선생님도 머리가 하얗게 빠지기 시작했고 얼굴은 날로 수척해 갔다. 몸은 날이 갈수록 여위어 갔고 복수가 차기 시작하는 것이 보는이로 하여금 여간 안타까운 게 아니었다.

"좀 어떠세요, 최선생님?"

그렇게 묻는 남편의 말에 최 선생님은 항상 미소 띈 얼굴로 대답했었다.

"뭐, 그렇죠. 뭐, 괜찮아요."

지금 생각하면 최 선생님은 유독 남편을 좋아했던 것 같다. 남편이 최 선생님과 가까워진 것은 암선고를 받기 6개월 전쯤 인데 항상 어느 누구 앞에서도 거리낌이 없이, 어찌 보면 지나칠 정도로 솔직하고 털털한 남편의 성격으로는 샌님같은 고등학교 교장 선생님을 가까이 하기에는 쉽게 마음이 내키지 않는 모양이었다. 그런 어느 날부터 남편은 최 선생님과 급속히 가까워졌는데 그것은 최 선생님의 버릇같은 중얼거림 때문이었다. 무언가 못마땅한 모습이 눈에 띠기만 하면 꼭 중얼거리곤 했었다. 언젠가 남편은 최 선생님과 함께 열두 개울의 계곡에서 어항으로 잡은 고기를 즉석에서 매운탕으로 끓여 먹으면서 소주잔을 맞부딪히며 즐거워했었다. 그 때 묘령의 남녀가 손을 잡고 숲 속을 빠져나오는 걸 보자 중얼거리셨던 말인즉슨,

"저 자식 조강지처 내치고 애인 데리고 다니는거야, 저거."

최 선생님의 그 중얼거림을 듣고 남편은 목젖이 달아나라 하늘을 쳐다보고 웃었었다.

그리고 시간만 허락되면 함께 소문난 메밀수제비를 먹으로 갔고 신북 온천 앞에 유명한 토종닭도 먹으러 갔다. 군에 간 은성이 면회도 부부 동반으로 함께 가 주셨고 맛나기로 유명한 칼국수집에도 함께 갔다. 남편이 바닷가재를 먹고 싶어 했던 것을 기억하고 있던 최 선생님이 어느 주일 예배를 마치고 바닷가재 요리집으로 데리고 가기도 했다. 투병 중인 어려운 상황 중인데도 최 선생님은 남편과 함께 조용하고 공기 좋은 계곡 등을 요산요수하며 찾아다니기를 몹시 좋아하셨다. 그리고 그럴 때마다 최 선생님의 입에서는 예의 그 중얼거림이 튀어나왔다.

"저 자식이 저거……."

그러면 어김없이 남편은 또 하늘 꼭대기로 고개를 꺾어 놓고 앙천대소했었다.

"우하하하하……."

그 때 삶과 죽음이 엇갈리는 처절했던 순간에 남편이 문득 문을 열고 방안으로 들어섰을 때였다. 최 선생님은 혼신의 힘을 다해 남편을 향해 최후의 미소를 빙긋이 보내 왔다. 그리고 연이어 나와 눈

길을 마주치며 하시던 말씀을 지금 생각해 봐도 너무도 가슴이 터질 듯 고마운 마지막 말씀이었다.

"영업은, 영업은……."

그 뒷말을 나는 듣지 않아도 충분히 알아들을 수 있었다.

"영업은 어떡하고 바쁜데 이렇게 왔느냐."

는 그 뜻이었음에 틀림없었다. 최 선생님은 항상 우리 부부에게 그런 식으로 인사를 보내 왔었으니까.

최 선생님은 환갑이 문턱에 이른 아내와 아직도 시집 장가가 미제로 남아 있는 남매와 아흔을 훨씬 넘긴 노모님을 남겨두고 홀연히 우리의 곁을 떠나가셨다. 가슴 아픈 이별을 고하고 난 뒤에 남아 있는 사람들에겐 외로움과 그리움의 가슴앓이가 언제까지나 끊이지 않겠지만 우리 슬픔의 뒤안길에서 또다시 움트고 있는 만남을 향한 소망의 싹이 있다.

"최 선생님이 살아계셨다면 내가 참 사는 재미가 있을텐데."

가끔 남편이 중얼거리듯 뇌아리는 말이다. 사람은 살아서도 죽어서도 잊혀지는 사람이 있고 영원히 잊혀지지 않는 얼굴이 있다. 어떤 사람의 죽음이 우리에게 쉬 잊혀졌다면 그는 살아있을 때도 이미 우리의 가슴 속에서 잊혀져 있었을 것이다. 그러나 죽음의 강 건너편에서서 여전히 우리에게 V자를 그리며 웃고 계실 최 선생님은 생전에도 우리에게 잊혀지지 않았던 소중한 이웃이고 친구였었다. 이제 어디를 둘러보아도 초록색 잎사귀는 모두 땅에 떨어져 하얗게 빛 바래 버렸고 발가벗은 나목의 잔가지들만이 불어닥친 겨울의 한파 속에서 파르르 진저리를 치고 있다. 사랑하며 살아가는 감사함이 지극하다고 하면 사랑하는 사람을 느닷없이 떠내보내야 하는 이별의 아픔은 너무 가혹하기만 해 보인다. 하지만 어쩔 것인가. 하나님은 인간으로 하여금 영원한 이별을 영원한 만남으로 뒤바꾸어 놓으시기 위해 천지가 찢어질 듯한 십자가의 고통을 스스로 짊어져 주신 것을. 그런 의미에서 임종은 또 하나의 미학일 수도 있겠다.

“하나님. 우리의 이별은 언제일지 모르지만 만남을 새롭게 갈망하는 절절한 가슴으로 인내의 쓴 잔을 소망의 잔으로 달게 마실 줄 아는 부부가 되었으면……. 풍진 세상 속에서 결코 가족과 이웃에 대한 사랑을 업수히 여기는 어리석은 부부가 되지 않게 하옵시면 참 감사하겠습니다.”

출항-하나님은 침묵의 신인가?

2003년 2월 6일, 딸 은혜는 배화여대 전통복식디자인 학과에 시부저기로 합격했다. 자기딴에는 한 군데만 내기엔 좀 불안했던지 입학원서를 여섯 군데나 냈었는데 여섯 대학 모두 합격했다. 하지만 딸아이는 결국 배화여대로 결심을 굳히고 말았다. 그것은 참으로 여간 다행스럽고 감사하기 짝이 없는 일이었다. 엄마의 한복 사업을 이어받아 그것을 좀더 학문적으로 체계화시켜 명실공히 한 한복가(家)로 굳게 자리매김 해보겠다는 딸아이와 식구들의 의견의 일치를 보았기 때문이었다.

딸아이는 요즘 일부 신세대답지 않게 원칙에 어긋나는 것을 몹시 싫어했고 특히 학생들이 도에 지나치도록 술에 취해 죽을 듯이 밤거리를 비틀거리며 이성을 잃는 모습을 몹시 싫어했다. 그것이 딸아이가 남녀공학을 선호하지 않은 이유 중의 하나이긴 하지만 그 무엇보다도 배화여대가 기독교 문화가 깊게 배인 전통 깊은 학교라는 점이 나는 물론 아빠의 마음에 꼭 들었던 탓이었다.

그리고 학교에 서둘러 등록금을 지불하고 난 며칠 뒤 드디어 아들 은성이가 2년여의 군생활을 무사히 마치고 제대했다. 예비군 모자를 자랑스레 눌러 쓰고 가게문을 밀고 성큼 들어섰을 때, 그 감사한 마음을 이루 다 말할 수가 없었다. 하지만, 오호애재라! 바로 그 시각에 대구의 지하철에서는 수많은 승객들이 화마에 휩싸인 채 지옥처럼 뜨거운 아비규환의 전철 속에서 아까운 목숨을 잃는 참혹한 비극이 벌어지고 있었다. 연일 TV에서 쉬지 않고 전해주는 아나운서의 안타까운 뉴스 속보가 너무도 가슴 아파 금새 울음이 폭발하려는 것을 참아내기가 여간 힘들지 않았다.

"엄마 숨이 막혀 죽을 것만 같아, 살려줘……."

"엄마, 나 죽어…… 사랑해."

"아빠. 지하철에 불이 났어요. ……오지마 아빠, 위험해."

"친구야, 나 지금 죽어 가고 있어, 나를 위해 기도해 줘……."

"어머니, 애들 좀 보살펴 주세요. 저는 죽습니다……."

"여보, 나 먼저 하늘나라로 올라가네, 나중에 와, 아이를…… 부탁해……."

"……."

게다가 불을 지른 방화 용의자의 말이 너무도 살똥맞고 기가 막혀 하늘이 무너져 앉는 느낌이었다

"혼자 죽기 싫고 함께 죽을려고 불을 질렀습니다."

온 국민이 가슴을 저미어 내는 듯 일손을 놓고 주저앉아 있는 판에, 그 날 저녁 우리 네 식구는 그래도 아들의 제대를 축하하는 의미에서 간단하게 외식을 했지만, 아직 이 시간에도 삶과 죽음의 문턱을 처절하게 오가고 있을 사람들의 참혹한 모습과 졸지에 가족을 잃고 울부짖는 유가족들의 치열한 절규가 자꾸만 각막에 어른거려 음식이 입에 들어가는 둥 마는 둥 속마음은 내내 편치가 못했다.

그리고 아들은 제대한 지 사흘도 안 되어 회사에 출근하기 위해 대구로 내려갔다. 직장이 대구지사로 발령이 났기 때문이다. 아마도 하루 전에 제대했으면 아들은 어쩌면 대구의 전철 속에 있을 뻔하지 않았을까 하는 외람된 생각도 해 보며 이래저래 아들 녀석이 고맙고 대견한데 그래도 가슴 속에서는 연일 추적추적 세우가 내리고 있으니 웬일일까.

내친김에 아들자랑 좀 해야겠다. 아들은 공부는 죽어라 싫어했지만 내가 보기엔 마냥 쾌남아다. 남달리 지닌 재주가 있고 매사에 긍정적이고 성격이 호방한 데다 몽니처럼 느끼하지가 않다. 욱기가 가끔 발동하는 게 흠이긴 하지만 뒤끝이 지저분 하지 않아 마음에 든다. 딸아이는 오빠가 돈을 너무 헤프게 쓴다고 안달복달이지만 엄마의 입장으로 보면 꼭 그렇지만도 않다. 그런 성격에는 그만 정도의 돈 쓸 줄 알아야 한다는 남편의 말에 나도 동감이다. 불의한 일에는 타협을 모르는 불통맞은 성격이 아버지를 꼭 빼어 닮았고 친구들과 사이에서 박쥐구실을 하지 못하는 것도 아버지와 꼭 닮았다. 성격이 호방하고 호연지기가 있어 사람들에게 호감을 꽤 많이 사는 편인데 그래서 그런지 여자친구도 꽤 많이 따르는 편이다. 이번에도 제대하자마자 선배형이 아들을 대구지사로 데리고 내려갔다. 왜 하필이면 대구냐며 마침 놀러와 앉았던 두부공장 아줌마가 영 못마땅해 하는 눈치였다. 그녀가 노파심으로 아들에게 잔소리를 해댔다.

"은성아, 대구에 내려가도 전철은 타지 말어. 원 무슨 놈의 전철 사고가 한두 번이래야 말이지."

그 날 내내 그 아줌마는 우리 가게 TV 앞에 앉아 수도 없이 가슴을 치면서 애통해 하며 내게 답답한 가슴을 종일토록 호소했다. 하지만 억장이 무너져 내리는 것은 나도 여느 사람들과 조금도 다를 바 없이 애절한 가슴앓이로 하루종일 죽을 지경인데 무슨 말로 속시원히 대답해야 할지 엄두를 못 냈다.

"왜 이렇게 무참한 사고가 우리 나라 방방곡에서서 하루가 멀다하고 터지는거야? 왜 아무 죄도 없는 선량한 사람들이 저렇게 참혹한 변을 당해야 해요? 하나님인지 신인지 대체 그분은 뭐하시는거야? 왜 저런 일에 침묵만 지키시는거냐구. 신의 가슴은 사랑이라 했잖우. 그런데 이게 뭐야. 왜 저 사람들을 구해 주지 못하는거야. 아유, 너무도 속상해 정말. 대답 좀 해봐요, 은성이 엄마아!"

"……"

서울에서 마악 돌아와 쇼윈도우 밖으로 망연하게 시선을 보내 놓고 한숨만 푹푹 토해 내며 앉아 있던 남편이 겨우 입을 열었다.

"신이 침묵을 지키다뇨. 신은 창세 이래로 한순간도 그냥 흘려보내지 않고 성서와 선지자들을 통해서 인류에게 해야 할 짓은 하고 하지 말라는 짓은 절대로 하지 말라고 수없이 타이르기도 하고 혼찌검을 내기도 하고 벌도 주고 저주도 내리고 그래도 말을 안 들으니 독생자인 예수까지도 땅에 내려보내 인류의 죄를 대신 지고 십자가의 형틀에 못을 박아 죽게 했습니다. 그렇게까지 했는데도 불구하고 인간이 오히려 신의 그 절절한 사랑의 간섭을 귀찮아 했죠. 전혀 말을 듣질 않았습니다."

"……"

"인간은 흡사 자빡뿔을 닮아서 신이 하라는 일은 절대로 순종 않고 하지 말라는 일만 골라서 저질러 왔어요. 인류 역사가 그렇게 불순종의 반복이에요. 한번 곰곰히 생각해 보세요. 사람들이 신이 시킨 대로 각자 맡은 일을 성실하게 하질 않잖아요. 처음부터 끝까지 고집불통으로 하지 말라는 짓만 골라서 해오지 않습니까.

하라는 대로는 안 하고 하지 말라는 짓만 기를 쓰고 골라했으니 이런 참사가 일어날 수밖에 없잖습니까. 이번 사고만 해도 그렇죠. 우리 모두가 해야 할 일을 하고 하지 말아야 할 일은 하지 않았으면 왜 이런 참사가 벌어졌겠습니까. 신은 결코 침묵하고 계신 것이 아닙니다. 어제도 오늘도 내일도 영원히 인간을 사랑하고 차라리 귀찮을 만큼 간섭하시죠. 다만 인간이 죽살이지게 하라는 일은 하고 하지 말라는 일은 하지 말라는 충고의 말을 죽어라 듣지 않는 것입니다."

"……."

"그럼, 왜 누군 죽고 누군 살고 그렇게 불공평하죠?"

"그럼, 아줌마가 오늘 그 전철 속에 있었다면 속이 후련하겠소?"

"……."

밤 늦게 대구에 내려 간 아들에게서 전화가 왔다. 나는 잘됐다 싶어 잔소리를 싫어하는 아들에겐 비록 사족이 될망정 평소에 꼭 하고 싶어도 기회가 없어 하지 못했던 말을 홍수처럼 쏟아내었다.

"은성아, 무슨 일에나 자기 잘난 것을 남에게 나발을 부는 게 아니다. 절대로, 네가 아무리 남을 돕고 혜택을 주고 헌신 봉사 했다 해도 절대로, 절대로, 공치사는 금물이다. 공치사는 자신의 입지를 아무 데도 쓸모없는 물거품으로 만드는거야. 언제 어디에서든 욕심의 씨앗을 과감히 파내어 버리고 성실과 의무를 다해 작은 일에도 책임을 다하는 삶을 살아야 해. 알겠니?"

하루 종일 머리가 지끈거릴 만큼 두부공장 아줌마의 성화에 시달렸던 터에 마침 남편이 적시적절하게 그만큼이라도 해명해 준 것이 무척 고맙다 싶다. 어느새 남편의 신앙심이 저렇게 훌쩍 성숙해졌다는 것이 여간 감사하지 않다는 느낌이다. 그렇구나, 하나님은 어느 한순간도 인간의 불행에 대해 바위처럼 침묵만 지키고 계신 것이 아니었다. 나의 고집 때문에, 나의 이기 때문에 죄없는 우리의 이웃들이 엉뚱하게도 그토록 참혹한 순교의 십자가를 짊어진 것이었다. 하나님은 차라리 귀찮을만큼 인간의 생사화복에 간섭이 잦은 분이셨다.

"하라는 짓은 하고 하지 말라는 짓은 하지 말라…… 하나님, 은성이가 무사히 군생활 마치고 제대할 수 있게 도와 주셔서 참 감사합니다. 그리고 제대하자마자 뒤웅박차고 바람이나 잡으러 다니는 허무의 군상을 닮지 않는 모습이 너무도 감사합니다. 비록 부모에게 분잿깃은 물려받지 못했어도 오로지 뼈심들여 열심히 일하고 싶어하고 자신의 미래를 향해 비록 지금은 조그만, 하지만 스스로 새로운 출항의 닻을 힘차게 올리는 짓시늉이 너무도 대견스럽습니다. 하나님, 우리 은성이랑 은혜가 해야 할 일은 열심히 하고 해서는 안 될 일은 하지 않는 책임 있는 삶을 살아가도록 인도해 주시면 참 고맙겠습니다. 제가 엄마의 역할을, 아내의 역할을 끝까지 성실하게 다할 수 있게 해 주시면 참 고맙겠습니다."

무엇보다도 하나님은 결코 침묵의 신이 아니라 쉬지 않고 우리의 한순간 한순간을 사랑의 가슴으로 간섭하시는, 정말 소름 끼치도록 진실하신 분이라는 사실이 너무도 마음 든든합니다.

'하지 말라는 짓은 결코 하지 말고, 하라는 짓을 반드시 하라는….'

지나온 날들의 한순간 한순간이 늘 그러했지만 우리 가족은 또다시 새로운 도약의 징검다리를 한걸음 한걸음 잔다리 밟아 나갈 것이다. 딸 은혜는 엄마의 일을 이어받아 세계적인 한복연구가가 될 꿈을, 아들 은성이는 훌륭한 사회사업가가 될 꿈을, 우리 부부는 온 세상에 퍼져 있는 수많은 영혼들에게 좋은 읽을꺼리와 진솔한 삶의 감동을 함께 나누고 싶은 작가의 꿈을, 이제 우리는 그 꿈의 포구를 향해 가다가 죽으면 죽으리라는 각오로 또 한차례 우리 삶의 바다 위에 출항의 닻을 힘차게 올린다. 항상 느껴온 것이지만 새로운 출항의 시작은 이처럼 마냥 설레고 가슴 두근거리게 한다.

어느 새 봄의 입김이 코끝에 따사롭다. 가까이 또는 멀리 올려다보이는 산자락에 곧 다가올 방춘화시의 꽃철이 늘어지게 기지개를 켜고 있는 모습이 너무도 반갑다. 하나님이 또 내 영혼의 창을 똑똑 두드리며 잔소리를 늘어놓으신다.

"얘야, 행복의 샘은 내가 하라는 짓은 하고 하지 말라는 짓은 결코 하지 않는데에 있단다……."

2005년 1월4일 KBS 아침마당

2005년 1월 4일. 그 날 우리 부부는 KBS 방송국 '아침마당'에 출연하기로 된 날이었다. KBS방송국에서 예약해 준 호텔에 짐을 풀어놓고 나서 그 일이 아무렇게나 해치울 일도 아니라 어지간히 긴장된 탓인지 밤을 홀딱 새우고 말았다. 잠을 못 잔 탓인지 눈두덩이 내려앉을 것 같았지만 정성스레 화장이랑 머리를 손질한 뒤 희뿌옇게 밀려오는 새벽안개를 뚫고 호텔을 나섰다.

처음 출판사의 소개를 받은 방송국 PD에게서 방송출연 권고를 받았을 때 솔직히 얼떨떨한 느낌이었다.

"세상에 우리 부부가 방송에까지 초대를 받다니…."

하지만 PD측에서 정중하게 요청해 오는 말에는 참따랗게 낭패감을 금할 수 없었다.

"어려움을 극복하고 현재의 행복한 삶을 이루기까지 부부간에 갈등의 골이 꽤 깊었을 텐데요. 그 부분을 좀 리얼하게 표현해 주셨으면…."

죄송하다는 말과 함께 그렇게 조심스레 말해 주는 PD에게 나는 조금 웃음을 흘리면서 대답했다.

“갈등이라구 말씀하셨는데, 저희 부부는 고난의 가시밭길을 구리 귀신처럼 헤쳐 나오느라 고생도 많았고 좌절도 많이 했지만 그렇다고 갈등은 없었어요. 우리는 신앙과 사랑의 힘으로 한결같이 살아왔거든요. 갈등이란 우리 부부에겐 전혀 가당치 않아요. 없었던 얘기를 억지로 만들어 할 수는 없잖겠어요.”

그렇게 심드렁하니 말을 마쳤는데 며칠 뒤 PD에게서 다시 전화가 왔다.

“그러시다면 아름다운 부부의 이야기로 1월 첫방송으로 내어 보내기로 저희 아침마당 팀들이 잠정 결정했으니 1월 4일 8시 30분 KBS아침마당 생방송에 차질 없도록 부탁드리겠습니다.”

“잘 알겠습니다. 감사합니다.”

이렇게 해서 방송을 무사히 끝내고 곧바로 서둘러 발걸음을 옮겼다. 방송국에서 멀지 않은 곳에 살고 있는 남편의 친구분 내외가 점심을 준비하고 기다리고 있으니 꼭 들려서 점심을 먹고 가라는 전화를 받았기 때문이었다. 배우 차태현 군의 부모님이기도 한 그 분들은 남편과 고교 동창생이기도 했지만 우리 부부가 경기도 회암리 산골에서 어렵게 살 때에도 여러 번 위로차 찾아와 주셨던 분들이다. 말술을 퍼마셔대는 데다 괴덕스럽기 짝이 없는 남편을 향해 별 볼일 없는 괴물이라고 동네 사람들이 입을 모아 손가락질할 때였는데, 그 분들이 우리 집에 몇 번 다녀간 뒤로 그토록 비숏거리로만 남편을 보던 사람들의 시선이 훨씬 부드러워지기도 했던 것이 지금 생각해도 여간 다행스럽지 않다.

그런데 그 댁에서 키우는 강아지 두 마리의 재롱에 나는 그만 얼굴이 와르르 무너지는 느낌이었다. 처음 보는 사람들을 반기며 뛰어 안기는 것도 그렇지만 차 장로님이 녀석들의 그릇에 먹을 것을 놓고 한참 기도 할 동안 그 두 마리의 강아지들이 엉덩이를 땅에 붙이고 침을 뚝뚝 떨구면서도 꼼짝도 않고 앉았다가 "아멘" 하고 기도가 끝나고 나서야 허겁지겁 음식을 먹어 치우는 모습이 너무도 재미있었기 때문이었다.

"사람들이 재미있고 은혜스러우니 강아지도 닮나 봐. 그죠?"

"흐흐흐, 그러게 말이야. 흐흐흐!"

남편의 웃음소리는 대체로 천정이 무너질 듯 요란스럽기도 하지만 때로는 이렇게 시니컬할 때도 종종 있다.

어쨌거나 방송의 힘이 놀랍다는 것은 평소에도 느끼지 않은 바가 아니지만 그 날 전철역에서부터 사람들이 알아보고 말을 건네기 시작하더니 전철 안에서도 어느 새 사람들이 반가운 눈길을 건네며 아는 체 해주는 것이 참으로 마음 한쪽이 봄바람에 휩싸인 듯 여간 따스하고 흐뭇한 것이 아니었다.

"참 오랜만에 유익한 프로를 봤어요."

"어쩌면 그렇게 두 분이 천생연분이세요?"

"그렇게 힘들게 고난을 헤쳐온 사람들이라고는 도저히 믿어지지 않을 만큼 얼굴이 평화스러워요. 왜죠?"

"그렇게 힘든 삶을 살았으면서도 두 분 모두 작가가 되어 책을 내시다니 참 대단해요. 정말!"

그 날 'KBS 아침마당'에서 한 시간 내내 재담을 늘어놓은 우리 부부는 그 날 이후로 전국의 어느 곳엘 가도 반가운 얼굴로 알아보아 주는 사람들이 있어 너무 행복했다. 평소에도 하나님께 감사하지 않은 것은 아니지만, 양주땅 회암리라는 벽한궁촌에서 태어난 시골고라리가 좋은 남편 만나 수필가도 되고 한복디자이너도 되고 방송에도 출연하고, 일일 명예시장도 되고 대체 이게 웬 횡재냐 싶지만 비록 부족하더라도 고난의 세월을 하나님 제일주의로 살려고 애쓴 우리 부부의 믿음을 긍휼히 보시는 하나님의 은혜가 아닐까 싶다.

"하나님, 감사합니다. 남은 세월도 더욱 모범된 부모, 모범된 부부, 모범된 성도로서 헌신과 봉사의 삶을 열심히 살게 하옵시길."

2005년 1월 4일.

그 날 이후로 진짜 우리 부부는 두 개의 작은 별이 되어 서산에 있는 70년 된 운산교회에 함께 간증을 다녀왔고, 군부대에도 초대되었다. 앞으로 남편이 직접 쓰고 연출한 〈안악골 호랑이 김익두〉〈돌아온 탕자〉〈나는 부활이요 생명이니〉를 가지고 전국을, 어쩌면 세계를 돌아다닐지도 모르겠다. 왜냐하면 지금까지 우리가 가슴에 품고 있던 마음의 소원을 하나님은 하나도 빠짐없이 들어주셨기 때문이다. 최소한 우리가 정욕으로나 우리 자신의 유익과 명예를 위해서가 아닌 한은 그랬다.

"하나님, 드디어 하나님의 예비하신 축복의 천국 동산이 저어기 희미하게 보이기 시작하네요. 우리 부부 파파노년이 되어 쇠년에 이를 때까지 건강의 축복을 주옵소서. 그 때까지 저희들 열심히 할게요."

문득 열여덟 어린 나이때 소쩍새가 소쩍소쩍 울고 있던 날 밤, 윗목에 엄마와 마주앉아 산나물을 다듬고 계시던 친정아버지가 하시던 말씀이 생각난다.

"차암, 뉘집 딸년이 건너마을 향나무 밭에 사는 괴물눔헌테 시집갈지 모르지만서두 그 집 딸년 팔자 불 보듯 뻔언하다!"

"……."

남편 별명은 쌍기통

지금도 그 때의 일을 생각하면 웃음이 터져 나오는 것을 어쩔 수 없다. 내가 17살 처녀 적 일이다. 우리 동네에는 칠봉산이라는 수려한 경관을 자랑하는 산이 있었다. 지금부터 30여년 전 이야긴데 그 때만 해도 동네 청년들은 아침식사를 마치고 나면 도시락을 지겟다리에 걸어메고 그 칠봉산으로 나무를 하러 갔다.

우리 오빠는 소바리짐으로 나무를 해 오기도 했다. 가까운 야산에서는 땔나무를 할 만큼 나무가 없었기 때문이기도 하지만 거의가 종중 땅이거나 외지사람 소유의 산이기 때문에 나무를 하고 싶어도 산 주인의 눈치가 보였기 때문이었다.

그 날은 일요일이었다. 지금의 남편과 데이트 약속을 했는데 그 칠봉산 입구에 있는 조그마한 돌다리 위에서였다. 하지만 막상 약속을 해놓고 보니 여간 불안한 것이 아니었다. 대체 사람도 잘 다니지 않는 으슥한 골짜기에서 만나 무엇을 하자는 것일까?

"갑자기 늑대로 변하면 어쩐담."

약속장소로 나가고 싶은 마음은 꿀떡같은데 발걸음이 그쪽으로 떨어지지가 않았다. 나는 남편과의 약속을 과감히 깨뜨려 버리고 친구들과 함께 같은 동네에 있는 회암사란 절에 올라가서 나절가웃쯤 놀다 내려왔다. 마음은 죄송하기 짝이 없었지만 일단 위기(?)를 넘겼다는 안도감이 마음속 깊이 자리 잡았다.

친구들과 마음껏 깔깔대며 회암사절을 거의 다 내려와서 동네 어구에 이르렀을 때쯤 어디선가 벼락같은 고함소리가 나길래 깜짝 놀라 소리나는 쪽으로 얼굴을 돌렸더니 이게 웬 일인가. 그가 배낭을 짊어 진 채로 사자 같은 얼굴이 되어 씨근벌떡대며 이쪽을 향하여 울그락불그락 하고 서 있었는데 순간 간이 콩알만큼 오그라드는 느낌이었다. 엉겁결에 나는 목을 조아리고 간신히 입을 열었다

"선생님, 죄, 죄송해요. 친구들이 하도 같이 회암사로 놀러 가자고 조르는 바람에…."

"씨, 씨끄러엇!"

"……."

옆에 있던 친구들이 무슨 일인가 싶어 나와 그 사이로 눈길을 부지런히 움직였는데 우리 사이를 눈치 채지 못했던 만큼 친구들은 도저히 이해할 수 없는 표정이었다.

"얘, 영휘야, 저 사람 왜 쥐약 먹은 똥개처럼 저렇게 날뛰냐?"

"서, 선생님이야."

"선생님? 무슨 선생님이 저렇게 되먹지 못하게 생겼니? 근데, 왜 저렇게 돼지 멱따는 소리 하는데?"

"내가 약속을 어겼거든."

"아니, 무슨 약속?"

"칠봉산 다리 앞으로 10시까지 나오라고 했는데 내가 안 나갔더니 저러시는 거야."

"아니, 뭐야? 널더러 칠봉산 다리로 나오라 그랬다구?"

"세, 세상에, 아니 선생님이 여학생을 왜 그리로 불러냈다지? 우와! 알고 보니 나쁜 놈이네. 널 어떻게 해먹을려구 그랬던 거야 어쩜!"

그 옆에 섰던 사지코 을숙이가 한술 더 떴다.

"나 저 사람 알아. 저 사람 별명이 뭐냐 하면 쌍기통이야."

"뭐? 쌍기통? 무슨 별명이 그래?"

"동네사람들이 그러는데 저렇게 소리를 잘 지르는데다 말술에다 싸움꾼이구 가진 건 쥐뿔두 없데."

"너희 동네 살어?"

"그렇다니까? 서울서 무슨 큰 사고치고 우리 동네로 몰래 숨어들어와 산다는데?"

"그건 말도 안돼. 그런 사람이 어떻게 영휘네 선생님이야?"

"그, 그건 말이지. 영어를 기똥차게 잘한데더라? 그래서 그 학교 교장선생님이 일부러 저 사람네 집에 찾아가서 사정했데. 학교에 나와서 영어선생님 되어 달라구."

친구들이 가슴이 숯껑처럼 타들어가는 내 마음은 조금도 모르고 자기네들끼리 찧고 빻고 접시를 깨는 것이 또 여간 속상한 것이 아니었다.

그가 또 친구들이 뜨악해 쳐다보고 있는 앞에서 벽력같이 소리를 질렀다.

"앞으로 내 앞에서 약속 따위는 하지 맛! 꺼, 꺼졌!"

"……."

병숙이가 내 팔을 끌면서 혀를 찼다.

"쯔쯔쯔, 돌았네 뭐. 제 정신이 아닌갑다. 얘, 어서 가자. 동네어른들 보면 혼날라."

사지코가 또 종알종알 거리며 입술을 일기죽거렸다.

"머리 좀 봐라. 볶았나? 꼭 라면 엎어놓은 거 같네. 얘, 코 좀 봐. 눈은 단추 구멍만한 게 코만 얼굴의 절반이다 그치?"

그 때 열일곱살 어린나이에 나도 모르게 왜 그런 말이 나왔는지 지금도 알 수 없다. 아마도 동네아줌마들이 여름 날 밤에 멍석을 깔아놓고 옥수수를 쪄 먹으며 깔깔대고 하는 말을 귀동냥으로 들었던 말이 나도 몰래 저절로 입에서 튀어나온 모양이었다.

"얘! 그런 소리 마, 코큰 남자치구 그거 작은 남자 하나도 없덴다 치잇!"

"그것? 그게 뭐야?"

"……."

며칠 뒤 그와 만났을 때 내가 조용히 물었었다.

"그 때 제가 약속을 어겨 참 죄송했는데요. 그래두 그렇지 그렇게 화가 났었어요?"

하지만 그가 털어놓은 이야기를 다 듣고 난 후에야 나는 터져나오는 웃음을 손바닥으로 눌러대느라 눈물이 날 지경이었다.

"아무리 기다려도 안 나타나니깐 몹시 초조해졌지 뭐야. 그런데 갑자기 군인들이 완전무장 한 채로 내 주위를 빙 둘러싸는 거 아냐?"

"네에? 그래서요?"

"누가 날 간첩으로 신고를 했던 모양이야."

"그, 그래서요?"

"M16소총으로 나를 잔뜩 겨눈 채로 군인들이 배낭을 뒤지는 거야."

"배낭을 뒤져요? 그 속엔 뭐가 있었는데요?"

"라면 두 봉지. 찌그러진 양은냄비. 그리고 헤밍웨이 원서 'Farewell to arms' 그뿐이었지."

"그래서요?"

"어디 사느냐고 주민등록증 내어놓으라고."

"그래서요?"

"주민등록증 집에 두구 왔고, 요 아래 향나무 밭에서 돼지 기른다고 했지."

"그랬더니요?"

"영어책을 읽을 줄 아냐고 묻길래 댓바람으로 내게 총을 겨눈 녀석의 볼퉁이를 주먹으로 한 대 후려갈겼지. 사람 뭘루 보느냐구."

"어머나, 그랬더니요?"

"무전기로 어따 대구 뭐라고 뭐라고 소리를 지르더라구. 그러더니 한 10분쯤 있으니까 덕정 파출소 경찰들이 백차를 타고 들이닥치더라구."

"네? 경찰이요? 그래서요?"

"경찰관 중 한 사람이 날 알아보고 반색을 했지 뭐야."

"아는 사람였나요?"

"그럼. 파출소장이 날 알아보니까 만사해결 됐지 뭐. 그런데 그 때까지두 나타나 주지 않구. 이래저래 화가 머리끝까지 치밀었던 거지. 아흐! 진짜루 그 때 일 생각하면 아흐…."

"……."

그 일이 있었던 지 어언 40여년이 물처럼 흘러갔다. 열일곱 살 풋사과 같던 솔봉이 소녀시절에 지금의 남편과의 데이트 약속을 어겼던 죄로 나는 씨식잖게 며칠 동안 밤잠을 제대로 못 자며 노루잠 괭이잠을 자며 엎치락뒤치락 괴로워했었다.

어느새 대학을 졸업한 딸아이가 스물두 살이다. 나는 내 삶의 커튼이 내려지고 천국을 입 맞출 그 때까지도 그 때 온동네가 떠들썩하도록 나를 향해 괴성을 질렀던 남편의 사자후 같던 목소리를 잊을 수 없을 것 같다. 그것은 40여년을 함께 동거동락해 오면서 나는 남편이 한번도 진실을 왜곡하며 자신을 포장하는 일을 본 적이 없고 나를 향한 남편의 사랑이 여전히 녹슬지 않았음을 가슴 깊이 신뢰하는 탓일 것이다. 그것은 용광로 같았던 고난의 담금질을 통해서 우리를 눈동자처럼 보호해 주신 하나님의 은총의 손길 덕분이다.

어쨌거나 양주땅에서 쌍기통이라는 남편의 괴팡스런 별명은 아직까지도 전설처럼 살아 있다.

인물추심

내가 내 남편이라서 그런지는 몰라도 이금희 아나운서 말따나 남편의 머리가 가수 아무개처럼 폭격 맞은 듯이 덥수룩하고 키가 남보다는 조금 작달막할 뿐이지 그렇게 범죄형으로 생겼다고는 한번도 생각해 본 적이 없다. 사실 겉모양은 그럴 듯하고 실속은 하나도 없는 굴퉁이보다야 백번 천번 내 남편이 낫다고 자부한다.

그런데도 불구하고 남편과 함께 버스를 타고 가다 검문소를 지나칠 때쯤이면 공연히 가슴이 콩당콩당 뛰는 것은 언제나 검문을 당할 때마다 경찰이나 헌병이 꼭 남편을 찍었기 때문이었다.

옛날에 이런 일이 있었다. 의정부에 볼 일 보러 다녀온 남편이 성난 황소처럼 숨을 쌕쌕대면서 쾅쾅대고 현관문을 들어섰다.

"왜 그러세요?"

"젠장헐! 마누라 보기에 내가 그렇게 범죄형으로 생겨 먹었어?"

"아뇨? 그 반대죠."

"그런데 왜 꼭 경찰관이나 백바가지(헌병)는 검문할 때마다 꼭 날 찍느냐구."

"그 사람들이 눈이 잘못 박혀서 그래요. 무슨 언짢은 일 있었어요?"

"그 왜 나한테 영어 배우러 오던 제자 중에 묘선이란 애 있었잖아. 마누라도 잘 알잖아. 걔네 아빠가 첩을 들여놓는 바람에 걔네 엄마가 졸지에 뒷방마누라 신세된 거."

"글쎄, 말해 봐요. 어떻게 됐다는 건지."

"아, 덕정사거리에서 버스를 세워놓고 백바가지가 올라오잖겠어? 묘선이랑 함께 지난 이야기를 하면서 즐거워하고 있는데 말야."

"그래서요?"

"아, 그 백바가지 녀석이 내 앞에 떡 버티고 서더니 주민등록증 내놓으라는 거 아냐."

"그러게 내가 뭐랬어요. 주민등록증 꼭 갖고 다니라고 하잖았어요. 그래서요?"

"주민등록증 없다구 했지."

"그랬더니요?"

"당장 내려서 검문소로 가자는 거야."

"애구, 그러게 왜 주민등록증을 안 갖구 다녀요 글쎄."

"오랜만에 옛 제자를 만났으니 봐달라고 했더니 안 된다는 거야."

"그래서 어찌 됐어요?"

"묘선이가 그 헌병한테 통사정을 했겠다."

"어떻게요?"

"중학교 때 영어선생님인데 신분이 틀림없으니 그냥 보내 달라고 통사정했어."

"그랬는데도 안 보내줘요?"

"요즘 ○○교도소 탈주범 때문에 경기도 일대가 초비상이 걸렸다면서 일단 내리라는 거야. 갑자기 화가 머리끝까지 치밀더라구. 댓

바람에 백바가지 멱살을 쥐고 흔들었지."

"뭐라고 하면서요?"

"그래 내가 탈주범 몽타주랑 뭐가 어디가 닮았느냐고 말이지. 졸지에 묘선의 입장은 엉망으로 뭉개져 버렸고 승객들은 바쁜데 싸울려면 내려가서 싸우라고 아우성이고 운전사는 운전사대로 빵빵거리고 말야. 별수없이 헌병 멱살을 움켜쥔 채로 버스를 내렸지."

"묘선이는 어쩌구요?"

"그냥 버스 타고 갔지 뭐."

"차암! 제자 앞에서 망신살이 뻗쳤구랴. 에이그! 그래서 어찌 됐는데요?"

"검문소 안에 들어가자마자 박치기로 헌병의 턱주가리를 냅다 들이 박아버렸지"

"세상에! 그게 말이나 돼요?"

"아아니, 생각해 봐. 비교할 데다 비골 해야지 글쎄, 그 백바가지놈이 몽타주 한 장을 들고 와서 나랑 몽타주를 연신 번갈아 보며 고개를 갸우뚱거리지 않겠어."

"진짜 그건 너무했네."

"이건 인격모독에다 명예훼손이고 뭐 자존심 팍 깔아 뭉게는거고. 안 그래? 그래서 박치기로 한 방 때린 거지 뭐. 금세 선임하산가 헌병대장이 엥엥거리며 들이닥치잖았겠어."

"그, 그래서요?"

"헌병대장이 쓰고 있던 썬글라스를 휙 벗어 팽개치더니 다짜고짜 내 멱살을 움켜쥐는 거야."

"어머머, 싸움이 벌어졌네 그럼?"

"검문소 안이 마치 제 세상인 듯 거만스럽게 히짜빼면서 날보고 건방지게 여기가 어딘 줄 알고 행패냐며 두 손으로 목을 막 조이지 않아. 숨이 칵칵 막혀 금세 숨이 넘어가겠더라구."

"저런!"

"에라 모르겠다 하곤 주먹으로 놈의 옆구리를 한 방 지르고 또 한 방 박치기를 터뜨렸지."

"그래서요?"

"놈이 바닥에 폭삭 고꾸라지데? 코피를 콸콸 쏟으면서."

"그럼, 그거 법에 걸리는 거 아니에요?"

"난 오직 외길로 끝까지 내달았지."

"외길로 내달다뇨?"

"주민등록증이 없으면 없는 거지. 왜 귀공자처럼 멀쩡한 얼굴을 흉악한 탈주범 몽타주에다 들이대며 연신 번갈아보며 사람 명예를 시멘트 바닥에 비벼댔느냐고 소리소리 질러댔지. 제자 앞에서 똥된 건 둘째 치구라도 왜 선량한 시민 검문소에 가둬 두고 목 졸라 죽일려구 악을 썼느냐고. 당장 육군 참모총장 대라고 펄펄 뛰며 바락바락 악을 써댔지 뭐."

"그, 그래서요?"

"헌병대장놈이 그제서 허겁지겁 죄송하다고 싹싹 빌두만. 숙호충비란 말처럼 그 녀석이 잠자는 사자 코털 건드렸다가 개피 본 거지. 그나저나 난 참 이상하네. 보안대장, 헌병대장하군 저승빚이 있나. 그 때 그 땡초놈이 그랬듯이 그 사람들이랑 전생의 웬수가 졌나."

"차암내, 하나님 믿는 사람이 전생이 뭐예요, 전생이. 제발 그 혈기 좀 죽여야지, 그 헌병 참 딱하게 됐네. 이마로 기왓장을 15장이나 깨는 실력이니 그 분 코뼈가 온전할려구. 아이그 참!"

"뭐 덕정국군병원으로 지프차 집어타고 치료받으려 내빼두만. 뭐 괘다리적게 굴기는 그 헌병대장 놈도 나 못지 않더구만."

그것이 우리 첫 아이가 두 살 나던 해였으니까 남편이 서른다섯쯤 되던 때쯤일 것이다. 하여튼 지금도 시장에 거의 매일 나가는데 지하철 같은 데서 거의 매일 경찰관에게 찍히는 수난을 당해 왔다. 하지만 그걸 무슨 수로 말릴 방법이 있겠는가.

2년 전 대구 지하철 참사가 벌어졌던 즈음의 일이었다.

광장시장에서 우리 가게와 단골로 거래하는 아줌마가 전라도 친정에서 갖고 온 고로쇠 물을 커다란 냉동실에 대량 보관해 두었다가 남편에게 한 통 주셨는데 물건보따리와 함께 그걸 들고 종로 5가 지하철을 마악 내려서는데 경찰관들이 우르르 달려들었다고 한다.

자라보고 놀란 가슴 소댕뚜껑 보고 놀란다고 대구 지하철에 어떤 정신 나간 사람이 신나통을 집어던지고 불을 지르는 바람에 수많은 불쌍한 생명들이 유명을 달리했던 것이 기억났던지 그 통에 든 것이 뭐냐고 따지더란다. 남편이 고로쇠 얼음물이라고 했더니 그래도 믿지 않고 뚜껑을 열어 맛을 보고서야 남편을 놓아주었다고 한다.

인물추심이란 말이 있다. 사람을 외모로 취급하지 말라는 뜻인데 성경에도 사람을 외모로 판단하지 말라고 했다.

답답한 것은 당시만 해도 나이 50을 훌쩍 넘어버린 담박한 얼굴인데도 여전히 종로 5가 지하철을 지나치려면 검문경찰에게 오메가메 찍힌다고 하니 가게에 앉아 있어서 눈으로 볼 수는 없는 형편이고 그렇게 남편을 시도 때도 없이 찍어대는 경찰관들이 한결같이 밉광스럽다.

양쪽 손에 물건보따리를 주렁주렁 매달고 있는 형편에 주민등록증 꺼내 보이는 것도 여간 꼰질꼰질 짜증스럽지 않을 것이다.

재치부인 태현엄마

"안녕하세요. 아차부인 재치부인입니다."

옛날 초등학교 시절에 라디오에서 아침마다 어김없이 우리집 안팎을 메아리쳤던 두 성우의 목소리였다. 우리 집은 옛날에 농사일이 많아서 식솔들을 위해서 새벽바람으로 부엌에 나가 아궁이에 불을 지펴 무쇠솥에 쌀을 앉히는 일이 내게는 버릇처럼 반복되는 일이었다. 거의 하루도 빠짐없이 듣던 그 성우의 목소리를 지금은 바로 눈앞에서 듣고 이제는 아주 절친한 사이가 되어 서로 찾아보고 찾아주는 사이가 될 줄이야 짐작이나 했겠는가.

더욱이 그 아들이 유명한 배우 차태현이다. 게다가 우리 은혜가 초등학교 시절에 그처럼 재미있게 들었던 '영심이'라는 만화의 목소리가 어떤 성우인지 꼭 한번 만나보고 싸인이라도 받고 싶어 했던 바로 그 목소리라니. 처음 그 분을 우리집에서 만났을 때 참으로 감개무량 했었다.

나는 처음 남편과 사랑을 주고받았을 때부터 나는 남편의 정체성을 조금도 몰랐었다.

"부모님이 서울에 계세요?"

"응, 이태원에."

"수기를 쓴 것 읽어봤는데 아버님이 친아버지가 아니람서요?"

"응."

"그럼, 아버님 쪽 식구들은요?"

"딸들이 여섯인데 모두 미국에 가 살어."

"그럼, 선생님도 미국에 가 살겠네요?"

"내가 왜?"

"아버님이 어머님 데리고 미국에 가실 거라면서요?"

"어머님이 싫다고 하셔."

"그럼, 아버님 혼자서 미국 가신데요?"

"호적도 이미 아버지랑 결혼한 걸로 올라 있는데 글쎄 어찌될지 잘 모르겠어."

"이 집은요?"

"흥, 20여년 동안 어머니랑 살면서 겨우 전세 100만원짜리 하나 마련해 준 거지. 자기네 딸들은 모두 일류대학 나오고 미국으로 보내놓고 엄마한테는 100만원짜리 전세방 그게 다야."

"……."

나는 그 때 남편이 벽촌에 들어와 개나 돼지를 기르며 살 수밖에 없는 이유를 어렴풋이 이해할 수 있었으면서도 꼬치꼬치 캐어물었다.

"영어는 그렇게 잘 하시는데 왜 서울에서 좋은 데 취직하시지 않고 시골에서 힘들고 고생스럽게 사셔야 하나요?"

"……."

"네?"

"군대에서 제대하고 나오니까 말이지, 여전히 단칸셋방에서 두 분이서 사시는데 말이지, 내가 그 틈을 비집고 들어가 생활하려니 가슴이 폭발할 것만 같더라구. 그래서 어느 날 시외버스 터미널에서 의정부행 버스를 탔고 거기서 직업군인과 결혼한 친척 누나가 살고 있다는 회암리행 버스를 올라타 버린 것이 그만….”

“…….”

그것밖에 아는 게 없는 상태에서 나는 남편을 사랑하기 시작했다.

말은 듣기 좋게 선생님한테 영어를 배우러 간다고 어른들에게 그럴 듯이 둘러댔지만 그렇게 핑계를 붙이지 않고서는 남편을 만나 볼 재간이 없는 것을 어쩌랴. 요즘처럼 전화가 흔하고 핸드폰이 있는 시대라면 오죽 좋았을까. 수시로 전화도 드리고 문자 메세지로 밀어를 나눌 수도 있으니 가슴이 숯껑처럼 타들어 가는 열병을 앓지 않았을 것이다.

동네 사람들은 어느 누구도 남편이 사람 구실 하기는 애시당초 틀려버린 사람이라며 입찬말로 혀를 내둘렀고 대체 어떻게 그런 사람한테 시집가서 살고 있는 건지 모르겠다며 동네 아줌마들이 하나같이 존조리로 혀를 찼지만 사람들이 그렇게 입을 모아 흉잡을 만큼 남편은 결코 흩별사람이 아니었다. 사실 외양만 잘 생긴 몰자비보다야 공부 많이 한 내 남편이 몇 백배 낫다고 자부했다.

“새댁, 내가 이런 말하면 어떻게 생각할지 모르지만 대체 어디서 굴러왔는지 근본도 모르는 사람한테 왜 아까운 청춘을 희생해?”

얼굴이 얽벅얽벅 얽은 데다 동네에서도 괴덕스러운 말꾼으로 소문난 샘바리 아줌마가 눈을 연신 해반닥거리며 말했다.

“무섭지 않아? 어떻게 한 이불 덮고 살어? 때리지 않아? 지금이라도 늦지 않았어. 얼른 오늘밤에 도망가. 일생을 어떻게 저런 사람하고 살아?”

게다가 구멍가게를 하면서 막걸리 지점도 운영하고 있던 과부 아줌마가 특유의 갈고리눈을 치뜨면서 사람들을 부추겼었다.

"대학은 무슨! 말도 안돼는 거짓말. 영어도 그거 미군부대 하우스보이하면서 엉터리로 배운 거래! 그리고 친구랍시고 찾아오는 사람들 좀 봐. 하나같이 깡패같이 무섭게 생긴 놈들뿐이잖아."

그 때 동네아줌마들이 왜 내게 그토록 관심이 많았는지 이해할 수도 없었고 그런 말을 하는 그 사람들이 내 쪽에서는 생경스럽기만 했었다. 어렸을 적부터 여간 댕가리지지 않다고 동네 사람들 입에 오르내렸던 탓인지 몰라도 나는 당차게 대답했다.

"아줌마, 전 하나도 무섭지 않아요. 그리고 틀림없이 근본이 없는 사람이 아녜요. 경주 김씨에다 부모님이 시퍼렇게 살아계시구요. 영어는 진짜로 실력 있어요. 미군부대에서 하우스보이 한 적도 없데요. 하우스보이하면서 배운 영어실력으로 어떻게 영어선생님을 해요? 자꾸 그런 말씀 하시면 남편한테 이를 거에요."

"……."

요즘 와서야 느끼는 것이지만 농사일은 마다하고 매사에 뒤웅스럽기 짝이 없는 동네 여자들이 얼마나 우리 부부를 찧고 까불었는지 짐작이 간다. 실제로 은성이가 설사를 심하게 하길래 약 살 돈이 없어 당시에 천원짜리 한 장 꾸어 달라고 사정했을 때도 그 아줌마들이 새살궂기 짝이 없을 만큼 입을 삐죽거리며 얼굴을 돌렸었던 아픈 기억이 지금도 생생하게 뇌리에 남아 있다. 그러던 어느 날 남편이 내게 말하기를,

"이번 주일에 내 친구가 오거든. 최수민이라고. 그 왜 아차부인 재치부인 중에 한 사람 말이야. 남편이랑 같이 오는데 우리 교회에 와서 간증쇼도 해 달라고 했지."

"최수민씨요? 그 분이 아빠 친구라구요? 에이! 아무리! 설마!"

"아냐, 맞아. 고등학교 동창이야."

"진짜루요?"

"그럼."

아침마다 라디오에서 듣던 재치부인의 주인공이 우리 집에 온다니 도저히 믿기지가 않았지만 남편이 그런 말을 헛소리로 할 리가 없었다.

내가 동네 아줌마들한테 자랑을 했다. 그 당시 시골에서도 아차부인 재치부인은 최고의 인기프로였기 때문에 모르는 사람이 없었다.

"아줌마, 아차부인 재치부인 중에 한 분이 우리 집에 오신대요. 만나 보실래요?"

그 때 멀뚱한 눈빛으로 나를 쳐다보며 말 같지 않다는 듯 선웃음만 지으며 한귀로 흘려보냈던 아줌마들은 진짜로 최수민씨가 우리 집에 와서 함께 교회예배에 참석했던 사실을 알고 그제서야 모두들 고개를 갸우뚱하는 모습이었다. 더욱이 남편이랑 둘이서 특송을 부르며 친구 사이임을 만인 앞에서 증명해 보였으니 의심할 여지가 없는 일이었다.

그리고 그분들이 다녀간 뒤로부터 사람들의 남편을 보는 눈빛이 예전과는 확연히 달라진 느낌이었다. 어쨌거나 그 이후로 일기죽거리기 좋아하던 아줌마들의 나를 향한 태도가 많이 달라졌고 그 이후로는 절대로 야반도주하라는 식의 언질을 주는 아줌마는 하나도 없었다. 그래도 가끔씩 떠죽거리며 혀를 차기는 마찬가지여서,

"쯔쯔쯔, 남자가 돈을 저렇게 못 벌고 하는 일마다 망하니 뭐…."

"그러게 말야. 왜 그래? 돼지도 망하고 개도 망하고 게다가 나라에서 영어과외도 못하게 해서 그마저 못한다며?"

"새댁만 죽을 지경이지 뭐."

사람들이 그렇게 가살 떨며 입으로 접시를 깨었어도 나는 조금도 남편이 부끄럽거나 남편에 대해 절망적인 마음을 가져본 적이 없다.

내가 제도권 안으로 뛰어 들어가 돈을 벌어야겠다고 결심을 굳힌 것은 그 얼마 후부터였다. 그 때가 우리 은성이가 세 살 때였는데 어느 날 남편은,

"내일 모레 우리집에 김홍신이 와. 내 친구 소설가 말야."

"아빠 친구 중에 소설가가 있어요?"

"응. 김홍신이라면 모르는 사람이 없어."

"그 분이 왜 우리집에 와요?"

"내가 20년만에 전화를 했거든. 나 여기에 살고 있다고."

"그랬더니요?"

"당장 찾아오겠다네."

"……!"

그리고 남편은 조선일보 신문을 한 장 건네주며 읽어 보라고 했다. 그 신문에 대서특필된 〈인간시장〉을 쓴 친구가 바로 김홍신씨였다.

그리고 사는 게 수무푼전이라 특별하게 장만할 음식도 없었지만 내가 모처럼 귀빈을 맞을 준비로 가루붙이를 총동원해서 지지고 볶고 바쁘게 돌아칠 때 뽀얀 먼지를 일으키며 김홍신씨가 산골짜기 우리 집을 찾아왔다. 두 사람이 얼싸안고 기뻐하는 모습은 실로 감격적인 장면이 아닐 수 없었다. 그 후에도 그 분은 여러 번 그 산골짜기를 찾아왔고 그 때쯤 남편에 대한 동네사람들의 인식은 완전히 달라져버렸다. 그 분이 우리 집에 다녀간 후 어느 날 나는 비장한 마음으로 입술을 깨물고 남편에게 말했다.

"아빠, 내가 무슨 일을 해서라도 돈을 벌겠어요. 대신 아빠는 가축들 돌보며 어머니랑 애들을 돌봐야 해요. 그리고 꼭 글을 쓰세요. 김홍신씨처럼 소설을 쓰시라구요. 어때요?"

그리고 남편은 약속을 지켜 그로부터 10년 후 6권짜리 장편소설

'불곰'을 출간했다. 그 후 25여년 동안 모 시사월간지에 200여편의 단편을 연재했고 단편소설집 '트럼펫'과 '여보, 나 여기 있어' 등 여러편의 성극집도 내어놓았다.

남편은 지금 작가로 완전히 자리매김했다.

지난 겨울 부흥회 마지막날 저녁예배에 차재완, 최수민 부부가 또 우리 교회에 간증을 하러 왔었다. 그 때도 남편은 최수민씨와 나란히 특송을 했다. 그 모습을 보고 나는 얼핏 이런 생각이 들기도 했다.

'남편은 혹시 고교시절에 최수민씨와 아주 특별한 사이는 아니었을까. 어떻게 올 때마다 저렇게 둘이서 다정스럽게 특송을 한담. 예사스럽지가 않아.'

그 때 하나님의 음성이 나의 뒤통수를 탁 때리시는 느낌이었다.

"어찌하여 흠 없는 남편과 친구를 향해 욕된 생각을 하느냐."

"하나님. 죄송합니다. 용서해 주세요."

아픈 기억

까마득한 옛날이지만 아마도 은혜를 뱃속에 가졌을 때쯤이었으니 34년 전 일인 듯하다.

우리 집에서 한참 떨어져서 시누이가 살고 있었다. 어느 여름날, 풋고추를 따서 남편과 함께 점심을 먹고 있는데 시누이가 얼굴이 푸르등등 해서 들이닥치더니 말도 없이 다짜고짜로 내 뺨을 불이 번쩍 나도록 올려붙이는 것이었다. 나도 남편도 느닷없는 시누이의 서슬에 밥을 먹다 말고 깜짝 놀라 얼굴만 쳐다보았을 뿐 벌어진 입을 다물 수가 없었다. 그리고 그녀의 입에서 자갈처럼 쏟아지는 말은,

"노인네는 허구헌날 굶기고 느덜끼리만 몰래 고기 사다 구워 먹곤 한다면서?"

"……!"

나는 하나님의 은혜를 깨닫고 나서부터 지금까지 모든 흘러간 날의 설움이나 고생, 또는 억울한 일이나 슬픈 일이나 가슴을 찢어버릴 만큼 고통스럽던 시집살이 등을 세월의 무덤에 장사지낸 지 오래다. 아무리 그렇다 할지라도 이 나이 되도록 그 때 영문도 모르고 시

누이에게 호되게 뺨을 얻어맞았던 기억은 너무도 가슴 아프다.

은혜를 가지고 나서 입덧이 시작되었는데 어찌나 먹고 싶은 게 많고 배가 고팠던지 어머니의 냉장고에서 몰래 미숫가루를 한 컵 물에 타 먹고는 가슴이 두근두근했던 일, 목사님 생일이라고 해서 교회에서 케익을 잘랐는데 시누이가 그 케익의 한쪽을 큼직하게 떼어주면서 하는 말이,

"입에 대지 말고 바로 어머님 갖다 드려. 알았어?"

그 때 나는 그 케익이 너무도 먹고 싶었으나 시누이의 야멸찬 다짐을 생각하니 먹고 싶어도 어림도 없는 일이었다. 하지만 시어머니는 그 케익을 몇 날 며칠 동안 냉장고에 넣어 두기만 했지 나보고 한쪽 떼어 먹어보란 말 한 마디 없었다.

"먹고 싶다…."

남편에겐 미안한 말이지만 아이 낳을 준비로 입덧이 나면 여자의 마음의 상태가 어떻다든가 먹고 싶은 것이 한두 가지가 아니라든가 허기가 지면 눈앞이 다 캄캄해지기조차 하는 상황에 대해 남편은 전혀 무감각했다. 무감각했다기보다는 무엇을 어떻게 해야 할지를 모르는 듯했다.

어느 대목에선가 말한 적이 있긴 하지만 5년 연애동안 내가 남편에게 얻어먹은 것은 자장면 딱 한 그릇이었으니 더 이상 긴 설명이 필요없을 것이다.

"어머니 몰래 우리끼리 고기를 구워 먹다뇨? 고기가 어디 있어서요?"

"허얼씨구? 새침 뚝 딸 줄도 아네? 그럼 어머니가 오죽 배가 고팠으면 우리 집에 내려오셔서 밥 한 그릇 뚝딱 치우시면서 그런 말씀했겠어?"

"형님, 우린 고기 구경도 못하고 살아요. 고기를 우리끼리만 구워

먹다뇨. 그런 억지 말은….”

“딱!”

“……!”

그 때 시누이에게 맞았던 뺨이 아직도 기억 속에 얼얼하다. 하나님도 아시고 세상이 다 아는 일이라 거듭 웃으며 말하건데 우리 시댁식구들처럼 예의와 도덕이 빛바랜 사람들은 이 날 이때껏 듣도 보도 못했다. 그래서 그런지는 몰라도 참으로 다행스러운 일도 있었다. 지금 생각해 보니 적어도 그것은 내게 있어서 엄청나게 다행스러운 일이 아닐 수 없다.

어느 날 나는 가슴에 묻어둔 채 참고 참았던 말을 남편에게 털어놓고 말았다.

“아버님 산소에 벌초하러 가야 하잖아요?”

“응.”

“그런데 어째서 형님이랑 작은 아빠랑 둘이서만 산소에 다녀왔다죠?”

“응? 언제?”

“그저께 형님이 작은 아빠랑 같이 강원도에 있는 아버님 산소에 다녀왔어요.”

“그저께? 근데 왜 내겐 알리지 않았지?”

“…….”

남편은 이해할 수 없다는 듯이 나를 멍한 눈으로 쳐다보기만 했다.

내가 가슴이 무너지는 듯한 슬픔을 참으면서 처음으로 그 말을 내뱉고 말았다.

“아빠는 형님이랑 작은 아빠네랑 족보가 틀리데요.”

“무슨 소리야 그게? 내가 동생이랑 누나랑 친형제가 아니란 말야?"

"그렇데요."

"뭐라구… 누, 누가 그래. 누구한테 그만 소릴 들었어?"

"형님한테서요."

"뭐? 누나가, 누나가 그런 소릴 해? 미쳤군. 미쳤어."

"은성이 아빠…."

"……."

"이북에 사실 때요, 아버님이 만주로 돈 벌러 간 사이에요, 어머님이랑 아주 친한 남자가 어머니에게 자주 드나드셨데요. 그리고 얼마 후에 아빠가 태어나셨다나…."

"그, 그런 말을 누나가 진짜 했단 말야?"

"그래요. 2년 전에 들은 얘기지만 아빠가 너무 충격 받을까 봐 내가 말을 않은 것뿐인데."

그 말을 하고 나는 그만 으앙 하고 어린아이처럼 울음을 터뜨리고 말았다. 남편이 너무도 불쌍해서 참을 수가 없었기 때문이었다. 남편은 영문도 모르고 내 팔을 붙들고 다그쳐 물었다.

"이봐, 울지만 말고 그 말이 새어나온 이유와 원인을 자초지종으로 말해 봐."

내가 간신히 북받치는 감정을 추스르고 오랫동안 속앓이로 모셔 두었던 비밀을 털어놓고 말았다.

"씨가 다르데요."

"……!"

"아빠 아버지는 이북에 계시데요."

"……."

"그래서 어머니께서 평소에 그토록 이북땅을 바라보며 버릇처럼 중얼거리셨어요."

"뭐라고 말야."

"통일이 되면 꼭 만나봐야 할 사람이 계시다구요."

"……."

"누나의 얘기를 빌면 그 분이 바로 아빠의 아버지라는 것이죠."

"그, 그럼 호적상으로 되어 있는 내 아버지는 누구래?"

"그것도 누나의 말을 빌면 이북에 계시는 아빠 친아버지랑 죽마고우 사이였대나 그랬대요. 그래서 1. 4후퇴 때 갓 낳은 아빠를 그 분께 맡겼데요. 그래서 호적상으로 그 분이 아빠 아버지로 되어 있는 것이구요."

"……."

자초지종을 다 듣고 난 남편이 수화기를 들고 다이얼을 두드렸다.

"이렇게 늦은 밤에 어디에 전화하려구요?"

"누나한테."

"내일 하죠."

"아냐, 당장 알아봐야겠어."

남편의 얼굴이 긴장감으로 돌처럼 굳어져 있었다.

"누나요?"

"……."

"조금 전 마누라한테서 괴상망측한 소릴 들었는데 말요. 아니 내 아버지가 이북에 따로 계시다니, 그게 무슨 소리요?"

"……."

"사실이요? 뭐라고? 누나가 10살 때 어떤 남자가 엄마한테 자주 놀러왔었다고? 쌀자루를 들고 다니면서? 그러니까 내가 그 아저씨와의 불륜의 아들이라 이 말이네? 누나, 그 말 책임질 수 있어? 뭐? 엄마도 그 비슷한 말을 했다고? 그런데 내가 그 이북아저씨의 아들이란 확실한 증거가 있는 거야? 그건 없다구? 예끼! 순 형편없는,

그러고도 누나랍시고 뻑 하면 내 마누라한테 뭐 교육받은 여자나 되는 것처럼 잘난 체해 왔구먼. 엉? 그따위 말도 안 되는 소릴 함부로 해도 되는 거얏! 엉?"

그렇게 버럭버럭 소리를 질러대는 남편의 모습을 바라보는 내 마음이 여간 슬픈 게 아니었다.

"은성 아빠. 고만해요. 밤도 늦었는데."

그런데 전화가 끊어지고 얼마 되지 않아 시누이가 흘기죽죽한 얼굴로 현관문을 열고 들어서고 있었다. 남편이 대뜸 닦달질로 물었다.

"대체 무슨 얼투당투한 소리요? 그리고 아버지 산소엔 왜 나만 쏙 빼놓고 다녀왔수?"

"네가 짐승들 돌보느라고 잠시도 집을 비울 수 없잖어. 그래서…."

남편이 또 언성을 버럭 높이면서 따지듯 물었다.

"대체 무슨 근거로 누나가 그딴 소리 내 마누라한테 해 갖고 마누라 얼굴이 저토록 난지도 쓰레기장처럼 지저분해진 거냐고!"

"뭐, 근거가 있어서 그런 것도 아니고 그냥 아버지가 만주에 돈 벌러 가신 사이에 박씨 성을 가진 어떤 아저씨가 쌀자루를 들고 자주 엄마를 찾아왔는데, 그 때 네가 태어났다 이거 아냐. 그러니까…."

"그러니까 그 박씨 성을 가진 아저씨가 쌀자루를 들고 엄마에게 자주 들락거렸다고 내가 그 박씨성 을 가진 아저씨 아들이란 그 소리야 지금?"

"……."

"그래서 어쩌겠다는 건데?"

"어쩌긴 뭘."

"나랑 누나랑 씨가 틀리니 누나는 누나 씨앗끼리 따로 놀겠다 이거 아뇨?"

"그게 아니구."

"그게 아니면!"

"그게 아니구. 어머니도 자꾸만 통일이 되면 이북에 꼭 만나야 할 사람이 있다구 허시구… 그게 그 박씨란 분 아닐까 싶기도 해서."

"그럼 이판에 호적 정리 새로 해야겠네?"

"호적정리를 새로 할 것 뭐 있니. 그냥 그러려니 하구 살면 되지."

"……!"

그 날 밤 남편은 한숨도 잠을 못 이루더니 새벽 3시쯤이나 되어서 자리에서 슬그머니 빠져나갔는데 광창이 희끄므레 밝아 올 때쯤에야 돌아와 이불을 들치고 다시 내 옆에 드러누웠다.

"대체 어딜 다녀왔어요?"

"응, 회암사 잣나무 숲 속에 좀…."

"거긴 왜…?"

"참 묘한 기분이 들어서. 그냥 생각 좀 많이 하고 왔어."

"까짓…."

"응?"

"아버지가 누구면 어떠우? 이미 세월 속에서 돌아가시고 없는 분들인 걸."

"……."

"은성 아빠."

"응…."

"너무 마음 쓰지 말아요. 우리의 진짜 아버지는 따로 계시잖우."

"응?"

"우리의 진짜 아버지는 하나님이 아니에요?"

"응."

"하나님이 우리의 진짜 아버지에요. 그죠?"

"응."

그런데 그런 일이 있고 난 몇 달 뒤 우리 부부는 남편의 고향인 경상도땅 영주로 함께 여행을 했는데 그 때 봉화에 살고 계시는 남편의 사촌형님 되시는 분을 우연찮게 만나게 되었다. 그 때 그 친척 되시는 분과 소주를 한잔씩 나누어 마시는 중에 남편이 슬그머니 그 얘기를 꺼내어 놓았다. 자초지종 이야기를 다 듣고 난 어르신이 술잔을 탕 하고 내려놓더니,

"그기 무슨 되도 않는 소리고!"

"……."

"니 큰외삼촌이 옛날에 평양에서 제일가는 깡패였다 아이가. 그래 갖고 너들 엄마 근처에 남자는 얼씬도 몬했데이. 너들 엄마 근처를 얼씬댔다가는 맞아 죽을라꼬? 그라고 그기 말이다. 비로소 말이 나왔으니 말인데…."

"예?"

"니가 한 말하고 정반대라카이! 우예됐든간에 그런 말을 우예 함부러 내뱉아 갖고 씰데없이 형제간에 의 갈라놓노? 씰데없는 생각 말그라. 니가 진짜데이. 알겠나? 그 때 쌀자루를 들고 너들 엄마한테 들락날락했던 사람은 너들 아버지 친군데 만주에 돈벌러 가면서 그 친구한테 신신당부했제. 돌아와서 신세를 갚을 테니 식솔들 잘 좀 봐 달라꼬 말이다. 그걸 잘 알고 있었기 때문에 니 외삼촌도 그 사람은 건들지 않았데이. 말도 안 되는 소리 말그라. 고마!"

"……."

어쨌거나 지금은 무섭고 원망스럽기만 했던 시어머니도 돌아가시고 없고, 시누이도 죽고 없다. 그런 뒤로 언젠가부터 우리끼리만 고기를 구워먹는다고 뺨을 올려붙였던 시누이 쪽 사람들 모두가 우리 곁을 떠나가고 없다. 그들이 왜 우리 곁을 떠나서 전화 한 통이나

소식 한 장 없는지 그 이유도 나는 모른다.

"하나님 아버지, 육신의 아버지는 한번 죽으면 그만이잖아요. 우리는 오직 영원불멸하신 살아계신 하나님의 자녀예요. 천국 갈 때까지 우리 가족을 꼭 지켜주세요. 환난이나 곤고함이 불어 닥칠 때도 우리의 피난처 되시는 분은 하나님 우리 아버지뿐입니다."

드라마에서 시어머니의 뺨을 올려붙인 며느리를 보면서 격세지감을 느낀다.

"아이를 잘못 보았다고 시어머니의 뺨을 때리다니! 세월이 참 희한한 곳으로 흘러갔네."

등창으로 죽을 뻔한 남편

늦은 퇴근을 하고 보니 남편이 골골 앓는 소리를 내며 등을 좀 봐달라고 하기에,

“왜요? 가려워요?”

“아냐, 가려운 게 아니고 아파.”

“아파요?”

런닝을 들추고 보니 빨간 뾰루지 하나가 톡 불거져 있었다.

“어마, 뾰루지가 났네. 이거 긁으면 큰일나요. 다 삭을 때까지 건드리지 말아요. 내일 약방에서 이명래 고약을 사와야겠네.”

“곪는 중인가? 되게 아프네!”

그런데 대체로 얼굴이나 몸의 어느 부분에 그런 뾰루지가 나면 그 때 당시 이명래 고약이면 그저 그만이었다. 그런데 남편의 뾰루지는 이명래고약에도 소용이 없었다. 마이신을 먹어도 삭을 기미가 없고 뾰루지는 근처가 점점 더 붉게 붓고 커지기 시작했다. 섭귀만 스쳐도 죽는소리를 내는 통에 뾰루지를 들여다보며 입으로 호호 불어줄

수밖에 별도리가 없었는데 큰일은 큰일이다 싶었다.

얼마나 아팠던지 하룻밤을 지나면서 진통제를 10알을 먹어도 통증이 없어지질 않는 것이었다. 남편은 정말 죽는 소리를 하며 아파했다. 새벽첫차를 타고 남대문시장까지 출근했다가 밤 10시가 넘어서 파김치가 되어 퇴근하는 마당에 남편의 등창을 치료해 줄 엄두도 못낸 채로 가슴만 태울 수밖에 없었다.

하지만 지금 생각해 보면 그게 무지한 것이었는지 은혜였는지 몰라도 옆에서 남편이 밤새 골골 앓으며 한숨도 못 자고 있는데도 나는 베게에 코를 처박고 세상 모르고 잠에 떨어졌었다. 자지 않으면 몸을 가눌 수가 없으니 어쩔 수 없는 일이었다. 대체 뾰루지 하나가 생때같은 남편을 꼼짝 못할 만큼 괴롭힐 수 있다는 게 믿어지질 않았다. 아무리 이명래고약을 붙이고 약을 먹어도 속수무책이었던 고로 나는 남편의 등창을 새삼 들여다보며 아무래도 안되겠다 싶은 불길한 예감이 들었다.

"아빠, 병원에 가봐야 되겠어요."

"으, 으… 병원? 병원까지 가야 된다구? 이까짓 뾰루지 갖고 병원까지 가?"

"너무 아파하고 또 낫지도 않잖아요. 그리고 대체로 뾰루지란 이명래 고약을 바르고 근이 빠지면 고름을 짜내잖아요. 그럼 깨끗하게 낫는데 이건 근도 안 빠지고 곪지도 않고 자꾸만 주위가 점점 더 붓고 빨개지잖아요."

"병원 갈 돈 없는데?"

"병원비가 얼마나 될지 모르지만 그래도 가봐야 할 것 같애요."

병원비 걱정할 만도 한 것은 의료보험에 가입도 하지 못할 만큼 벌이가 영 시원치 못한 때였으니 남편이 병원비부터 걱정하는 것도 무리는 아니었다.

"가불했어요. 어서 병원에 가보자구요."

그리고 그 날은 남편을 병원에 데려가야겠다고 직장에 전화를 해 놓고 이웃집 김씨 아저씨의 경운기를 빌려 타고 덕정에 있는 조그마한 병원으로 남편을 데리고 갔다. 남편의 등창을 세밀하게 관찰하던 의사가 심각한 얼굴로 말할 때 나는 그만 가슴이 천근처럼 쾅 떨어지는 느낌이었다.

"큰일날 뻔했소."

"예?"

"등창이요, 등창. 아니 미련스럽게 환부가 이렇게 도지도록 병원을 찾지 않았죠?"

"……!"

"일단 수술을 해 봐야 알겠소."

그리고 남편은 수술실로 들어갔다. 한 시간 쯤 지났을까 수술을 마친 의사가 붉게 상기된 얼굴로 내 얼굴을 물끄러미 바라보며 물었다.

"남편 되시는 분과 진짜 부부입니까"

"예? 그, 그럼요. 진짜 부부 말고 가짜 부부도 있나요?"

의사가 입가에 웃음을 크게 지으며 말했다.

"남편 되시는 분과 나이차가 너무 지는 것 같아서 물었습니다. 부인은 꼭 아가씨 같은데."

"……."

"그나저나 참 큰일날 뻔했소. 워낙에 몸이 건강한 생력꾼이라 지금까지 견디었지, 조금만 더 방치했더라면 척추까지 번질 뻔했소. 하마터면 척추불구가 될 뻔했다 이 말이요."

"……!"

"척추불구가 되면 어떻게 되는지 알아요?"

"……"

"허리 이하를 못 쓰는 하반신 불구가 된다 이 말이요. 그렇게 되면 부부 생활도 제대로 못하고 참…."

"부부 생활을 제대로 못한다면, 뭐 이혼이라도 한단 말인가요?"

"그, 그렇죠. 결국은 이혼할 수도 있죠."

"그건 말도 안돼요. 남편이 아파서 불구가 되면 이혼해요?"

"허허… 뭐."

"그런데 의사 선생님, 수술했으니 이젠 괜찮아요? 나았어요?"

"어린아이 주먹 한 개가 푹 들어갈 만큼 속으로 곪았어요. 옛날 일본에 '토쿠가와 이에야스'란 대단한 장수가 있었는데, 그 장수가 전쟁중에 등창에 걸려 죽다 살었어요. 등창이란 무서운 병이에요. 며칠만 늦었으면 정말 큰일날 뻔했오. 이제 수술이 무사히 끝났으니 됐어요."

지금도 웃통을 벗으면 남편의 등에 난 수술자국이 흉측할 정도인데, 요즘도 남편은 가끔씩 그 때 일을 말한다.

"참, 대단하긴 대단한 마누라야."

"뭐가 말이에요?"

"아니. 나는 밤새도록 아파 죽겠다고 골골 앓고 있는데 마누라는 어찌 그리 잠을 쿨쿨 잘도 잘 수가 있지?"

"난 잠을 못 자면 이튿날 몸을 못 가누잖아요. 하늘이 무너져도 잠은 못 이길 것 같애."

"참, 감사해 그게."

"그게 뭐가 감사해요? 남편이 아파 죽겠다며 밤을 홀딱 새는데도 마누라는 밉살스럽게 잠만 쿨쿨 잤는데."

"둘 중 하나라도 건강해야 자식들 뒤치닥거리하잖아. 내가 아프다고 해서 마누라까지 밤새도록 잠을 못 자면 어떡해. 그것이야 말로 큰일이지."

"난 뭐 아무 곳이든간에 머리만 누이면 잠에 떨어지니깐."

그것이 34여년 전에 있었던 일이지만 등창이 그렇게 만만한 병이 결코 아니라는 것은 훗날 사람들에게 들어서도 알게 되었다. 남편은 통증으로 한숨도 못 자고 밤을 태우는데 나는 옆에서 코를 고롱고롱 골며 잘도 잠에 떨어졌으니 세상 사람들이 그 꼴을 눈으로 보고서야 어찌 이렇게 혀를 차지 않았을까 싶다.

"아아니, 남편이 밤새 죽겠다고 앓고 있는데 그래 옆에서 쿨쿨 잠을 자다니. 어지간히 인정머리 없는 여편네구만."

그래도 남편은 그 생각이 날 때마다 이렇게 말한다.

"그 때 그렇게 잠을 잘 잤던 마누라가 너무도 고마웠어. 암, 하나님이 사랑하는 자에게 무소외의 잠을 주신댔잖아. 하나님이 사랑하는 마누라라면 분명 난 장가를 잘 간 아주 축복받은 사나이지. 안 그래?"

내가 부족한데도 매사에 긍정적으로 이해해 주는 남편이 여간 고맙지 않다. 나는 이와 비슷한 경우에 아내를 마구 들볶는 남자들을 여럿 보아왔다. 그들 중 어떤 이는

"에이그! 저따위를 여편네라구 으이그! 그래 남편은 밤새도록 아파서 금세라도 죽을 것 같이 골골하는데 그래 입을 헤 벌리고 잠만 자빠져 자냐? 으이그, 저걸 여편네라고 믿고 허구한날 등골이 활이 되도록 돈 벌어다 바친 내 팔자가 한심하다 한심해에!"

그렇게 자신의 신세타령으로 아내를 몰아세웠었다.

무슨 말끝에 나온 말인지는 몰라도 며칠 전 비가 억수로 쏟아지는 퇴근길의 승용차 속에서 남편이 느닷없이 그 이야기를 또 꺼내었었다.

"참, 생각하면 생각할수록 감사했던 추억이 있어."

"뭘요?"

"그 때 등창으로 여러 날을 밤새도록 앓았을 때 말이지."

"아이구, 그때 이야기는 또 왜 끄내요? 얼굴 뜨겁게 스리."

"아냐, 그렇지 않아. 내가 밤새도록 골골 앓고 있는데도 마누라가 코를 콜콜 골면서 단잠에 떨어졌던 것은 여간 감사한 일이 아니었어."

"그 말 자꾸 하면 얼굴이 뜨거워진다니까 자꾸…."

"그렇지 않아 글쎄. 그 때 마누라가 새벽별 보고 출근했다가 자정이 다 되어서야 퇴근했는데 나 때문에 잠을 못 잤더라면 어쩔 뻔했어. 아마 과로로 길 가다가 쓰러졌을지도 몰라. 하나님께서 잠을 선물로 주셨던 거야."

"글쎄, 난 참 언제 어느 곳에서나 눕기만 하면 잠에 골아떨어지니 남 보기 미욱해 보일 것 같아 창피스럽기도 하구. 참내! 눕기만 하면 잠이 쏟아지니."

"글쎄, 그게 얼마나 감사하냐구. 무슨 일이 불어 닥쳐도 둘 중 하나는 살아남아야 새끼덜 치닥꺼리할 거 아니겠어? 우린 세상에 둘도 없을 만큼 궁합이 잘 맞아 떨어지는 가시버시야. 그렇지?"

"그건 정말 그래요."

그리고 집에 도착할 때까지도 남편의 입은 커다란 바윗덩어리를 매어단 것처럼 말이 없다. 나는 힐끔 남편의 얼굴을 쳐다본 뒤 언제나처럼 똑같은 생각을 했다.

"또 글 쓰는 생각에 빠졌구나…."

그 땅에서 뱀꿈을 엄청 꾸었다

지금도 그 당시 꾸었던 뱀들의 모습이 눈에 선하다. 대체 웬 뱀꿈을 그토록 많이 꾸었는지 모른다. 뱀도 이런 시골의 논두렁이나 깨밭이나 콩밭 등에서 흔히 보던 율모기나 살모사 물뱀 같은 뱀이 아니었고 기둥만큼 크고 굵었을 뿐 아니라 색깔도 붉고 푸른, 까만 또는 형형색색의 보호색을 띈 그런 끔찍하게 생긴 뱀이었다.

집안 곳곳을 뒤지고 무엇이든 나무꼬챙이로 뒤집기만 하면 그렇게 크고 무서운 뱀들이 까만 혓바닥을 한 자쯤이나 낼름거리며 노려보는데는 비록 꿈속이긴 했지만 얼마나 오금이 저리고 간이 콩알만해졌는지 모른다. 그리고 커다란 몽둥이로 수도 없이 때리고 죽이고 했는데도 뱀은 어디서 나타났는지도 모르게 꿈속에서 내 영혼을 쉴새없이 소름끼치게 했다. 그렇게 뱀들과 처절한 사투를 벌이다 후다닥 잠에서 깨어나 보면 온몸은 땀으로 흠뻑 젖어 있었고 남편과 아이들은 세상 몰라라 쿨쿨 코를 골고 있었다.

언젠가 잿밥에 우박 맞은 듯 그 동네에 5대째를 살았다는 곰보할머니가 남편의 좌골신경통을 고쳐 주겠다면서 젓가락처럼 무시무

시하게 생긴 침을 들고 날치는 데는 까무러칠 지경이었으나 그 때 그 할머니의 입에서 우연히 튀어나온 말은,

"이 집터가 잘못 앉았어. 여긴 집터가 아니야. 좌청룡 우백호로 명당자리는 명당자리인데 옛날 이 땅이 고려장 터였어."

"옛? 고려장 터요?"

"그럼, 지금은 별루 안 보이지만 자네들이 떠다 먹는 저 우물 말이여. 그 자리에서 사람 뼈다귀가 얼마나 많이 쏟아져 나왔다구. 옛날 그릇들두 많이 나왔는데 사람들이 몰래몰래 많이 캐어갔지."

"어머, 그래요?"

"그럼, 옛날엔 사람들이 무서워서 이 근처에 나타나질 못했어."

"왜요?"

"아, 귀신들이 살려달라고 아우성을 쳐서 말이지. 그것도 꼭 비가 오는 날에만 그랬어. 아마도 옛날에 내다버린 할아버지 할머니들의 귀신이 한이 맺혀 그렇게 비 오는 날에만 꼭 귀신소리를 내며서 사람들을 홀려가기도 했었나 봐."

"홀려 가요?"

"그럼."

"아, 지금 재 넘어 사는 이씨 말야. 원래는 사람이 저렇지 않았어."

"정신이 온전치 못하신 그 분요?"

"그래. 장가간 지 한 두어 달 됐을까. 여기서 자꾸만 죽은 제 어미의 목소리가 들린다는 게야. 그러더니 어느 날 이슬비가 추적추적 내리던 날 밤에 뒷간에 간다며 슬그머니 나갔는데 그 시로 열흘이 넘도록 나타나질 않더라누먼."

"어머, 그래서요?"

"집 나간 지 보름이 지나서야 나무하러 갔던 동네청년들에게 발견되었는데 옷은 갈기갈기 찢어지구 정신이 휑 나간 채로 산 속에 멍

하니 있는 걸 데리구 왔어. 그 때부터 저렇게 정신이 나가버렸구. 아, 종단에는 색씨도 읍내 김씨네 방앗간집 아들과 정분이 나 갖구성, 아, 서울로 내뺐어."

"저런!"

"내 말이야 바른 말이지만 이 집터 이거 썩 안 좋은 집이니까 말인데 빨리 팔구 이사가. 모르긴 해도 이 집에 세들어 사는 사람들도 다 하나같이 귀신이 부리는 사람들일 껄?"

"……!!!"

나는 그 때 그 할머니께 그렇게 기분 나쁜 소리를 들었으나 하나님을 믿는 사람들이 전설의 고향에서나 나올 법한 그런 이상한 옛이야기쯤 듣고 마음이 동요된다는 것은 말도 안 된다고 생각했다. 대체 하나님을 믿는 사람이 귀신들의 농간에 겁이 나서 내뺀다는 게 말이나 되느냐 싶었다. 할머니에게 들은 이야기를 고스란히 떠다 남편에게 고했더니 화를 버럭 내면서 하는 말이,

"그 할머니한테 침 안 맞을 거야. 뭐 그딴 소릴 했담."

남편은 그 때 몹시 침쟁이 할머니를 못마땅해 했고 나 또한 그 곰보할머니의 으스스한 옛이야기가 솔깃해서 귀담아 들은 것이 몹시 한심하게 생각되기도 했다.

그런데 할머니에게 그런 말을 들어서 그런지는 몰라도 우리집에 세들어 사는 사람들 모두가 하나같이 상상을 초월할 만큼 무서운 사람들뿐이었다. 정말 아주 무섭고 머리 아픈 사람들로 방마다 가득 찼다.

바로 아랫방에 세든 아기 엄마는 독두병이 들어서 머리가 빨갛게 되도록 머리가 빠졌는데 툭하면 자기 친정엄마를 발로 마구 밟고 욕을 퍼대었다. 일상으로 자기 엄마에게 쏟아붓는 말의 기본이 그저 이년저년이었다. 게다가 밤마다 목매달아 죽는다며 밧줄을 갖고 뒷

산으로 내달리는 정신 나간 사람이 있는가 하면 밤이 맞도록 식칼을 휘두르며 머리가 깨져라 싸워대는 부부도 있었다. 또 생활이 어려운 모녀가 세 들어왔는데 그 딸이 허구한날 남자를 갈아치울 뿐 아니라 동네공장에 다니는 외국인 노동자들마저 번갈아 가며 끌어들여 화냥질을 하는 바람에 동네 사람들에게 얼굴 들고 다니기가 너무도 민망했다. 고등학교에 다니는 은성이에게 행여나 눈에 띌까 얼마나 노심초사했는지 모른다.

100여평 공장 건물에 세들어온 사람들도 어쩌면 그렇게 하나같이 사업이 쫄딱 망해서 나갔고 좌우지간 700여평 우리 땅덩어리 안에서 목숨 부지하고 사는 사람들 모두가 그 점쟁이 할머니의 예언대로 귀신이 씐 듯 온전한 구석이라곤 한군데도 없는 사람들만 욱닥거리며 살았다. 우리 집은 또 어땠는가 하면 돼지를 키우든 개를 키우든 토끼나 닭을 기르든 남편이 하는 일이 무엇이든 백사가 불성이었고 가난은 찰거머리처럼 찰싹 달라붙어 떨어질 줄을 몰랐다.

게다가 우리 땅을 노리고 악머구리처럼 달려들던 사람들의 사기와 농간으로 수년간 법정투쟁을 벌이느라 가세는 거덜이 날 정도였다. 우리는 결국 그 땅과 집을 경매로 빼앗기고 알몸으로 나오다시피 했다.

하여간 그 땅에서 한 20여년 동안 빌붙어 살았는데 어찌나 고난의 폭풍이 쉴새없이 몰아쳤던지 쉴 곳을 모르고 방황하던 우리 부부의 영혼은 황량한 폐허의 벌판에 내몰린 티끌처럼 갈 곳 없이 흩날려 다녀야 했다. 그 땅에서 살면서 지금도 모골이 서늘할 만큼 제일 무서웠던 일은 결혼한 지 얼마 되지도 않아서 시어머니가 툭하면 몽둥이를 들고 나를 쫓아다녔던 것이다. 대학 나오고 돈 많은 여자들이 줄줄이 서 있으니 너 같은 것은 당장 나가라는 것이었다. 그리고 밤마다 어머니는 당신 방에서 한숨도 주무시지 않고 밤이 꼬박 타도록 저주와 욕설을 폭우처럼 쏟아내는데 그 놀라운 힘이 대체 어디서 솟아나온 것일까?

그러던 어느 날 어머니는 행방불명이 되셨고 한 달만에 칠봉산 9부 능선에서 부패한 시신으로 발견되었다. 그 때가 방춘화시의 꽃철인 5월이었는데 나는 아직도 그 때의 충격을 잊지 못해 감히 시어머니의 영정을 걸어놓지를 못한다.

무섭고 추악한 사건으로 얼룩진 20년을 그 땅에서 견디다가 그마저 사기꾼들에게 빼앗기고 빈 몸으로 그 땅을 벗어나왔는데 참으로 신기하게도 그 날부터 지금까지 우리 부부는 한번도 뱀꿈을 꾸지 않았다. 아파트로 이사했기 때문이지만 해마다 가을이 익어 갈 때쯤이면 현관 앞에 또아리를 틀고 앉았던 살모사는 더더욱 구경하지 못했다.

하여간 거의 매일밤 뱀꿈을 꾸다시피 했던 그 땅에서의 20년 세월은 그 때 침쟁이 곰보할머니의 말대로 악령의 소굴처럼 추악한 사건사고로 얼룩진 굴욕과 치욕의 땅이었다. 지금도 우리 부부는 가끔 그 땅을 떠올리며 몸서리를 친다.

"아빠 그 땅은 왜 그랬을까?"

"글쎄…."

"지금은 우리 살던 그 땅이 값이 올라서 10억이 넘는데."

"10억이 아니라 100억을 공짜로 준다 해도 그 땅엔 안 살아."

"그 땅을 벗어났기에 망정이지 그냥 그 땅에 눌러 살게 됐더라면 아빠 지금처럼 훌륭한 크리스찬 작가가 될 수 있었을까? 성극을 쓰고 연출하면서 하나님께 영광 돌리는 성실하고 착한 하나님의 아들 되었을까?"

"어림도 없는 일이지."

"그 땅을 잃고 나온 날이 축복의 서곡이 울리던 날이었어. 그쵸?"

"응. 확실히 그래."

요즘 가끔씩 그 쪽 땅을 지나서 송우리 고개를 넘어갈 때가 있다. 그래도 우리가 살던 그쪽으로는 눈길도 주지 않고 지나쳐버린다. 웬만하면 우리가 결혼해서 아들 딸 낳고 산전수전 다 겪으면서도 사랑을 다져온 땅이었는데 그립기도 하고 감회도 서리겠건만 전혀 아닌 것은 그 땅에 살면서 하도 무시무시한 일을 많이 당하고 살았을 뿐 아니라 밤마다 소름이 끼치도록 무서운 뱀꿈을 많이 꾼 탓인가 보다. 그곳에서 살면서 수없이 많이 꾸었던 뱀 꿈 중에서도 제일 무서운 뱀은 까만 진돗개 강아지처럼 귀가 쫑긋하게 달렸고 이마에 눈이 한 개 박힌, 굵기가 서까래만하고 몸통이 온통 새까만 뱀이었다.

"하나님, 그곳을 떠나온 이후로 지금까지 한번도 뱀꿈을 꾸지 않았어요. 우리를 뱀이 우글거렸던 저주의 땅으로부터 축복의 사업장으로 인도해 내어 주셔서 참 감사합니다."

시어머니 모시기 하소연

이 시대 거의 대부분의 사람들이 노부모 모시기가 몹시 어렵다고들 한다. 그런 사람들의 말에는 나도 같은 심정이다. 사람마다 성격도 다르고 살아가는 생활방식들도 각자 나름대로 독특하다 보니 부모 자식간에도 충돌이 없을 수가 없을 것이다.

우리 가게 단골손님들 중에 노부모 모시고 있는 사람들의 하소연을 듣다보면 참으로 딱하게 보이는 사람들도 더러 있긴 하지만 게중에는 부모님에게 사풍맞을 만큼 좀 심하다 싶은 불효부도 없지 않아 있다.

나도 팔순이 넘는 홀어머니를 모시고 살았었다. 우리 시어머님이야말로 성격이라든가 생각하시는 모습이라든가, 또 여러 가지 활동하시는 일거수일투족이 워낙에 상식을 벗어나는 통에 꽤나 속앓이 할 때가 많았었다. 오죽하면 시어머님 등살에 꼬장꼬장 말라서 40키로그램까지 떨어졌을까. 동네사람들이 그런 내 모습을 보고 몹시 안쓰러워했었다.

그러나 곰곰이 생각해 보면 시어머님이 하시는 생각의 발단이 결코 나쁜 데서 시작하신 게 아니라, 뭔가 잘해 보려고 하시는 일인데도 결과적으론 낭패를 벌여 놓는 바람에 남편도 나도 죽을 노릇이 한두 번이 아니었다.

그 언젠가도 나는 가게에서 하루종일 재봉틀을 밟으면서 가슴은 조마조마 타는 듯했다. 해마다 강쇠바람이 불기 시작하는 가을만 되면 시어머니는 낙엽을 긁어 태우느라 종일 쉴 새가 없는 모습이다. 낙엽이 어디 한 두 그루 나무에서 떨어져야 말이지, 온통 집 주위가 잡목으로 병풍처럼 둘려 싸였는데 집 주위로 흩날린 낙엽을 보는 대로 긁어 태우려면 그게 보통 힘든 일이 아니었을 것이다. 어머니가 낙엽 긁어 태우시는 거야 일중에도 큰일중에 하나이긴 하지만 그 때만 해도 낙엽이라든가 쓰레기를 모아 태우다가 집을 홀랑 태울 뻔한 일이 여러 번이었고 산불을 몇 번이나 낼 뻔했다.

참으로 가을이 오면 너무도 조마조마했다. 남편도 함께 일하는 친구에게 양해를 구하고 당분간은 일주일에 서너 번만 출근하기로 의견을 모아놓고 있었지만 서울만 나가면 집안 걱정으로 전화통에 불이 날만큼 전전긍긍이다. 개 좀 풀어놓지 말라고 그토록 신신당부를 드렸는데도 어느 날 퇴근해 보면 닭들이 너절하게 죽어 자빠져 있다. 한두 번이래야 말이지 나는 또 맨땅에 털썩 주저앉아 원망 한 마디 못하고 혼자 복통만 두들겨댔다.

그 당시만 해도 우리 부부는 뭘 좀 잘못했다 싶으면 어머니 앞에 나란히 꿇어앉아 용서를 빌었다. 둘 다 울면서 빌었다. 그렇게 어머니에게 며칠씩이라도 용서를 빌면 어머니는 마지못해 용서해 주시곤 했는데, 그렇게 용서를 끌어내지 못하면 어머니의 화가 안 풀려 밤새껏 그릇이며 가재집기 등을 마구 부숴대며 목이 쉬도록 욕설을 퍼대는 바람에 몇날 며칠이고 고통스런 시간을 보내야 했다. 요즘 시대에 나만큼 호된 시집살이 한 여자도 흔치 않을 것이다.

한데 어머니가 돌아가시기 두어 달 전부터 그런 어머니의 모습은 사라졌다. 많은 것을 생각하신 모양인지는 몰라도 어쨌든 많이 좋아지신 건 틀림없는 사실이었다. 그런데 앞에서도 이야기한 것처럼 어머니는 무엇이든 좀 잘해 보려고 했던 일이 엉뚱한 사건으로 치닫는 바람에 먹고 살기 바빠 눈코 뜰새없는 우리 부부에겐 여간 심각한 문가 아니었다.

언젠가도 서둘러 퇴근해 돌아와보니 축사 앞에 세워둔 오토바이가 뼈다귀만 앙상하니 불에 타 있었다. 깜짝 놀라 어떻게 된 거냐고 이웃사람들에게 물었더니 어머니가 지저분하다고 태워버렸단다. 그 날도 나는 날바닥에 털썩 주저앉았다. 그 오토바이는 남편이 무슨 어려운 입장 때문에 동네사람한테 잠시 빌려다 놓은 것이었다.

또 언제가도 내가 막 돌아와 보니 남편의 얼굴이 잔뜩 부어 있었다. 말인즉슨 오늘 교회에서 효도관광 가는데 어쩌면 옷을 꼭 그렇게 걸치고 나서야 되는 거냐였다. 해마다 남대문시장에서 옷장사하는 올케언니가 갖다 준 옷도 있고, 내가 손수 바느질해 만들어 드린 한복도 있는데, 하필이면 몇 십 년 된 후줄근히 빛바랜 한복을 고집스레 입고 나서 명색이 한복전문가인 며느리의 입장을 민망스레 할 게 뭐냐는 푸념이었다. 듣고 보니 나도 몹시 심정이 상했다.

그렇게 속상하는 일이 많이 있긴 했지만 그러나 우리 부부가 어머니에게 정작 안타깝도록 괴로운 것은 어머니께서 고집의 빗장을 꽉 잠그고 사람들의 마음을 쉬 받아주지 않는 것이었다. 그것으로 인해 기도의 끈을 놓지 않고 무던히도 애를 썼으나 어머니의 여리고 같은 고집의 성깔에 우리 부부의 양심이 한 방울도 흘러갈 수 없다는 게 너무도 안타깝고 괴로웠다.

그래도 우리 부부는 지금까지도 어머니의 고마움을 잊지 않고 있다. 시작부터 어려운 살림에 돌아가실 때까지 병치레 한번 안 해 주신 것만 해도 얼마나 감사한 일인가. 남편을 대학공부까지 시켜주신 은혜가 얼마나 큰 것인가. 평생을 자식 하나 위해서 희생해 오신 그 노고가 얼마나 고마운가. 그렇기 때문에 그 당시 우리 부부가 어머니에게서 한번만이라도 꼭 보고 싶은 모습은, 이왕에 예수 믿으시는 어머니신데 어느 한밤중 같은 때에 어머니의 방에서 비밀스레 들려오는 '눈물의 기도' 소리를 들어볼 수 있다면, 그래서 그 어머니의 손을 잡고 무릎 꿇고 함께 울 수 있는 날이 올 수 있다면… 이왕에 교회에 다니시는데 그러면 참 좋을 텐데….

우리 부부가 그 당시 어머니에게 바라는 최고의 소망은 바로 그것이었다.

매맞는 남자

우리 집 주변으로 울창한 숲이 뺑 둘러싸인 속에서 남편의 첫작품 출판기념회가 끝난 이틀 뒤의 일이었다. 밤 11시쯤이었는데 느닷없이 현관문 두드리는 소리와 함께 카랑카랑한 여자의 목소리가 집안으로 비수처럼 날아들었다.

"여기가 김 선생님 댁 맞습니까?"

대체 이 밤중에 누군가 싶어 나도 남편도 깜짝 놀라 현관문을 열었다. 언뜻 보기에 마흔 대여섯쯤 되어 보이는 소면인 채로의 여자가 시부렁 섭적 현관 안으로 들어섰다. 태도가 여간 위풍당당한 것이 아니었다. 그 때 나는 현관문 밖에서 엉거주춤 하고 섰는 남자의 시르죽한 얼굴을 발견하고 조그맣게 소리쳤다.

"아니, 전 선생님, 아니 왜 들어오시지 않고 거기 서 계세요?"

그러나 내 말이 채 끝나기도 전에 여자가 앙칼진 목소리로 현관 밖에다 대고 소리를 빽 질렀다.

"당신은 들어오지 마! 밖에 그냥 서 있으라구! 알았어?"

나도 남편도 돌연히 들이닥친 여자의 퍼런 서슬에 눈이 휘둥그레

졌다.

"……?"

여자는 이타저타 미안하다는 말 한 마디도 없이 소파에 털썩 내려앉더니만 나를 빤히 쳐다보면서 갈그랑대는 목소리로 따지듯 물어왔다.

"밤늦게 죄송하긴 한데 말이죠. 꼭 알아야 될 일이 있구 결코 그냥 지나쳐 버릴 일이 못돼서 염치불구하구 찾아왔습니다. 거두절미 하구 말인데요. 그저께 여기서 선생님 출판기념회 했다믄서요?"

"그, 그런데요?"

"그 날 우리 애 아빠도 왔었죠?"

"그랬죠."

"그 날 애 아빠하구 같이 왔던 여자 있었죠?"

"그랬죠. 전 선생님은 20년 전에 만난 국민학교 제자라고 했습니다만 저랑 초등학교 동창이고 여기서 우연히 만난 걸로 알고 있어요."

"그런데 우리 저 이가 그 날 여기서 놀다가 갔나요? 여기 선생님네 댁에서 말입니다."

순간 나는 흡 숨을 들이마셨다. 무언가 불길한 예감이 뇌리를 딱 때리고 지나가는 느낌이었다.

"……."

"왜 말씀 안 하시죠? 제 남편이 여기서 잤나요?"

얼핏 나는 어쨌거나 거짓말을 해서는 안 된다고 생각했다.

"놀다가 꽤 늦게 갔습니다만…."

"몇 시쯤에나요?"

"글쎄요. 한 11시쯤 됐을까요?"

"그 제자라는 여자는요? 같이 놀다가 갔나요?"

"아뇨, 여자는 먼저 갔는데요."

"그 제자라는 여자가 사모님허군 어떤 사이죠?"

마치 심문하듯 따지고 드는 여자의 가살스런 태도에 나는 아연실색했지만 은근히 부아가 부글부글 끓어올랐다.

"이거 봐요. 애기 엄마. 지금 이 밤중에 남의 집에 쳐들어와서 무슨 유도심문하는 거예요?"

그러나 나의 도전적인 말에도 눈썹 하나 까딱 않고 그 여자는 계속 같은 질문을 던지고 있었다.

"그 제자란 여자가 사모님이랑 친구 사이라면서요?"

"그래요, 초등학교 동창이에요."

순간 여자의 눈빛이 한층 쌍클해졌다.

"그래서 제 남편하구 그 여자하구 하룻밤 보내도록 자리를 잡아준 거예요?"

"뭐, 뭐라구요?"

한번 터진 여자의 입은 잠시도 쉬지 않고 독설을 쏘아대기를 그치지 않았다. 우리 부부는 공연히 가슴이 조마조마 해지는 것이 무엇을 어떻게 가려볼 마음의 여유도 없었다.

"그래도 되는 거예요? 소위 지식인이란 분의 부인쯤 되어서 남의 가정 졸지에 폭탄 맞은 듯 엉망으로 만들어놔도 되는 거예요?"

"……!"

"……!"

"왜 말들을 못하죠?"

앞 뒤 분별없이 마구 다빡대는 그녀의 모습이 이만저만 당돌한 게 아니었다. 여자가 하는 말을 듣고 보니 뭔가 짚히는 바가 없진 않았지만 그렇다 해도 자초지종을 알아야 할 텐데 도대체가 말미를 주지 않았다. 내가 딱 부러지는 목소리로 끊어 말했다.

"좌우지간 우리 부부는 모르는 일이에요. 그 여자가 그 날 여기서 자지도 않았고, 그 제잔가 하는 여자도 우리와는 전혀 상관없어요."

그 말이 내 입에서 떨어지자마자 여자가 발딱 몸을 세우더니 현관을 박차듯이 하고 밖으로 달려 나갔다. 남편이 기가 차서 중얼거렸다.

"저, 저런 예의란 파리똥만치도 없는 여잘 봤나? 세상에, 남의 집 현관을 마치 제 집 똥개집 취급하네?"

나는 어무도 어이가 없어 벌어진 입을 다물지 못했다. 그 때 남편이 뭐라고 혼자 중얼대는 것이 나의 자존심을 슬쩍 건드렸다.

"그 날 마누라 친구랑 내 친구가 어디서 딴 짓거리 했나 보구만."

어쨌든 우리 부부는 바깥에 서 있는 그녀의 남편이 궁금해서 현관을 나섰다.

교교한 달빛이 온 천지에 대낮처럼 쏟아지고 있었다. 남편이 감탄을 터뜨렸다.

"야, 보름달이 떴잖어. 야! 밝다 밝아. 구름 한점 없는 밤하늘에 보름달만 두둥실 떴구먼."

그 때였다. 우리집 옆에 있는 공터 쪽에서 찢어 발기 듯하는 여자의 기합소리가 얏! 하고 터지더니 뭔가가 된통 얻어맞는 소리가 둔탁하게 들려왔다.

"빠악!"

"어이쿠, 눈알 빠진다아!"

우리 부부가 그쪽으로 재빨리 달려갔다. 순간 나는 그만 눈이 휘둥그레져서 그 자리에 돌처럼 딱 굳어지고 말았다. 추측컨대 부부싸움의 발단은 남자가 바람을 피웠다는 것인데 그래도 그들 부부가 통 납득이 되지 않았다. 여자가 남편을 공터 가운데다 떡 세워놓고는 마치 태권도장에서 샌드백 두들기듯 남편을 두둘겨 패고 있는 게 아닌가. 또 여자가 달빛을 가르며 휙 몸을 날렸다.

"빽!"

"아구우!"

당황한 남편 친구가 아내를 붙들고 통사정하는 모양이 보기에 여간 애처로운 게 아니었다. 그 모습이 얼마나 황당스럽고 보기가 딱했던지 보다 못한 내가 끼어들었다.

"여보세요, 애기엄마, 너무하잖아요. 아무리 그래도 그렇지. 저 좋은 달빛 아래서 무슨 해괴한 짓이에요. 하늘같은 남편을 그렇게 때리면 어떻게 해요? 아무리 여자가 상위라는 시대라 해도 그렇지, 그럼 못 써요."

그러나 여자는 나를 사납게 쏘아보면서 빽 소리를 내질렀다.

"참견 말아요! 남의 부부싸움에 왜 끼어 들어욧!"

"……!"

달빛 속에 눈꼬리가 쫙 찢겨져 올라간 채로 창백한 얼굴로 나를 노려보는 여자의 모습에 나는 오싹 소름이 돋는 느낌이었다.

여자가 또 남편의 머리털을 두 손으로 움켜잡고는 발길질로 마구 남편을 내지르고 있었다. 이소룡을 흉내내듯 유연하게 몸을 놀리는 그녀의 짓둥이가 여간 날렵하지가 않았다. 여자가 남자의 따귀를 냅다 올려붙이며 소리쳤다.

"야, 이새끼야. 그래도 거짓말 해? 뭐 어째? 친구네 집에서 밤새 고스톱 치다 자구 왔다구? 에라이 썅, 개가 뜯어먹을 놈아."

"딱!"

"아이코, 여보. 내가 잘못했어. 고만 참으라구."

"참아? 참으라구? 이 새끼가 그걸 아가리라구 놀리고 있어?"

여자가 다시 주먹으로 남편의 볼퉁이를 후려 갈겼다.

"딱!"

"아이코오! 제발 좀 그만 때려."

"불어! 똑바로 불어! 그년이랑 어디 갔었어? 어디 가서 밤새껏 질탕질하다 한나절이 다 돼서 집구석에 들어왔냐구! 불어. 빨리."

"가긴 어딜 갔다구 그랴. 그런 일은 없었어. 내가 그런 짓을 했으면 성을 갈어. 진짜야."

"그럼 밤새도록 어디 있었어?"

"그냥 여관에서 술 마시며 옛이야기 좀 하다 새벽에 헤어졌을 뿐이야."

그 말이 떨어지자마자 더 이상 볼 거 없고 들을 거 없다는 듯이 여자가 이번에는 나비처럼 펄렁 달빛 속을 솟아오르더니 한바퀴 휙 몸을 돌려 남편의 얼굴에다 신발자국을 냅다 찍어댔다. 아무래도 남자의 입이 당나발이 되는 모양이었다. 비록 남편을 패는 여자의 몸놀림이긴 해도 가히 예술적이었다.

"뻑!"

"어이쿠!"

남자가 몇 발자국 뒤로 비틀거리더니 벌렁 나가 자빠졌다.

이렇게 되자 우리 두 사람은 아예 말릴 엄두를 내지 못하고 숫제 뒷짐을 짚은 채로 멀건 눈길로 구경만 할 도리밖에 없었다.

달밤에 체조 구경 한번 옹골지게 하는 셈이었다. 여자가 또 남자의 머리털을 두 손으로 움켜 쥔 채로 악을 바락 썼다.

"이 자식아. 제 여편네 하나도 제대로 속 시원히 못해 주면서 바람을 피워?"

"딱!"

"헉!"

보다 못한 남편이 소리를 벽력 같이 내질렀다. 우리집이 동네에서 외따로 떨어져 있기망정이지 사람들이 본다면 오죽 망신스런 일일까 싶었다.

"이런 형편없는 여자 봤나. 한밤중에 나의 집 마당에서 남편을 개 패듯 패구 그래? 내 마누라가 보구 배울까 무섭네. 여기가 당신 집 앞마당이얏? 남편을 개 패듯 하다가 자칫 뒷방마누라 신세 될라! 그리고 용대야, 이 자식아! 어쩌자고 그 지경까지 돼버렸냐? 마누라한테 그렇게 썩어지게 매맞구 살 지경까지 돼버렸냐고오. 얌마! 여관엔 왜 가? 여관엔!"

남편의 서슬에 그녀가 잠깐 주춤해진 사이, 남자가 이번엔 남편 쪽에 대고 하소연조로 말했다. 워낙 황당했던 모양 말소리조차 혀짜래기 소리였다.

"얌마, 여, 여관엔 무, 무슨 여관엘 가냐? 여관집에서 그냥 수, 술만 같이 마셨다니까."

남자의 말이 끝나자마자 여자가 또 몸을 붕 날리더니 남자의 가슴팍을 콱 내질렀다. 여자는 분명 태권도 유단자임에 틀림없어 보였다. 그러고도 한 30분은 더 남자를 죽살이지게 두들겨 패고서야 여자가 남자를 승용차 속으로 휴지처럼 구겨 넣더니 말 한마디 없이 휑하니 내빼버렸다.

우리 부부는 대낮같은 달빛 속에서 말을 잊은 채로 그들이 사라진 쪽을 향해 한동안 멍하니 서있었다.

한참 후에야 남편이 중얼거리듯 입술을 열었다.

"마누라한테 매 맞고 사는 남편 부지기수라더니 차암! 오늘 눈으로 직접 보고 나니깐 정신이 번쩍 나누먼."

마누라가 내 얼굴을 쳐다보면서 물었다.

"그게 4단 옆차기란 거유?"

"엉? 아까 그 여자 발길질 말야? 글쎄 2단 옆차기란 말은 들어봤지만."

"세상에 아무리 2단이구 4단이래두 그렇지. 남자가 돼 갖구서 그렇게 여자한테 맞구만 있다니. 대체 무골호인이야, 아님, 얼뜨기처럼 덜 떨어졌다는 소리야?"

"덜 떨어지긴! 그분은 무골호인이에요. 하도 사람이 좋다보니 그냥 맞아준 거겠죠."

우리 두 사람은 암담한 느낌으로 현관문을 잠그고 침실로 들어왔다. 남편은 침대에 눕자마자 곧 잠이 들었지만 나는 통 잠이 오질 않았다.

아무래도 조금 전 달빛 아래서 아내에게 죽도록 매를 맞고 있던 남자의 가엾은 얼굴이 자꾸만 눈앞에 아른거렸기 때문이었다.

"세상에! 어쩌다 그 지경까지 됐을까. 그 남자가 너무도 불쌍하다!"

나는 잠들어 있는 남편을 물끄러미 내려다보았다. 그리고 내 팔뚝을 만져 보았다. 어느새 처녀적보다 훨씬 굵어져 있었다.

"이 주먹으로 한방 치면 우리 남편도 뭐 썩 성하진 못하겠구먼 뭐. 내 조선 반만한 궁댕이하며…, 게다가 요즘 들어 나도 짜증도 자꾸 나고. 어려운 일이 많아서 그런지 몰라두 성깔도 퍽 나빠졌어."

나는 밤이 깊어 가는 줄도 잊은 채로 남자의 불쌍한 모습을 뇌리속에 떠올리며 안쓰러워했다.

"마누라를 너무 사랑하구 있는 게 틀림없어. 아무리 그래도 그렇지. 그렇게 여자한테 떡이 되도록 맞고만 있다니… 그러니깐 그 남자는 불화산처럼 치밀어 오르는 분노를 그저 참기만 하고 눌러댄 거야. 여자를 어떻게 손을 대겠어. 그러니까 틀림없이 현대판 소크라테스나 맹자 공자 같은 위인이지. 뭐, 그 정도로 생각해야 풀릴 일이지. 그나저나 아까 눈퉁아리를 된통 맞았는지 눈을 붙잡고 쩔쩔맸었는데 시퍼렇게 멍이나 들지 않았는지 모르겠네…."

나는 다시 남편의 얼굴을 내려다보았다. 남편은 세상모르고 고로롱 고로롱 코를 골고 있었다.

내가 하품을 길다랗게 쏟아내면서 남편의 옆자리에 조용히 드러누웠다. 그리고 이렇게 생각했다.

"아무리 그래도 그렇지 나는 설령 남편이 실수 좀 했다고 해서 절대로 오늘밤 그 여자처럼 남편을 그렇게 개 패듯 하진 않을 거야. 그저, 뒤통수나 한 서너 대 주먹으로 쥐어박고선 문밖으로 하룻밤 정도 쫓아낼지는 몰라두 말이지."

나는 눈을 딱 감고 억지로 잠을 청했다. 어느새 가을이 여물어 가는 모양 창틀 아래서 귀뚜라미들이 요란하게 울어 제끼고 있었다. 그리고 가슴속으로 또 이렇게 자신만만해 하며 잠을 청했다.

"그럼! 남 절대로 그 조폭마누라처럼 남편을 때리지 않을 거야…. 남편이 하나님을 얼마나 진실하게 따르고 순종하는 진짜 크리스찬인데… 우리 부부는 절대 가짜 예수쟁이가 아니다 이 말이지."

그래도 용기를 잃지 말고 살아내자

사람이 하루하루를 살아간다는 것이 마치 살얼음을 딛고 걸어가는 느낌이 드는 이 아침에 나는 쇼윈도 밖 은행나무에서 깨알처럼 쏟아지는 새들의 극성이 새삼 고맙다고 생각했다. 내가 아직도 건강하게 살아있다는 현실이 기적처럼 느껴지는 순간이었다. 어떻게 살아왔는지 모를 만큼 정신없이 살아왔다는 느낌이었다. 많은 사람들이 내 주변에서 바라처럼 스치고 지나갔고 또 많은 사람들과 더불어 희로애락을 나누어 온 세월이긴 했어도, 지금 내 가슴에 살아 있는 뚜렷한 아름다움이 없는 것이 몹시 속상한 일이 아닐 수 없었다.

어느 새 살처럼 빠르게 달려온 인생 60의 문턱 앞에서 털썩 주저앉아 지나온 세월을 곰곰이 생각해 보면 사실 살아있다는 현실 자체가 너무도 부끄럽고 안쓰럽기도 하다. 무엇을 하고 살아왔는가. 뚜렷하게 한 일이 없다. 할 일이 많은 세상에서 한 일이 생각나는 게 없으니 어뜩비뚝 그게 어디 사람 구실 제대로 하며 살았다 말할 수 있겠는가?

툭하면 나야말로 오염되지 않은 맑은 영혼을 가졌다고 큰소리쳐

왔지만 그 또한 잘 생각해 보면 추악한 교만의 늪에 빠진 자신의 모습이었다. 말하자면 자화자찬하며 나 홀로 축배의 잔을 높이 치켜들고 스스로에게 브라보를 외쳤던 어정잡이 세월이었다.

이웃을 사랑해야 한다고 마음과 입으로는 잘도 나팔을 불어 왔지만 따지고 보면 그저 남에게 인정받고 대우받으려고 몸부림쳐 온 허상의 세월이었다. 그런 것들이 하나님 앞에 너무도 부끄럽다.

하나님을 믿으니 스스로 구원을 받았다고 떵떵거리며 자부하면서도 때로는 나약함의 붉덩물에 빠져서 이 쓰잘데없는 인생 차라리 하나님이 훌쩍 거두어갔으면 하는 생각이 들 때도 많았었다. 소위 믿음이 있다고 큰소리쳤지만 곰곰이 생각해 보면 그 또한 얼마나 무책임하고 이기적인 삶이었던가.

엊그제, 아니 바로 몇 시간 전에 만나서 무슨 이야기인가를 하면서 파안대소했던 사람 하나가 몇 시간 후에 싸늘한 시체로 말없이 침묵하고 있는 모습을 바라보던 나는, 가슴이 터질 것 같은 허망함과 애통함에 무릎 사이로 얼굴을 묻어 버렸다. 그렇게 많은 사람들이 그런 모습으로 내 주변으로부터 천국인지 지옥인지는 몰라도 어쨌든 내 호흡이 닿을 수 없는 영원 속으로 흔적 없이 떠나갔다.

그들 모두가 내게로부터 딱 한번도 주님의 실체가 무엇인지를 전해 듣지 못한 채로 한많은 세월 꾸역꾸역 시간을 때우며 소망없이 살다가 그렇게 풀꽃처럼 사라져 갔다. 물불 안 가리고 걸태질로 긁어모은 돈과 명예와 권세를 쓸쓸하게 남겨 두고 대푼짜리 삼베옷만 걸친 측은하고 생경스러운 모습으로 말이다. 나 역시 긁어모으고 쌓아 놓기에만 급급해서 실머슴처럼 악을 쓰고 저만치만 올라가자 그러면 거기엔 고생과 서글픔이 없는 상전처럼 행복의 돗자리가 기분좋은 모습으로 깔려 있으려니 달려가 보면, 그 돗자리는 이미 자리를 옮겨 앉아 저쪽 다른 곳에서 요염한 모습으로 우리를 손짓하고 있었다. 또 그리로 죽자고 죽을힘을 다해 달려가 보면 또 역시 그 돛자리는 간 곳이 없고 그 자리엔 허무와 절망의 까만 짐승만이 도사리고 앉아 하얗게 이빨을 드러내 놓고 웃고 있었다.

쉴 새 없이 몰아치는 고난의 폭풍이 너무도 힘에 부쳐 살기가 귀찮아져 털썩 주저앉았던 순간순간들 때문에 우리 부부는 몹시도 힘들고 고통스러웠다. 그러나 그 괴롭고 고통스러운 눈물골짜기를 걷는 게 어디 우리 부부뿐이겠는가. 이 세상에 어느 한 사람이라도 나는 고통이 없는 완전한 자유인이라고 당당하게 외칠 수 있다면 신은 없는 것이다. 그래도 우리 부부는 하나님을 믿고 의지하는 마음으로 서로를 위로하면서 견디기 힘들었던 수많은 세월들을 구리귀신 빰치면서 용감하게 지금까지 살아올 수 있었다.

그 길고 긴 삶의 여정 중에서도 우리 스스로 할 수 없는 불가능했던 일들이 어떤 보이지 않는 강한 힘에 의해서 우리의 삶은 늘 기적처럼 이어져 왔다. 우리 부부의 힘으로만 할 수 있었던 것은 하나도 없었다. 설령 할 수 있었던 일이 있었다 해도 그것은 사상누각처럼 허무하게 무너져 버리고 말았던 생생한 기억들이 우리 부부의 영혼을 소름끼치게 한다.

생각해 보면 세상의 많은 부부들이 자신들보다 훨씬 커다란 고생보따리를 짊어지고 가는 사람들이 얼마나 많은가를 거의 잊고 산다. 사람들은 그런 것들을 전혀 생각하지 않고 유독 세상의 많은 부부들 중에 자신들만이 고통스럽게 살고 있다고 자학의 늪에 빠져 버린다. 게다가 소위 가방끈이 짧다는 이유로 허구한 날 많이 배운 사람들 앞에서 쓰잘데없이 주눅이 들어 죽지 못해 사는 사람이 너무도 많다.

그래도 자신에게 맡겨진 삶을 숙명처럼 받아들이고 살아가는 이 땅의 많은 부부들에게 나는 이 시간 깊은 사랑과 존경을 보낸다. 돈이 마구 남아돌아 어디에다 쓸지 몰라 눈이 취해 돌아다니는 남편의 그늘 속에 앉아, 마치 선택받은 여자인 양 희떱게 거드름을 피우는 비곗덩어리들을 두 눈 똑바로 뜨고 마주쳐다볼 엄두도 내지 못하면서 그렇거나 말거나 그냥 꿋꿋하게 내 인생 내가 챙겨야겠다며 열심히 자신의 몫에 충실하게 살아가는 이 땅의 모든 아내들의 눈물겨운 용기에 나는 가슴이 메어 온다. 그래도 열심히 살아가자. 용기를 잃지 말고 살아내자. 하나님이 세상의 권세를 쥐고 있는 자를 비웃으시고 없는 자들의 편에서 더욱 아파하며 가슴앓이를 하고 계신다면 지구 전체를 내것으로 안은들 풀의 꽃 같은 잠시의 세월이 영원한 천국에다 어찌 견줄 바가 되겠는가.

아직도 나의 뇌리에서 떠날 줄 모르고 선명한 감동으로 남아 있는 어느 날의 중국집에서 본 모자의 모습이, 남편의 얼굴 위에 묘하게 오버랩되어 와 가슴이 뜨거워진다. 그때 그 여인은 나와 딸아이 앞에 막 나온 탕수육에 연신 흘끔흘끔 눈길을 보내면서 벽에 붙여진 메뉴판을 한참이나 살펴본 뒤에 겨우 자장면 보통을 두 그릇 시켰다. 몹시 시장하고 지쳐 보이는 얼굴이었다. 그래도 자장면을 맛있게 먹어대는 아들의 그릇에 자기 것을 덜어주는 모습이었다.

"엄마, 아빠도 자장면 좋아하는데 우리끼리 먹기 미안하다 그치?"

"그래, 미안하구나. 집에 들어갈 때 아빠 좋아하는 순대 좀 사가지고 가지 뭐. 오늘 장날이니까 순대 파는 아줌마 나오셨을 거야."

"엄마, 소주도 한 병 사 갖고 가. 아빠 소주 잘 잡수잖아."

"아빠는 술 많이 드시면 안 되는데, 내일 일 나갈 때 힘들어하시거든. 그렇지만 네가 그렇게 얘기했으니 소주도 한 병 사 갖고 가자. 오늘은 엄마가 아빠 수염을 깎아 드려야지. 너는 아빠 머리 감겨 드려. 그럴래?"

"응, 아빠 한쪽 손이 불편하니까 아빠 머리는 내가 책임질게."

그때 그 모자의 이야기를 들으면서 나는 그만 가슴이 꽉 메어 와서 음식을 제대로 먹기가 몹시도 힘들었다. 간신히 탕수육을 조금도 남기지 않고 깨끗이 그릇을 비운 뒤 중국집 문을 나섰다. 그 아주머니와 어린 아들이 보는 데서 음식을 남기고 나온다는 것이 얼마나 수치스러운 모습인가를 너무도 통렬하게 깨달았기 때문이었다.

쇼윈도 밖에 서 있는 은행나무 숲속으로 이번에 까치들이 예닐곱 마리가 한꺼번에 날아들어 참새들을 쫓아내고 깍깍대고 있다. 나는 후다닥 머리를 털고 일어서서 재봉틀 다리에 발을 얹어 놓는다.

"참으로 잘 살아내야 한다. 어떤 일이 있어도 하나님 앞에 흠 없도록 살아내려고 노력해야 한다. 욕심 부리지 말아야지. 그깐 세상 욕심 부리다 줄줄이 감옥에 끌려 들어가고 쪽박 차는 사람 많잖아."

어떠한 고난과 외로움의 파도가 끊임없이 우리의 삶을 위협한다해도 삶은 그래도 아름다울 수밖에 없다. 왜냐하면 하나님은 태초에 우주만물을 창조하신 위대한 능력의 하나님이시고 만물 중에서 하나님의 자녀들을 가장 기뻐하시고 사랑하는 분이기에 그렇다. 그렇기 때문에 인간은 비록 비렁뱅이처럼 사는 한 있어도 남편의 소설 어느 대목에 나오는 대목처럼 기어서라도 천국의 문을 두드려야 한다고 생각한다. 왜냐하면 그 천국문을 열고 들어가는 순간 모든 고통과 슬픔의 비늘이 깨끗이 떨어지고 영원한 생명의 세계가 황홀하게 펼쳐지기 때문이다. 주님을 믿고 따르는 자에게 예비된 천국이 있기에 고난과 역경이 우리를 아프게 찌르고 또 찔러도 그래도 삶은 아름다운 것 아니겠는가.

고난을 모르고 살았다는 어느 부부의 종말

오래 전 이야기이다. 어느 날 큰 공장을 경영하는 부자 사장님이 소개해 준 부부와 함께 저녁을 먹으면서 이야기를 나눈 적이 있다. 그런데 그때 난 그 부인의 말을 듣고 참 놀랍기도 하고 부럽기도 했었다.

"우리 부부는 평생 살아오면서 흔히들 말하는 고난이라든가 삶이 지겹다고 생각해 본 적이 한번도 없었어요. 그저 평탄하기만 했어요. 사람들이 비명처럼 내지르는 고난이란 의미를 우리 부부는 전혀 모르고 살아 왔거든요."

"어머나, 그래요? 참 부러워요. 우리는 하루가 멀다 하고 고난의 엉겅퀴를 헤치고 살아내느라 너무도 지치고 고통스러운데, 웬 축복이죠?"

오랫동안 같은 교회에서 신앙생활을 함께 해온 그 집사님의 말을 잠깐 들어보고 난 어쩐지 마음이 몹시 쓸쓸해지는 느낌이었다.

"남편은 현재 시청 고위 공무원으로 머잖아 시장이 될 재목이라고 모두들 말하죠. 부인은 또 어떠냐 하면 유명대학을 졸업한 엘리트인데 집안이 아주 번듯한 부잣집 셋째딸이구요."

"네."

그날 나는 집으로 돌아오는 승용차 안에서 짧게 한숨을 토해 내었었다. 어쩐지 마음이 영 씁쓸한 것이 기분이 썩 좋지 않았다. 그들 부부에 비하면 우리 부부는 여러 모로 보아 빈약하기 짝이 없을 만큼 초라한 형편이었다. 당시 난 겨우 20평 되는 가게에서 원단을 펼쳐 놓고 종일토록 한복을 바느질해서 생활비를 충당해야 했고, 남편은 광장시장을 불풍나게 드나들며 장돌뱅이나 하고 있는 현실이었다.

술은 밤을 태우며 마셔대는데 아마도 하루에 막걸리 한 말은 마시는 모양이었다. 남편이 직장이 없었던 것은 그저 술이나 퍼마시며 무위도식하자는 것이 아니었다. 당시 웅진재벌의 입사시험에서 뛰어난 영어실력에 힘입어 50대 1의 치열한 경쟁을 뚫고 합격했었으니 입사한 지 한 달도 못 되어 잘리고 말았다. 요즘처럼 전철이 있는 시대도 아니었고 교통이 너무 어려워서 서울로 나가볼까 했으나 방 한 칸 얻을 돈도 없었기 때문이었다. 그래서 더더욱 술을 많이 마신 듯했다.

"난 어쩌다 이 남자의 그물에 걸려든 작은 새가 되었을까."

그러면서 옆에 앉아 있는 남편을 흘끔 쳐다보았더니 남편은 잠자코 차장 밖을 내다보며 아무런 말이 없었다. 남편은 그 부인을 아내로 둔 육군 대령을 어쩌면 부러워하고 있는지도 몰랐다. 내가 앞날이 창창한 육군 대령을 남편으로 둔 그 부인을 부러워하듯이. 내가 그때 남편을 향해 툭 한마디 던졌다.

"무슨 생각해요?"

"……."

여전히 말없이 차창 밖을 내다보고 있는 남편의 속내가 궁금해서 다시 물었다.

"무슨 생각을 그리 골똘히 하냐구요?"

그런 말을 하면서 나는 또 한번 남편의 얼굴을 쳐다보았다. 그때 나는 깜짝 놀라고 말았다. 남편의 눈언저리가 붉게 물들어 있는 걸 보았기 때문이었다. 난 그만 가슴이 숯불에 덴 듯 울컥 치밀어 오르는 슬픔을 견디지 못하고 숨을 흡 들이마셨다.

나는 잠깐이나마 남편의 얼굴에 흡착되었던 그 잘생긴 고위 공무원의 얼굴을 사정없이 뜯어내 버리고 금세 소나기라도 쏟아질 듯 거무끄름한 하늘을 쳐다보며 가슴으로 울었다.

'하나님, 제가 이렇게 못나고 나쁜 여자인 줄 몰랐습니다. 하나님이 제게, 겉으로 보기엔 술푸대이고 싸움꾼인 남편을 붙여준 이유는 오직 내가 진심으로 남편을 사랑했기 때문이었을 텐데 말이죠.'

그러나 한편으로 곰곰이 생각하면 하나님이 원망스럽기도 했다.

'왜 우리는 그토록 무섭고 따가운 고난의 가시밭길을 한도 끝도 없이 걸어야만 합니까.'

그리고 많은 세월이 흐른 어느 날 오후, 바로 그 부자 사장의 부인이 되는 집사님이 가게에 들렀다. 너무도 오랜만이기도 했던 차였기에 나는 반갑게 그녀를 맞았다.

"어마! 집사님, 아니, 지금쯤은 권사님이 되셨겠네요. 어찌 그렇게 소식도 없이 발길을 뚝 끊었어요?"

"사는 게 바쁘다 보니 그만."

"회사는 많이 커졌겠죠?"

하지만 어쩐지 그녀의 눈가에 드리운 삶의 그늘이 심상치 않아 보였다.

"망했어요. 아주 폭삭."

"남편이 허구한 날 여자들이랑 어울려 다니더니 어느 꽃뱀한테 물려서."

"……."

"부탁 하나 들어주실래요?"

"뭔데요?"

"내가 다니는 회사 사무실 여사장님한테 한복을 한 벌 선물하고 싶어서. 치수는 다 재 가지고 왔는데."

"그게 무슨 부탁이에요? 당연히 해 드려야죠. 참 권사님도!"

"그런데……."

"왜요?"

"너무 싼 걸 맞춰서 죄송해요."

"아이, 그런 말이 어디 있어요. 괜찮아요."

"그때 그분, 남편이 고위 공직자라는 분은 어떻게 되셨어요?"

그녀가 내 말을 듣고는 입가에 피시식 웃음을 날리면서 말했다.

"누군가의 꾐에 빠져 돈을 10억쯤 투자했다가 10원 한 장 못 건지고 망했어요. 지금은 의정부 어느 아파트 경비원을 하는데 소문에 거기서도 쫓겨날 처지래요. 하도 옛날 자랑을 해대니까 같이 일하는 사람들이 관리소장한테 탄원서를 냈다나 봐요."

"세상에! 부인은요? 부인은 뭘 하세요?"

"무슨 식당에서 설거지를 한대요."

"……."

순간 나는 그때 그 부자 사람들과 헤어진 후 집으로 돌아오면서 보았던 남편의 고뇌어린 눈자위에 붉게 물들었던 고독에 새삼 가슴이 아팠다.

'고난을 모르고 산다고 그렇게 자랑하고 살더니….'

오늘 우리의 현실은 어떤가. 고난을 밥 먹듯이 하고 살아온 우리는 이 다음에 하나님 앞에 가서 드릴 말이 있다.

"하나님, 우리 아주 썩 잘하지는 못했지만요 그래도 이만큼 살아내었어요. 많은 사람들에게 할 만큼 하느라 애도 썼고요. 자식들 모두 구원의 방주에 태워 놓았구요."

하나님의 자녀들이여, 고난을 너무 아파하지 마시라. 그래도 고난을 주신 하나님 아니면 우리 인생의 소망이 어디 있겠는가. 천국을 향한 소망이 없는 인생처럼 불쌍한 이들이 있을까. 고난이 없으면 감사도 없다. 그리고 감사가 없으면 천국도 없다.

에필로그

어찌 2천 6백평 땅에 비할까

남편의 책 '신의 눈물'의 출판기념회를 앞두고 우리 부부는 함께 김장을 끝낸 뒤 모처럼 회암사 계곡을 찾았다. 금방이라도 눈이 떨어질 듯 날씨는 포근했다. 옛날과 달리 계곡 주의는 많이 변했지만 사람들의 눈을 피해 몰래 만나곤 했던 잣나무 숲과 계곡의 바위는 그때 그 모습으로 조금도 변함이 없었다.

가재를 잡아 함께 구워 먹고 앉아 놀던 너럭바위는 수십 년 세월을 머금은 채 반가운 모습으로 우리 부부를 향해 활짝 웃고 있었다. 내가 조그맣게 웃으며 남편의 얼굴을 향해 말했다.

"지금도 바위를 들추면 가재가 있을까…?"

남편이 감회어린 목소리로 말했다.

"물이 저렇게 깨끗하게 흐르는데 있겠지."

내가 짧게 탄식하며 말했다.

"이젠 가재가 있다 해도 잡아먹지 못할 것 같아요."

"왜?"

"불쌍하잖아. 꼬리도 자르고 등딱지도 떼어 내야 하는 데 가재가 얼마나 아프겠어요."

계곡 끝자락쯤에 있는 군부대에서 훈련 중인 군인들의 함성소리가 천둥소리처럼 들려왔다.

나는 새삼스러운 눈길로 남편을 쳐다보며 말했다.

"참, 지금 생각해 봐도 아찔해요."

"뭐가?"

"어떻게 그 서슬이 퍼렇던 삼청교육대에 끌려가지 않을 수 있었는지 상상이 안 돼요. 그때 아빠가 삼청교육대에 끌려갔다면 오늘의 우리가 있었을까요?"

"되어진 모든 것이 어느 것 하나라도 하나님의 돌보심과 은혜였어."

"고교시절 아빠는 너무 공부를 못해서 60명 중 59등이었다면서요?"

"그랬었지. 허구한 날 싸움질만 하고 다니느라 공부를 했어야 말이지. 친구들도 동네 사람들도 모두 손가락질하며 사람구실 하긴 아예 싹이 노란 놈이라고들 입을 모았었지."

"그랬던 사람이 대하소설 '신의 눈물'을 30년에 걸쳐 써냈어요. 얼마나 놀랍고 감사한 일이에요."

우리 사이에 잠시 침묵이 흘렀다. 어느 새 어둠이 덮인 차창 밖으로 쏟아지기 시작한 눈은 갈수록 점점 굵어지고 있었다.

어느 순간 침묵을 깨고 남편이 고백하듯 말했다.

"그때 그 땅문서를 받았으면 마누라가 그토록 고생하지 않았을 텐데 내가 잘난척했던 탓에 마누라를 고생의 가시밭길로 걸어 들어가게 했어. 미안해."

40여년 전 엄마가 저혈압으로 갑자기 세상을 떠난 몇 달 뒤 아버지는 사랑방으로 나를 불러 이상한 서류를 건네주시며 말씀하셨다.

"네가 잘 간직했다가 동생 시집도 보내고 너도 남한테 괄시받지 말고 살아라."

내가 깜짝 놀라서 아버지께 물었다.

"아버지, 이게 뭐예요?"

"땅문서야. 어차피 동네사람들도 너희들 사이를 훤히 알고 있고 너도 이미 마음을 정한 것 아니냐. 그러니 이 땅문서를 줄 테니 열심히 살아봐."

나는 당시 땅문서가 뭣에 쓰는 것인지, 그리고 그렇게 큰땅을 아버지께 물려받아도 되는 것인지 마음이 몹시 혼란스러웠다. 어쨌든 아버지가 주신 땅문서를 들고 남편이 일하고 있는 돼지막으로 달려갔다.

땅문서를 받아본 남편이 굳은 표정으로 말했다.

"얼른 아버지께 도로 갖다 드려. 우리가 이렇게 큰땅을 받을 이유가 없잖아. 이 땅은 우리 땅이 아냐. 땅은 내가 힘들여 번 돈으로 산 700평으로 족해. 얼른 다시 갖다 드려."

남편의 말에 나는 아무런 토도 달지 않고 그 땅문서를 아버지에게 갖다 드렸다. 그 땅이 지금 옥정신도시로 급부상하고 있는 노른자위 2천 6백평 땅이었다. 내가 남편의 귀에 대고 속삭이듯 말했다.

"우리가 그때 아버지에게 땅문서를 돌려드린 것은 참 잘한 일이었어요. 우리가 그 땅문서를 받고 그 땅에 의지하고 살았더라면 오늘이 있겠어요? 물론 돈이 없어 받았던 지난날의 수모와 고난을 생각하면 2천 6백평 땅이 아깝다고 탄식했던 적도 몇 번 있었지만 오늘을 놓고 보니 나는 당신이 쓴 '신의 눈물'이 그 땅에 비하면 너무도 소중하다고 생각해요. 땅은 우리가 세상을 떠날 때 한줌도 쥐고 갈 수 없지만 '신의 눈물'은 두고두고 사람들의 영혼을 담금질할 테니까요."

그 밤 내내 우리 부부는 흰눈이 펑펑 쏟아지는 차창밖을 하염없이 내다보며 언제까지나 말이 없었다. 내가 조그맣게 하나님의 가슴을 두드렸다.

“하나님, 경제적으로 많이 어렵고 힘들긴 했지만 내가 세상에 태어나서 정말 자랑스러운 일 한 가지는 했다고 자부합니다. 어느 날 새벽기도 때 하나님이 영음으로 제게 부탁하셨던 일 말씀이죠. 신학수 저 사람을 공부시켜서 목회자로 만들어라.”

지금 그 분이 목사님이 되어 양주땅 효촌리에 교회를 개척하셨다. 뿐만 아니라 이슬람권 국가를 두루 찾아다니며 복음을 전하고 계신다. 목사님은 먼저 간 아들 은성이를 대신해서 우리 부부를 부모처럼 모시겠다며 정성을 다해 살펴 주신다. 이 시대에 저렇게 말씀과 행위가 진실한 목회자가 있다는 게 얼마나 다행스러운지 모른다.

‘하나님, 부족한 제가 남편을 도울 수 있게 해 주셔서 너무도 감사합니다. 하지만 제가 이렇게 좋은 남편을 사랑할 수 있게 해 주신 그 은혜가 더더욱 고맙습니다. 그래서 많은 어려움을 딛고 이렇게 은혜롭게 출간되는 우리들의 책은 우리가 살아 있을 동안에도, 그리고 우리의 자녀들에게도 너무도 소중한 가보가 될 것이고 무엇보다도 많은 사람들에게 삶의 의미를 일깨워 주는 데에도 조그만 몫을 담당할 것 이라는 소망이 있으니까 말이죠.’

2019년 초겨울 이영휘

추천사

최수민
KBS성우, 배우 차태현의 엄마

신재용
한의학 박사, 해성한의원 원장
TV · 라디오 동의보감 명강사

최순화
수필가 · 전 건국중학교 교장

박혜숙
시인 · 건국대 교수

심재추
디플렌 대표 · 문학박사

최수민
KBS성우, 배우 차태현의 엄마

사람은 참 두고 볼 일이고 겪어 봐야 알 일이라는 것을 나는 이번 또 한번 깊이 깨달았다.

내가 이 영휘 수필가를 처음 만났던 것은 양주땅 어느 조그마한 시골 마을에서였다. 무슨 심술이 도졌기에 내 친구 김실이 졸업하고부터 소식을 뚝 끊었다가 20여년이 훨씬 지난 어느 날에야 느닷없이 소식을 주었기에 남편과 함께 길을 물어물어 달려가 보았다.

그 날 처음으로 그녀의 얼굴을 대했을 때 솔직히 같은 여자의 입장으로서 가슴이 쿵 내려앉는 느낌이었다. 대체 내 친구는 무슨 수단 방법을 모조리 동원하였기에 저토록 순해 빠지고 예쁜 시골 아가씨를 아내로 맞이하였을까.

대체 세상 물정 하나 모르고 농촌에서 곱게 자란 무공해 산소 같은 색시가 어떻게 괴벽스럽기가 마적 두령보다 더한 내 친구를 남편으로 모시고 살얼음처럼 험악한 세상의 바다를 헤치고 살아나갈 수 있을까 하는 암담한 느낌이었다.

그 후로부터도 꽤 많은 세월이 흐르는 동안 가끔씩 동창들의 입에서 전해 들은 바로는 무슨무슨 사건 등등으로 몹시 힘겨운 고난의 가시밭길을 걷고 있다고 했다. 그리고 그런 이야기를 들을 때 마다 내 망막 속에 불현듯 떠오르는 그녀의 해맑은 웃음이 몹시도 궁금했었다.

"끝까지, 정말 끝까지 내 친구를 사랑하며 살아낼 수 있을까."

그리고 언제부터인가 내 집 현관을 기웃거렸던 모 월간지에 연재된 그녀의 글을 처음 대하고부터 내가 갖고 있었던 그녀에 대한 모든 염려와 애틋했던 감정은 부끄러운 기우였음을 깨닫게 되었다.

그녀가 쓴 글의 어느 모퉁이에서도 무능했던 남편에 대한 일말의 후회라든가 그로 인해 하루가 멀다 하고 발생되는 고난의 십자가를 저주하거나 절망하는 눈빛은 결코 없었다. 오히려 고난은 도전해 볼 만한 가치가 있고, 삶은 그래도 살아볼만한 가치가 있다고 스스로의 철학을 야무지게 터득해 나가는 그녀의 삶에 대한 투쟁과 자신에게 지워진 운명의 벽을 과감하게 깨트려 나가는 냉철한 이성은 실로 가슴 저밀 만큼 감동적이 아닐 수 없었다.

그래서 결코 고난의 골리앗에게 무릎 꿇지 않고 애초에 그녀가 결심했던 대로 가난의 껍질을 양파를 벗기듯 몇 겹씩 벗겨 가면서도 전술했듯이 끝내는 마적같은 내 친구 또한 작가로 탈바꿈시키고 말았다.

모름지기 글이란 침체의 늪 속에 잠든 듯이 누워 있는 인간의 심성을 감동으로 일깨워 불의와 정의가 피 튀듯 싸우는 생존의 현장으로 과감하게 이끌어내는 데 있다고 본다.

아직도 내 친구는 가끔씩 우리들의 가슴에 아무도 흉내 못내는 괴벽성의 발자국을 쾅쾅 내 찍을 때가 있긴 하지만 어쨌든 그는 옛날 내가 그녀의 시골집에서 처음 만났을 때 그렇게 살쩍이 예쁘고 신의 눈물 자욱이 유난히 신비로웠던 촌색시 덕분에 살판난 듯하다.

이제 그녀의 첫 수필집이 풀무불 같았던 연단의 껍질을 벗어 버리고 정금이 되어 세상에 나오는 마당에 난 처음부터 내리닫이로 마냥마냥 축하해 마지 않는다. 그녀는 한때 고난의 바다 한가운데서 이렇게 중얼거린 적이 있었다.

"우리 부부는 운명적으로 박해 받도록 되어 있는 모양이야."

하지만 결국 그녀는 이렇게 고백하고 만다.

"인생은 확실히 무엇엔가 도전할 만한 가치가 있다. 그리고 사람은 결코 남에게 잊혀지는 존재가 되어서는 안 된다고 생각한다. 왜냐하면 사람에게 잊혀지는 사람은 하나님에게도 잊혀질 테니까."

금년 한해가 우리 가족에게도 여러모로 감사했던 일이 한두가지가 아니지만 내가 행복한 가장 커다란 이유 중에 하나는 이 영휘 씨가 글집을 세상에 내어놓게 되었다는 사실이다.

그리고 나 또한 사회적 명사들과 당당하게 어깨를 나란히 하고 그녀의 작품을 추천하는 데 한 몫을 담당했다는 뿌듯함이 못내 가슴을 설레게 한다.

며칠 전 나는 그녀가 손수 지어 입혀준 한복을 입고 많은 사람들 앞에서 공주처럼 빙글빙글 돌며 마음껏 자랑했었다. 한복의 마름질마저 이렇게 절묘하도록 사람의 마음을 감동시킬 줄 예전에 그녀를 처음 만났을 때야 상상이나 했겠는가.

이제 뿌리 깊은 신앙의 부채를 움켜쥔 그녀의 글이 이 시대 거품처럼 타락한 문명의 배설물을 벼랑끝으로 밀어내고 삶의 의욕을 잃고 상실의 아픔에 흐느끼는 영혼들에게 용기를 주고 삶의 화질을 고품질로 바꾸어 주는 훌륭한 촉매제가 될 줄 믿어 의심치 않는다.

처음 그녀를 만났을 때처럼 지금도 여전히 공해에 찌들지 않은 산소같은 여자 이 영휘.

이 여자 참 대단하다.

신재용

한의학 박사. 해성한의원 원장
TV · 라디오 동의보감 명강사

산만(刪蔓)하옵고,

님의 남편께서 그리 안채지 않아도 님께서 산고 끝에 자랑스러운 서책을 빛보게 하셨다는데, 무사(蕪辭)일망정 어찌 축하의 일언을 사양하랴 하는 심정에서 붓을 들었으나 문인이 아닌 주제이니 마치 윷밭 모르는 꼴에 말을 꼬나 든 격이라 얼빤이 떠오르던 뻔한 말조차 오간 데 없이 사라지니 망연할 뿐입니다.

허나 독자들이야 님의 글을 논할 것이지 제 글재주가 있네없네 논할 게 아닐 것인즉, 귀한 지면에 한 말씀할 수 있다는 것이 그저 영광스럽고도 보람된 일입니다.

노 없는 배, 삿대 없는 활도 무용지물이겠으나 노도 노 나름이요 삿대도 삿대 나름 아니겠습니까. 계수나무로 만든 노쯤 되어야 노답고, 난초로 만든 삿대쯤 되어야 삿대답다 하여 계도난장(桂棹蘭槳)이라는 말도 있듯이, 글이라고 다 글이 아니니, 계수나 난초처럼 향그럽고 기품 빼어나고 옥도끼로 찍어낸 듯 금도끼로 다듬은 듯한 글이어야 글다운 글일 텐데, 바로 님의 글을 읽을 때마다 '계도난장'을 떠올렸답니다.

맷돌의 닳은 이를 징으로 쪼아서 날카롭게 만드는 매조이꾼처럼 님은 언어의 매조이꾼이요, 불에 달군 쇠붙이를 단련하여 불로장수의 영약을 창제하는 야금술사처럼 님은 언어의 야금술사 같다고, 평소 님의 글을 읽을 때마다 감탄하곤 했는데, 이번에 엮는 책을 보고는 님이야말로 묘음천(妙音天)의 여신 같구나 하고 다시 놀랐답니다.

때로는 잘팍하고, 때로는 새품같이 질박하고, 때로는 새도록 요요히 흐르는 별빛을 담뿍 머금고 비로소 꽃잎술을 터뜨린 황국처럼 농염하다가, 일순 기대조차 못했던 반전을 하면서 화살에 맞아 불에 덴 듯 심한 전창(箭瘡)을 앓게 하는 충격적인 기교하며…… 아, 어찌 님의 글재주를 다 말로 표현할 수 있단 말입니까! 오로지 새삼, 새삼 높이 우러러 보고 싶을 뿐입니다.

허나 어이 글재주 하나만 우러러 보겠습니까? 바람으로 빗을 삼아 머리 빗고 쏟아지는 폭우로 머리 감으면서도 온갖 고생 한마디 투정도 없이 살림 꾸려 가는 억척스럽고도 진실한 그 바탕, 맑게도 태어나신 그 바탕을 어이 우러러보지 않을 수 있겠습니까!

해탄백천(海呑百川)의 국량을 간직하신 님이시여, 그래서 이같이 무르익으셨구려. 그래서 이같이 오롯한 보람을 누리시는구려. 게다가 부러워 마지 못하는 일은 부군께서도 문인이시니 상조(相助)의 아름다움이 이에서 더한 것이 어디 있겠습니까.

그러하오니 지나새나 절차(切磋)하시고 탁마(琢磨)하시어 공시적(共時的) 글을 이루소서. 통시적(通時的) 글을 이루소서. 영세불망(永世不忘) 먼 훗날까지 님의 이름 읊조리며 님의 글귀 불려지게 하소서.

님의 규성(奎星) 더욱 빛날 것이며, 우리의 축원 또한 님과 내내 함께 할 것입니다.

진심으로 축하합니다.

최순화

수필가. 전 건국중학교 교장

가을 이맘 때쯤이면 청명한 푸른 하늘과 나뭇가지 꼭대기에 메어 달린 몇 개의 붉은 감이 조화를 이룬다. 우리 조상 때부터, 수확이 적어도 넉넉하게 남겨 놓는 까치 밥이다.

오다가다 들른 까치들이 감 한 입 베어 물고 하늘 한번 쳐다보며 따뜻한 인심을 고마워했을, 이영휘 수필가는 그런 까치 밥과 같은 넉넉함을 지니고 있다.

'수필은 곧 그 사람이다' 라고 했듯이 이영휘 여사가 엮어가는 수필 속에서는 그녀의 생각이나 삶의 방식이 그대로 묻어나고 있다.

항상 범사에 감사하라, 라는 성경 말씀을 실천하며 그들 가족이 가지고 있는 바른 정신으로 살아가는 모습이 아름답다. 결코 순탄치만은 않았을 결혼 생활을 쓰다듬고 덮어 주고 어루만지며 한 땀 한 땀 수를 놓듯이 살아온 삶의 모습이 그녀의 글에서 물씬 풍겨난다. 그리고 조금은 손해 보는 듯 하지만 작은 것에서 만족하며 다른 것에 욕심 내지 않고 맑게 살아가는 모습은 그녀의 글 여기저기에서 엿볼 수 있다.

–"내가 이 나이 되도록 사무치게 가슴에 끌어안은 나대로의 삶의 철학이 있다.

사람은 누구나 자신에게 주어진 형편과 처지가 어떠했든 주어진 현실에 그냥 감사하면서 살아야 한다는 점이다. 그러면서도 오히려 남의 발을 씻어주는 사람들이 결국에는 크게 성공하고 그 끝날이 행복으로 마감되더라는 진실 말이다."

그녀의 글 속에 어김없이 등장하는 남편은 나의 친구인 소설가 김실이다.

대학 시절부터 기인의 모습을 보인 그는 소식도 없이 졸업 후 20년을 훌쩍 넘긴 어느 날 직장으로 전화를 걸어왔다.

"나 경기도에서 농사 지으며 살아, 개도 키우면서……"

아내의 글 속에서 묘사된 것처럼 학창시절에도 그는 엽기적인 사람이었듯이 그의 글 속에 등장하는 '엽기적인 김가다'가 바로 그 자신인 것이다.

이들 부부의 인연은 '하늘이 맺어준'이란 말로 표현할 수밖에 없을 만큼 만남부터가 예사롭지 않다.

-"그 해 가을, 교실 창 밖으로 도토리 나무 낙엽이 하염없이 떨어지던 오후 첫 교시에 나는 담임선생님과 함께 교실 문을 열고 들어서는 남자를 보고 화들짝 놀라 눈을 동그랗게 뜬 채로 벌어진 입을 다물지 못했다.

"괴물이다!"

그는 몇 마디 인사를 마치자마자 돌아서서 칠판 빽빽하게 부정사의 명사적 용법과 동명사의 차이점에 대해서 능란한 설명으로 우리들의 정신을 홀랑 빼앗고 있었다. 그는 우리 학교에 새로 부임해 온 영어선생님이었다." -〈처음처럼〉중에서-

그들은 그 뒤 5년여의 열애 끝에 스스로는 많은 의구심을 품은 채, 12살이나 연상인 그 괴물과 결혼을 하게 된다.

평범한 아내 같았으면 벌써 어떤 사단이라도 났을 법한 급한 성질, 죽어도 안 꺾이는 옹고집, 그런 남편의 행각들을 사랑으로 감싸 안으며 참고 온유하는 이영휘 수필가는 종교의 힘에 귀를 기울인다.

-"총을 갖고 누군가한테로 달려가려고 했죠?"

내 말에 아무 대답도 않고 남편은 조용히 문을 열고 밖으로 나갔다. 나는 구석으로 다가서서 부러진 장총을 들어보았다. 총알이 단단하게 장전되어 있었다.

비로소 남편의 의도를 확연히 깨달았다.

나는 와들와들 떨려오는 전율감으로 정신을 잃을 뻔했다.

바로 그 때 나의 혼탁한 영혼을 말끔히 걷어 가는 음성이 가슴을 때리고 있었다.

"사랑하는 딸아, 네 영혼이 잘됨같이 네가 범사에 잘되고 강건하기를 내가 간구 하노라. 두려워 말라. 나는 네 하나님이라."

(중 략)

"무슨 증오심을요?"

"오늘 그 사체업자와 짠 변호사 놈들을 죽여 버리려고 했거든."

"세상에! 어떻게 그렇게 무서운 생각을."

"내가 아닌 어떤 강한 힘이었는데……. 느닷없이 총이 저절로 넘어지며 부러진 순간 나를 옭아 묶고 있던 증오의 쇠사슬이 탁 끊어지는 느낌이었어."

그 날 이후, 여러 가지 변화가 일어났다.

남편에게 악령처럼 붙어 다니던 건달끼와 무서운 독선과 아집이 무너졌고, 나는 그래서 항상 옆에 있어도 그리워할 만큼 남편을 더더욱 사랑하게 되었다.

이따금 기차화통을 삶아 먹은 듯 고래고래 지르는 소리 외에 남편은 이 세상 어느 누구보다 멋진 사나이 중의 사나이고 작가 중의 작가이다. –〈전설 어린 부러진 장총〉 중에서–

남편의 순수함을 사랑하기에 맑고 아름다운 영혼을 가진 남편이 총각무 씨앗을 먹는다고 비둘기를 향해 화살을 겨누는 모습에 기겁을 한 이 수필가가 한 말 "난 밭에 씨뿌린 총각무김치 안 먹을 거예요. 당신의 가슴에 원한과 분노의 씨앗이 싹 트는 게 두렵고 싫어요. 그깐 총각무 씨앗 몇 알갱이가 뭐 그리 대단하다고 짬질잖게 비둘기를 죽인담." – 〈비둘기 같은 당신인데〉중에서 –

이영휘 수필가의 수필 경향은 매우 긍정적이다. 매사를 긍정적인 시각으로 바라보며 슬픔을 기쁨으로, 어려움을 쉽게, 모남을 둥글게 조각할 줄 아는 심성을 그대로 글 속에 투영해 내고 있다. 때문에 그의 글들은 나뭇가지 꼭대기에 넉넉히 매달린 진홍빛 까치 밥의 따뜻한 인정을 닮아 있다. 어떤 어려움을 당하더라도 '내일은 밝은 태양이 떠오를 것'이라는 믿음으로 살아온 삶이기에 나 자신, 내 가족뿐만 아니라 이웃을 따뜻하게 바라볼 줄 아는 여유로움이 있다. 이제 남편과 함께 가정을 꾸린지도 30년이 문턱에 이르면서,

"그래도 인생은 확실히 살아볼 만한 가치가 있구나."라고 인생의 철학을 터득하는 이영휘 수필가가 사유해 내는 수필은 모두 빛이 된다. 첫 수필집 출간을 축하하며 거미가 실을 엮듯 삶의 모습 이 한 땀 한 땀, 마음 따뜻한 글로 엮어 가기를 기대해 본다.

박혜숙

시인. 건국대 교수

우리 집에 두 달에 한 번씩 배달되는 책 중에 '신문고' 라는 잡지가 있다. 조선시대 백성들의 고난과 고발을 받아주었다는 북, 그 북의 이름과 같은 제목을 가진 잡지였다. 이 잡지 역시 환경 문제를 비롯한 사회적 문제를 고발하고 있는 시사 종합 잡지다.

이 잡지를 정성스럽게 보내 주시는 분은 소설가 김실 선배였다. 나보다 한참 위인 선배이기 때문에 대학 시절 캠퍼스에서 만난 적은 없지만 근래 건국문학회라는 모임에서 여러 번 뵙게 되었다. 동년배의 다른 선배들에 비해서 김실 선배는 옷차림이나(머리카락을 가리기 위해서인지 모르지만 모자를 항상 즐겨 쓰신다) 얼굴에 담뿍 담긴 미소 등이 눈에 띌 정도로 친근감을 주시는 분이었다. 그런데 이 분의 진면목을 더 뚜렷이 알 수 있었던 곳은 바로 이 잡지에서였다.

이 책이 오면 나는 제일 먼저 매회 연재되는 단편 소설부터 읽는데 바로 소설가 김실의 글이었다. 소설의 주인공 김가다라는 인물은 의협심 강하고 서민적이며 그리고 인간적인 면모가 물씬 풍긴다. 아마도 글쓴이의 체험이 김가다라는 이름으로 변장하여 소개되고 있는 것 같은데 꾸밈없는 직설적인 문체에다 리얼하게 그려 놓은 인물 묘사는 때로 읽는 사람을 편안하게 해주지만, 그의 글에는 언제나 한 방울 눈물 짓게 만드는 페이소스가 있다. 그래서 끝내는 읽는 사람에게 숙연한 마음을 갖게 한다. 나는 이런 글을 읽으면서 소설가 김실의 삶이 어떠한가 추정해 볼 수 있었는데 이번 이 분의 아내가 내는 수필집에서 내 상상이 틀리지 않았음을 알 수 있었다.

우선 넘치는 부부의 사랑에서 이들 부부가 이 세상 누구보다도 행복하다는 것을 느낄 수 있었다. 아내 이영휘 씨는 한복집을 운영하면서 수필도 쓰는 아주 열심히 살아가는 생활인이다. 독특한 개성이 남들 보기에는 오히려 괴팍하다고 느낄 정도였던 남편을 만나 가난과 고통을 이겨 내고 여러모로 다복한 오늘을 만들어 내는데 이영휘 씨의 힘이 컸다는 것을 수필집을 읽으면서 알게 되었다. 또한 남들이 뭐라고 해도 남편 사랑하는 고운 마음은 같은 여성으로서 존경스러울 정도다. 그 뿐 아니다. 이 수필집 곳곳에서 느낄 수 있는 가족 사랑의 이야기는 가족 해체의 시대라는 스산한 이 시대에 자신들을 비춰 보는 거울이 될 수 있을 것 같다. 그래서 '사랑하며 싸우며'라는 글의 다음과 같은 구절은 우리들 마음을 찡하게 만들어 준다.

"내가 참으로 하나님께 감사한 것은 내가 가족을 너무 사랑할 수 있다는 것이다. 가족을 힘껏 사랑할 수 있다는 것보다 더욱 큰 축복은 지구상에 결코 없다고 생각한다. 내가 내 가족을 혼신의 힘을 다해 사랑할 수 있어야 나의 이웃에게도 사랑의 촛불을 댕길 수 있다고 생각하기 때문이다.세상에는 가족을 헌신짝 취급하면서도 마치 자기가 천사이기나 한 듯 음지의 영혼들을 찾아다니며 배신의 쓴 잔 속에 달콤한 꿀물을 적당히 희석해서 억지로 마시우는 위선자들이 얼마나 많은가."

경기도 양주 땅의 회암리에 살던 이영휘 씨 고향에 불쑥 나타난 괴팍한 서울 청년 김실 씨와 이영휘 씨와의 인연은 아마도 하늘이 맺어준 것 같다. 어렵게 결혼하여 가난한 살림살이를 꾸려 가는 모습은 안스럽기까지 했지만 이들에게는 착한 마음이 있었기 때문에 오늘의 성공이 있었다고 생각한다. 그래서 이 수필집을 읽으며 우리를 되돌아 본다. 세상에서 행복이라는 것은 그리 먼 데 있는 것이 아니라는 또 하나의 진리를 마음에 담으면서.

심재추

디플렌 대표, 문학박사

오늘 이 시간, 지금의 이 자리를 누구보다 아름답게 생각하고 있는 사람들의 과거는 어떠했을까? 인간은 자신의 성장 과정에서 여러 가지 형태의 정신적인 외상(外傷)을 입으며 살아간다. 가난과 같은 물질적인 것이든, 아니면 개인적 체험에 의한 심리적인 것이든, 하여튼 그 외상은 순수한 사변적 활동에까지 영향력을 미치며, 사람들의 인간성을 구성하게 된다. 파우스트가 그랬던 것처럼, 현재의 시간을 멈출 만큼 오늘의 삶을 그렇게 사랑할 수 있는 사람들이 우리 주변에 과연 얼마나 될까. 그래서인지 정신적 외상이라는 방해물에 스스로 자유로우면서, 아름다운 현재를 만들어낸 사람들의 과거사를 들여다보고 싶다는 충동을 많이 느낀다.

바로 이영휘 님의 수필집 '그래도 삶은 아름답다'는, 현재의 아름다움을 일구어내기까지 자신의 과거사를 소상하게 풀어 소개한 생활 에세이란 점에서 눈길을 끌게 한다. 물론 글을 쓴 이영휘 라는 사람이 모든 이가 알 정도의 유명 인사로 성공했다는 것은 아니지만, 남다른 어려움을 겪으면서도 올바른 가치관으로 자신의 온전한 삶을 만들어내는 과정이 한 편의 드라마와 같은 감동을 전해 준다.

이 책에는 이영휘란 한 개인의 눈에 포착된 남편과 가족들, 그리고 이들을 둘러싸고 있는 좋은 사람들과 나쁜(?) 사람들과의 대립적 삶들이 꾸밈없이 묘사되어 있다. 여기에서 다루어지는 글쓰기의 주된 대상과 공간들은 그녀의 고향인 양주 땅 회암리, 그리고 이 곳에서 멀지 않은 동두천과 연관된 주변부 이야기들이다. 오랜 동안 필자가 동두천에서 한복 집을 운영하는 까닭에 누구보다 많은 사람들을 만날 수 있었고, 그 때문에 소설 이상으로 재미있는 이야기거리를 풍성하게 제공하고 있다.

축사를 지으면서 벌어지는 공무원들의 비리, 사채업자의 등살, 남편과 스님의 특별한 악연, 동두천 장터를 둘러싼 훈훈한 이야기 등 이렇게 글쓰기 소재가 다양하다는 것은 필자의 주변에 많은 사람들이 모였고, 그만큼 다채로운 삶을 경험했다는 이야기도 된다. 그래서 이 책은 단순한 생활 수필집이라기 보다는, 마치 한 편의 소설 같은 수필집이라 불러야 할 것 같다.

오늘 현재의 입장에서 볼 때 이영휘 님은 남부럽지 않은 조건들을 갖추고 있지만, 어떤 사람보다도 힘겹게 지난 세월을 살아왔음을 확인해준다. 그럼에도 이영휘 님은 자신의 험난한 개인사에 별다른 색채와 감정을 더하지도 않고 소박한 필체로 글쓰기를 시도하고 있다. 정식으로 문학공부를 하지 않았지만, 문장의 호흡이 매우 자연스럽고 이야기를 꾸려 나가는 실력도 보통이 아니란 점을 한 눈에 알 수 있다. 무엇보다 자신의 감정에 흔들리지 않고 대상이나 사물을 객관적으로 판단하는 직관력이 뛰어나다는 점을 높이 평가하고 싶다.

특히 이 수필집에서 이야기의 주된 대상은 이영휘 님의 남편이면서, 작가인 김실이란 분이다. 필자는 김실 작가를 처음 만났을 때, 건달끼에 무서운 독선과 아집으로 똘똘 뭉쳐 있는 사람으로 표현하고 있다. 만일 그녀가 김실이란 괴물(?) 남편만 만나지 않았다면 이렇게 풍성한 이야기 소재를 만들 수 없었을 것이 분명하다.

좌절의 투구를 쓴 허수아비 같았고, 싸움꾼에 술꾼이었지만, 돈도 한 푼 못 버는, 직장도 재산도 없는 – 작가 김실. 12살이나 연상인 그와 5년간의 열애 끝에 결혼하고 현재의 안정적 삶을 만들어가기까지의 파란만장한 에피소드는 소설로서도 엮기 어려운 감동 드라마라고 할 수 있겠다. 제도권 밖에 머물면서 순수한 작가주의를 고집하는 남편 김실을 사랑과 믿음으로 지켜가며, 결국 하나님께 인도해 나가는 과정은 평범이란 단어를 넘어서는 것이었다.

사실 작가 김실, 아니 김실 선배님을 처음 뵈었을 때의 첫인상은 누구나 편하게 다가설 수 있을 만큼 순수하다는 것이었다. 지천명(知天命)을 넘어선 나이에도 불구하고 문학적 열망이 매우 강해 글에 대해 게으름을 갖고 있는 젊은 우리들을 부끄럽게 만들곤 하신다. 그러나 이영휘 님의 수필집을 읽고 난 후, 정말 다채로운 인생을 살면서도 자신의 주관을 결코 놓지 않았다는 점에서 또 다른 작가 김실을 느끼게 되었다. 추악한 물질만능주의의 이 시대에 있어, 세속성을 거부하고 순수한 작가주의만을 지키며 사는 깨끗한 정신을 지니고 있는 작가 – 바로 김실 선배라고 할 수 있겠다.

부인 이영휘 님은 직접 만난 적은 없지만, 글을 통해 느껴 볼 때 보통 분이 아니라는 점을 깨닫게 해 준다. 냉철한 직관력으로 대상을 주시하면서도, 가족이나 주위 사람들에 대해 항상 따사로운 시선과 여유로움을 견지하고 있다. 자신의 조건이 아무리 불리하더라도 인자하고 자상한 성품으로 이를 지켜 가는 우리 시대의 전형적인 누이를 보고 있는 듯하다.

아무튼 이 수필집은 복잡한 요즘 디지털 시대에 있어, 단순한 소통으로 마음의 여유를 던져 주는, 어쩌면 고향과 과거를 생각나게 해 주는 그런 작품이다. 어느 겨울 날, 온 가족이 질화로에 옹기종기 모여 앉아 고구마를 구워 먹으면서 정담을 나누는 그런 정갈한 맛을 지니고 있다. 오늘이 아름다운 사람들, 그들의 과거사에는 사람 사는 냄새가 가득 배어 있다.